Tage zwischen Tod und Auferstehung
Geistliches Jahrbuch aus Lateinamerika

TAGE ZWISCHEN TOD UND AUFERSTEHUNG

Geistliches Jahrbuch
aus Lateinamerika

Herausgegeben von Horst Goldstein

Patmos Verlag Düsseldorf

Die Abbildung auf dem Umschlag stellt die 15. Station des Kreuzwegs von Antônio Alves Dias aus der Bischofskirche von Guarabira im Staat Paraíba, Brasilien, dar.
Übersetzung (mit Ausnahme der S. 336 genannten Texte): Horst Goldstein.

CIP-Kurztitelaufnahme der Deutschen Bibliothek

Tage zwischen Tod und Auferstehung:
geistl. Jahrbuch aus Lateinamerika / hrsg. von Horst Goldstein. –
Düsseldorf: Patmos Verlag, 1984.
ISBN 3-491-72142-3
NE: Goldstein, Horst [Hrsg.]

Umschlaggestaltung: Peter J. Kahrl
Gesamtherstellung: Boss-Druck, Kleve
ISBN 3-491-72142-3

Inhalt

EINFÜHRUNG

Dieses Buch will so etwas wie ein Wagen sein, der in einer das ganze Jahr dauernden Fahrt etwas vom spirituellen Reichtum des erneuerten Christentums in Lateinamerika zu uns schafft. Seine Ladung ist vielfältig, wie die Menschen dieses leidgeprüften und zugleich hoffnungsträchtigen Erdteils auch selbst ihrer Rasse und Herkunft, ihrer gesellschaftlichen Position, politischen Einstellung und religiösen Prägung nach sehr verschieden sind. Da finden sich Bibelstunden neben Gesprächen, Lieder neben Flugblättern, Andachten neben Reflexionselementen, nachempfundene Schriftpassagen neben Aufschreien von Zweifel und Anklage, Gebete neben Briefen, Messen neben Rundfunkansprachen, Lobrufe neben Schmerzbekundungen, Hirtenbriefe neben Erfahrungsberichten, historische Rückblicke neben hoffnungsvollen Ausblicken, Predigten neben Interviews, Gestammeltes neben päpstlichen Enzykliken ... Allesamt sind diese Texte aber bewegende Zeugnisse der Frömmigkeit – von Männern und Frauen, Laien und Priestern, Bauern und Bischöfen, Basisgemeinden und Päpsten, Studenten und Arbeitern, Gefangenen und Freiheitsliebenden, Duldern und Kämpfern, Indianern und Intellektuellen, Sklavenabkömmlingen und bekehrten Herrensöhnen, Katholiken und Christen aus der Reformation, Dichtern und Analphabeten ...
Die spirituelle Fülle lateinamerikanischer Christen ist so gewaltig, daß sie uns allen, denen das Beten schwer geworden ist, wieder reichliche Empfindungen ins Herz, Gedanken ins Hirn, Worte in den Mund und Lieder auf die Lippen zu legen vermag. Wenn sich also der eine oder andere von uns durch dieses Buch unmittelbar und ohne viel Systematisieren auf einen neuen Weg bringen lassen kann, dann hat es seinen Zweck erfüllt. Da manch einer von uns aber nicht diesen spontanen Zugang haben wird, sei im Folgenden der Versuch unternommen, die tropische Üppigkeit, die andenhohe Geistigkeit und die meeresweite Offenheit der lateinamerikanischen Christen mit dem hierzulande üblichen Instrument der Sichtung

aufzuschließen. Dabei ist sich der Schreiber dieser Zeilen bewußt, daß ein solches Ansinnen der Lebendigkeit der lateinamerikanischen Frommen nicht gerecht wird. Damit aber die Fuhre hier ankommen kann, muß sie eben entsprechend gepackt werden.

1. Spiritualität: „erster Akt"

Lateinamerikanische Christen und Theologen legen Wert darauf, zu betonen, es gehe ihnen um Leben, um befreites Leben, um Glauben, um befreienden Glauben. Dies sei das Primäre. Theologie, die sie als kritische, im Licht des Evangeliums ausgeübte Reflexion auf die historische Praxis beschreiben, sei dagegen sekundär. Entscheidend sei die Befreiung, wohingegen die Theologie - und zwar gerade auch die von ihnen vertretene Befreiungstheologie - einen instrumentellen Charakter habe und in Diensten sowohl des Glaubens als auch des befreiten Lebens stehe. Oder noch einmal in lateinamerikanischer Begrifflichkeit: Im Verhältnis zum gelebten Glauben an die Gnade der Befreiung durch den getöteten und zu neuem Leben erweckten Jesus, zu diesem Glauben, der als „acto primero - erster Akt" zu benennen sei, komme der theologischen Glaubensreflexion das Attribut „acto segundo - zweiter Akt" zu. Diese Feststellung ist von zentraler Bedeutung in der Theologie der Befreiung. Dennoch geht es nicht um eine (unzulässige und unmögliche) Trennung des einen vom anderen, der Theologie vom Glauben, der Reflexion vom Leben. Das eine kann nicht ohne das andere gedeihen. Trotzdem darf der Primat von Leben und Glauben nicht verdunkelt werden. Leben und Glauben sind Ausgangspunkt und Ziel von Reflexion und Theologie. Jede echte theologische Reflexion wurzelt in Betrachtung und Praxis, in Gebet und Engagement und will beide vertiefen und verlebendigen. Die reflektierte Rede über Gott (Theo-logie) erwächst aus dem Schweigen der Meditation und aus dem Schweiß der Mühe. Theo-logie ist nur dann christliche Theologie, wenn sie sich ständig aus dem Schweigen der Versenkung speist.[1]

Diese Anmerkung sei unseren Überlegungen vorausgeschickt, damit wir uns dessen bewußt werden, daß wir mit dem Thema *Spiritualität* an die Grundlagen, an die Wurzeln, an die Quellen des erneuerten Christentums in Lateinamerika rühren. Es geht hier nicht eigentlich um systematische Theologie, sondern um deren Voraussetzungen, um die lebendigen Bedingungen, die Theologie erst ermöglichen. Wir machen uns hier an das Werk des „acto primero - des ersten Aktes". Damit sollen zwei Dinge gesagt werden: Erstens wollen wir etwas von dem spirituellen Reichtum des lateinamerikanischen Christentums zur Kenntnis nehmen. Ohne *Information* geht nichts. Sodann geht es auch um betroffene Aneignung, wohlwollenden Nachvollzug und vielleicht sogar um inspirierte Neuschöpfung. Information und *Performation*. Mit Performation ist gemeint, daß die Beschäftigung mit der lateinamerikanischen Spiritualität in uns etwas in Bewegung setzt, und zwar in der Weise, daß wir in einen Bezug zu den lateinamerikanischen Christen treten, daß wir uns von ihnen in Verantwortung genommen und zu einem mutigen, kreativen Zugriff in unser Leben angeregt wissen. „Acto primero - erster Akt", hatten wir gesagt. Der „erste Akt" des engagierten Christen besteht darin, daß er die Geschichte, die ihn umgibt, unter dem Blickwinkel der Verheißungen Gottes betrachtet,[2] daß er über die lebendige, liebevolle und befreiende Gegenwart Gottes in ihr in Staunen gerät und daß er in eine persönliche Fühlung mit Gott treten möchte. Freilich: Unter den obwaltenden gesellschaftlichen Verhältnissen Lateinamerikas gerät die ver-wunderte Betrachtung der Geschichte nicht selten zum Anprangern von Abhängigkeit und Ausbeutung, das Staunen über die Anwesenheit des Herrn zum Zweifel und zur Gottesklage und der Wunsch nach Nähe zu Gott zum Schrei nach Gerechtigkeit und Brot.

Was mit „acto primero - erster Akt" in einem Kontext von Ungerechtigkeit und Hunger gemeint ist, läßt sich vielleicht besser als an allen theoretischen Überlegungen an einer Aufschrift ablesen, die jemand vor einigen Jahren an eine Häuserwand in der chilenischen Hauptstadt gesprüht hatte:

Herr!
Gib Brot denen,
die Hunger haben!

Herr!
Gib Hunger nach Gerechtigkeit denen,
die Brot haben!

2. Geschichtlich situierte persönliche und soziale Umkehr

Die kleine und die große Welt unter der Perspektive der Verheißungen des Bundesgottes betrachten, das sei - so hatten wir gesagt - die Grundlage christlicher Spiritualität in Lateinamerika heute. Damit jemand aber dieses Blickes fähig ist, bedarf er eines Aha-Erlebnisses, eines geistigen Schocks,[3] eines Damaskus-Widerfahrnisses, bedarf er der Umkehr. Denn: „Umkehr ist der Ausgangspunkt jeden spirituellen Weges. Umkehr beinhaltet einen Bruch mit der Art zu leben, die man bisher praktiziert hat, und insbesondere auch den Entschluß, sich auf einen neuen Weg zu machen: ‚Verkauf alles, was du hast . . . und dann komm und folge mir nach!' (Lk 18,22). Ohne diesen zweiten Aspekt würde es dem Bruch am notwendigen Horizont fehlen, und ohne ihn hätte er im Grunde auch keinen Sinn."[4]

Umkehr meint, daß der Mensch – sei es, daß es ihm plötzlich wie Schuppen von den Augen fiele, sei es, daß es in ihm langsam reifte – zu der Erkenntnis findet, er müsse seine bisherigen persönlichen Sünden und/oder seinen kollektiven Egoismus hinter sich lassen, mit seiner kulturellen Umwelt und gesellschaftlichen Klasse brechen und die großen Strukturlinien seines Lebens neu bestimmen.

In der Biographie vieler lateinamerikanischer Christen geschah und geschieht die Umkehr in der Begegnung mit den Armen. Aus den Gesichtern Severinos und Marias, Juans und Anas treten ihnen die Züge des leidenden Jesus, des Sohnes Gottes, entgegen. „Zwischen Jesus und mir stehen Millionen von Lateinamerikanern", hat ein lateinamerikanischer Christ einmal treffend gesagt. So hat die Umkehr ihre Sinnspitze in der liebevollen Zuwendung zu den Armen und durch sie zu dem, „der reich war, unseretwegen jedoch arm wurde, um uns durch seine Armut reich zu machen" (vgl. 2 Kor 8,9), und schließlich zu dem, dessen „Lieblingskinder" die Armen sind (Die Evangelisierung Lateinamerikas in Gegenwart und Zukunft. Dokument der III. Vollversammlung des Lateinamerikanischen Episkopats in Puebla [abgekürzt: *Puebla*], 743, 1143). Umkehr konkretisiert sich also in der Jesusnachfolge, steht in Funktion von Nächsten- und Gottesliebe und bewahrheitet sich an ihr. Umkehr umgreift Solidarität und Gottesdienst.

Gewiß, im Laufe der Geschichte hat die Kirche immer wieder Einzelgestalten, Männer wie Frauen, hervorgebracht, die in bewundernswerter und modellhafter Weise Umkehr in dieser doppelten Dimensionierung verwirklicht haben. Was jedoch das lateinamerikanische Christentum auszeichnet, ist die Erkenntnis, daß die *ganze Kirche* einer Umkehr zur vorrangigen Entscheidung für die Armen bedarf (*Puebla,* 1134; vgl. 15, 1157, 1158). „Die Kirche in Guatemala muß sich insgesamt in einen Prozeß der Umkehr hineinbegeben. Nur so vermag sie wirksames Zeichen der Gegenwart Christi unter den Menschen und geeignetes Werkzeug in der Hand Gottes zu sein, das beim Aufbau eines besseren Vaterlandes zu helfen imstande ist" (Guatemaltekische Bischofskonferenz am 25. 7. 1976). Gott sei Dank, werden Sachkenner betonen, sind inzwischen auch ganze Diözesen, ganze Pastoralregionen und ganze „Landeskirchen" mit ihren Pastoralträgern aus Laienschaft, Klerus und Hierarchie den Weg der Umkehr zu den Armen und zum Gott der Armen gegangen. Nicht selten um den Preis von Verleumdung, Verfolgung, Entführung, Verhaftung, Folter und blutigem Tod.

Nun ist aber noch die Frage zu stellen, welche charakteristischen Merkmale *Egoismus und Sünde in Lateinamerika* aufweisen. Gewiß, die Lateinamerikaner wissen darum, daß die Sünde immer ein persönliches Verschulden beinhaltet. Darüber hinaus heben sie jedoch auch ihre *gesellschaftliche Dimension* (*Puebla,* 73) hervor.
So beschreiben sie die Bedingungen ihres Erdteils als „Situation der Sünde" (Dokumente von *Medellín,* Friede, 1; *Puebla,* 28, 328). Ja, sie scheuen nicht davor zurück, von „sozialer" (*Puebla,* 28, 482, 487), „organisierter" und „institutionalisierter" Sünde zu sprechen. Dann aber muß eine Spiritualität der Befreiung mit ihrer ganzen Kraft bis auf den Grund dieser Situation von Unterdrückung und Befreiung vordringen.[5] Sie schrickt nicht davor zurück, auf der Ebene der *Analyse*[6] nach den gesellschaftlichen Mechanismen[7] zu forschen, die die Situation sozialer, organisierter und institutionalisierter Sünde produzieren, wie auch auf der Ebene der *Aktion*[8] geeignete Initiativen zu planen und durchzuführen. Ein Blutzeuge dieser situierten Spiritualität der Umkehr, der ermordete Erzbischof von San Salvador, Oscar Romero, sagt: „Echte christliche Umkehr hat heute auch die gesellschaftlichen Mechanismen aufzudecken, die Industriearbeiter, Kleinbauern und Landarbeiter zu Randexistenzen entwürdigen."[9] Spiritualität unter den Bedingungen Lateinamerikas spannt sich also aus zwischen den beiden Polen: persönliche Umkehr und gesellschaftliche Veränderung.[10]
Die vorliegende Sammlung enthält, je nach Anlaß da und dort eingesprengt, Texte, welche Einzelpersonen, Gruppen oder auch die ganze Kirche im Status vor ihrer Umkehr beschreiben. Diese Materialien wurden deshalb eingefügt, damit deutlich wird, daß Umkehr zunächst das Eingestehen geschichtlicher Schuld bedeutet, daß Umkehr ein prozeßhaftes und geschichtsbezogenes Geschehen ist, welches immer wieder vom Risiko des Rückfalls bedroht ist, und daß – was sich daraus ergibt – Umkehr stets aufs neue Buße erheischt.

3. Die Gottebenbildlichkeit des Menschen und die Gottestransparenz der Schöpfung

a) Wer in Lateinamerika an gottesdienstlichen Feiern, kleineren Gesprächskreisen oder größeren Basistreffen teilnimmt, wird überrascht sein von der Beliebtheit, deren sich Mt 25 bei den dortigen Befreiungschristen erfreut: „Was ihr für einen meiner geringsten Brüder getan habt, das habt ihr mir getan . . ." Unser Band enthält verschiedene Beispiele, wie diese Perikope in Lateinamerika meditierend erschlossen und betend neugestaltet wird.

„Die Grundlage dieser Befreiungspraxis ... ist die spirituelle Erfahrung der Begegnung mit dem Herrn in den Armen."[11] In Anlehnung an Martin Buber können wir sagen: „Ohne die Wahrheit der Begegnung sind alle Bilder Spiel und Trug."[12] Eine solche Spiritualität der erfahrenen Begegnung mit Gott im menschlichen Gegenüber ist deshalb möglich und richtig, weil sie – über die alte jüdische Vorstellung der Gottebenbildlichkeit des Menschen hinaus[13] – eine Konkretion der *incarnatio continuata*[14] ist. Denn die Inkarnation des präexistenten Christus (Phil 2) bzw. des präexistenten Logos (Joh 1) ist kein in der Vergangenheit ein für allemal abgeschlossenes Ereignis, sondern ein Prozeß, der in der Fleischwerdung des göttlichen Logos in Nazaret seinen Anfang, seine Ermöglichung und sein Urmodell fand und der sich bis ins Hier und Heute der Menschen unter je spezifischen Lebensbedingungen fortsetzt.[15] So bilden die – von Mt 25 her vielleicht so zu nennende – Begegnungsspiritualität und die – nach Joh 1 und Phil 2 als solche zu bezeichnende – Inkarnationsspiritualität zwei Seiten der einen Glaubenswirklichkeit: *Gott im Menschen.* Daraus ergibt sich dann eine doppelte Bewegung: „Wenn der Nächste der Weg zu Gott ist, dann ist das Verhältnis zu Gott Bedingung dafür, daß man dem anderen wirklich begegnen und wahre Gemeinschaft mit ihm pflegen kann. Beide Bewegungen, die in Wirklichkeit vielleicht nur eine sind, dürfen nicht voneinander getrennt werden: Jesus Christus, Gott und Mensch, ist der Weg zum Vater, er ist aber auch die Ermöglichung, daß man im anderen seinen Bruder bzw. seine Schwester erkennt."[16]

In der Dynamik des Inkarnationsgeschehens liegt nun, da der Mensch ja ein geschichtlich situiertes Wesen ist, aber ebenfalls der Gedanke, daß auch seine Umwelt durch den Prozeß der Menschwerdung Gottes erfaßt ist. Wenn es gängige theologische Rede ist, von der Gottebenbildlichkeit des Menschen zu sprechen, dann darf man auch einen Begriff wie die „Gottestransparenz der Schöpfung" prägen.

Belegt wird der Gedanke vom Hymnus des Kolosserbriefs her – auf den Kolosserbrief werden wir noch ein weiteres Mal kommen:

> Er ist das Ebenbild des unsichtbaren Gottes,
> der Erstgeborene der ganzen Schöpfung.
> In ihm wurde alles erschaffen,
> im Himmel und auf Erden,
> das Sichtbare und das Unsichtbare,
> Throne und Herrschaften,
> Mächte und Gewalten,
> alles ist durch ihn und auf ihn hin geschaffen (1,15–16).

Eduard Schweizer sagt dazu: Christus lasse Gott als Handelnden, als in die Welt hinein Wirkenden erkennen,[17] und: auch das Schöpfungshandeln Gottes könne man erst im Gegenüber zu Christus verstehen. „Das heißt aber, daß man Gott nur in seiner Hinwendung zum Menschen, d. h. als Bewegung der Liebe wirklich erkennen kann." Man könne „also Gott gerade nicht in seinem Abgeschlossensein an und für sich erkennen, sondern nur in seinem ‚Bild-Werden', d. h. in seinem Handeln, das den Sohn und über den Sohn dann die Welt meint".[18]

Vom Inkarnations- wie vom Schöpfungsgedanken her dürfen wir also mit Fug und Recht von der „Gottestransparenz der Schöpfung" sprechen. Dann aber sind alle falschen Dualismen, zu denen uns Philosophen, religiöse Asketen und intellektualistische Weltfremde überreden wollen, ein für allemal überwunden. Natur und Übernatur, Profan und Sakral, Geschichte und Heilsgeschichte, Materie und Geist, Leib und Seele, Theorie und Praxis, Glauben und Handeln, Betrachtung und Kampf bilden eine lebendige, dynamische Einheit. „In ihm hat alles Bestand", heißt es im Kolosserhymnus weiter (1,17). Für den Christen ist alles heilig, sein ganzes Tun ist Gottes-dienst.

b) Vor diesem Hintergrund ein paar Gedanken zum *Gebet:* Die klassische Formel, auf die das Mönchtum die von ihm konzipierte Zuordnung von Leben und Glauben gebracht hat, lautet: *Ora et labora* – Bete und arbeite. Generationen, ja Jahrhunderte von Christen haben mit ihr gelebt und sind mit ihr selig gestorben. Jedoch: Bezeichnend für einen sogenannten „spirituellen Monophysitismus"[19] oder für eine von Clodovis Boff so genannte „Doppelzüngigkeit"[20] in der Formel ist die Partikel *et* (und), die auf einen ersten Blick die beiden Elemente unverbunden nebeneinanderstellt.[21] Sodann erkennt man jedoch: „Der Mittelpunkt, von dem her sich diese Art der Spiritualität strukturiert, ist das Moment des Gebetes und der Betrachtung, im Wechsel mit dem der Arbeit. Das Gebet ist der höchste Wert ... Dagegen gilt die Arbeit in sich nicht als unmittelbare Vermittlung zu Gott, sondern nur in dem Maße, in dem sie in die Ausstrahlung von Gebet und Kontemplation hineingenommen wird. Arbeit bedeutet bloße Profanität und reine Natur ... Das Gebet setzt sich bis in die Arbeit fort und heiligt sie."[22] Christen in Lateinamerika hingegen, die für die Befreiung der Entrechteten kämpfen, empfinden ihr Engagement nicht nur als ein Moment, das mit den ausdrücklichen Formen der Frömmigkeit alterniert, sondern als Medium, als Ort ihrer Gottesbegegnung. Ihnen kann es nicht mehr darum gehen, hier zu beten und dort aktiv zu werden. Für sie kann die Lösung nur lauten: Gebet *im* Prozeß der Befreiung, Begegnung mit Gott *in* der Begegnung mit den Brüdern und Schwestern.[23] Leonardo

Boff prägt deshalb die Formel: *Contemplativus in liberatione* - Betrachtung im Befreiungskampf.[24] *Orans in liberatione* - Gebet im Befreiungskampf, könnte man auch sagen. Die Arbeit der Befreiung und die verschiedenen Formen des persönlichen und liturgischen Gebetes, wie Lob, Dank, Bitte, Eucharistie, Vertrauensbekundung, aber auch Gottesklage und Protest, bilden eine neue, integrierte Synthese.

Wie diese Haltung zu verstehen ist, kann man auch an einer großen Gestalt des europäischen Geistes ablesen. Pierre Teilhard de Chardin schreibt: „Der lebendige und fleischgewordene Gott ist nicht weit von uns. Er ist nicht außerhalb der greifbaren Sphäre. Er erwartet uns vielmehr jederzeit im Handeln, im Werk des Augenblicks. Er ist gewissermaßen an der Spitze meiner Feder, meiner Hacke, meines Pinsels, meiner Nadel - meines Herzens, meines Gedankens. Indem ich den Strich, den Schlag, den Stoß, mit dem ich beschäftigt bin, bis zur höchsten natürlichen Vollendung bringe, erfasse ich das letzte Ziel, nach dem mein tiefes Wollen strebt."[25]

c) Wenn auch nicht unmittelbar mit diesen Überlegungen verbunden, so doch nicht losgelöst von ihnen noch zwei Anmerkungen, die für die Spiritualität des erneuerten Christentums in Lateinamerika kennzeichnend sind.

Die Frömmigkeit und das religiöse Leben dieser Menschen sind von einer für Europäer häufig überraschenden *Sinnenfreudigkeit* gekennzeichnet. Die Sinne erfassen etwas von der inkarnatorischen Gegenwart Gottes in seiner Schöpfung. Nicht nur die andersgearteten kulturellen Voraussetzungen, sondern insbesondere die Überzeugung von der Anwesenheit Gottes hinter allen Dingen und die sich daraus ergebende Wertschätzung von Natur und Leben führen zu einer oft faszinierenden Bildlichkeit und einer bewegenden Symbolfähigkeit in Denken und Sprache. Diese Sinnenfreude ist dann auch der tragende Grund von wichtigen, so unterschiedlichen religiösen Artikulationen wie Fasten und Feier. - Aber Gott ist nicht nur in der Natur zugegen, sondern auch und gerade im Leben des einfachen Volkes. Die *Weisheit des Volkes* liefert sozusagen die Silben, deren Gott sich bedient, um sich in seinem Wort den Menschen zu offenbaren. Einige Bekundungen dieser frommen Volksweisheit sind auch in diese Sammlung aufgenommen worden. So unvermittelt und skurril manches auch klingen mag, Gott spricht durch Menschen nach Menschenart (vgl. *Dei Verbum,* 12). Die offenbarende und bekehrende Kraft, die dem Leben des Volkes innewohnt, wird von keinem Geringeren als Oscar Romero hervorgehoben: „Als Bischof gestehe ich offen, daß mich das Volk eine schöne und harte Wahrheit gelehrt hat, daß uns nämlich der christliche Glaube nicht von der Welt trennt, sondern uns in sie eintaucht und daß die Kirche kein Zufluchtsort außerhalb der Gesellschaft ist, sondern Jesus nachzufolgen hat, der gerade in der Gesellschaft gelebt, gearbeitet, gekämpft und den Tod gefunden hat."[26]

4. Gemeinschaft und Solidarität

Wer den Gebeten und zumal den Gesängen lateinamerikanischer Christen lauscht, wird feststellen, daß sie sich in ihren kirchlichen Basisgemeinden wie selbstverständlich mit dem Leben des Volkes Israel identifizieren. Eines der bezeichnendsten Beispiele dürfte ein Lied aus den brasilianischen Basisgemeinden sein: *O povo de Deus.* Es erfreut sich größter Beliebtheit, und der Leser sei eigens gebeten, es (Seite 42 f) nachzulesen. Grundakkord des Liedes ist - neben den Motiven: Exodus, Land, Bewußtsein der Nähe Gottes, Vertrauen auf den Herrn und Hoffnung - die Kategorie *Volk,* die Erfahrung von *Gemeinschaft.* Zur Betonung dieser Wirklichkeit kommen lateinamerikanische Basischristen deshalb, weil sie die Bibel wiederentdeckt und in ihr Dimensionen erkannt haben, die bei Christen sonst üblicherweise in Vergessenheit geraten waren. Kein anderer als Papst Johannes Paul II. sagt: „Die Kirche meditiert über diese Texte und Botschaften seit ihren Anfängen. Dennoch ist sie sich dessen bewußt, daß sie sie noch nicht in der gewünschten Weise ergründet hat. Und ob sie überhaupt imstande sein wird, sie ganz auszuloten? Wenn sich die konkreten Situationen ändern, versteht sie diese Texte neu [relê], fragt sich, was sie zu bedeuten haben, und bemüht sich, neue Anwendungsmöglichkeiten in ihnen zu finden" (Homilie in Salvador, Brasilien, am 7. 7. 1980). Eine der Seiten, die Befreiungschristen wieder entdeckt haben, ist die biblisch-jüdisch-jesuanisch-paulinische Grundkategorie der Gruppe, der Kollektivität, der Gemeinschaft, der „korporativen Persönlichkeit", wie die Exegeten sagen: „Das Volk des Herrn... Auch wir sind dein Volk, Herr..." Was hierzulande - in einem verhängnisvollen Mißverstehen der jüdisch-christlichen Tradition - auf das ideologische Mißtrauen derer stößt, die sich in der Politik zwar plakativ auf Christus beziehen, in Wirklichkeit damit jedoch häufig nicht mehr als einen Verschnitt von Aufklärung praktizieren, ist von den Befreiungschristen in seiner unaufgebbaren, konstitutiven und essentiellen Funktion für das Christenleben wieder freigelegt worden. So heißt es in einem Glaubenskurs in der Pfarrei „Cristo Redentor" in Lima: „Nur in der Gemeinschaft sind wir imstande, die Gabe und die Gnade des Herrn zu vernehmen, anzunehmen und zu verkünden - den vorrangigen Ruf, all das zu überwinden, was die brüderliche Gemeinschaft zerstört (Unterdrückung, Ungerechtigkeit, Randdasein, Diskriminierung usf.), denn alles das ist ja zugleich auch Bruch mit Gott..., sind

wir imstande, dafür zu kämpfen, daß sich die Werte des Reiches Gottes, das Jesus verkündet, durchsetzen."[27] Wichtig an diesem Text ist die Partikel „nur": . . . „nur in Gemeinschaft". Gemeinschaft ist für Christen kein fakultatives Angebot und auch keine reine Möglichkeit, sondern unaufgebbare Bedingung.
Konkret wird die Gemeinschaft in unterschiedlichen Dichtegraden. Die unmittelbarste Form christlichen Zusammenlebens sind die „kirchlichen Basisgemeinden", die die lateinamerikanische Kirche in unverwechselbarer Weise auszeichnen und die *Puebla* „ein Motiv der Freude und der Hoffnung für die Kirche" (96) nennt. Auf der nächsten Ebene kirchlicher Gemeinschaft sind die Pfarreien angesiedelt, denen zunehmend die Funktion eines Orientierungsrahmens für die Basisgemeinden zukommt. Weiter, aber zumal gegenüber der Öffentlichkeit nicht minder wichtig ist die Diözesangemeinschaft, die in der Regel deutlich durch den Ortsbischof geprägt ist. Über das Bistum hinaus werden die Umrisse der kirchlichen Gemeinschaft für Christen an der Basis in der Regel unschärfer. Um so beachtlicher ist die Predigt eines der großen Blutzeugen des erneuerten Christentums in Lateinamerika, Rutílio Grandes: „Wenn wir - eine bestimmte Anzahl von Pfarrgemeindemitgliedern - uns heute morgen in Apopa zusammengefunden haben, dann sind wir keine isolierte Sekte, die weder mit der Orts- noch mit der Weltkirche etwas zu tun hätte. Vielmehr sind wir Teil dieser Kirche, die wir lieben und die wir kraft des Heiligen Geistes immer wieder erneuert sehen möchten."
Aus diesem kommunitären Grundakkord ergeben sich zwei Einzelklänge, die es nun noch zu erlauschen gilt. Da ist zunächst von der *Solidarität* zu sprechen. Wer erfährt, daß die Gruppe, die Gemeinschaft der tragende Grund seiner Existenz ist, daß die Verbindungen zwischen Kleingruppen und Einzelpersonen seinen Bestand ermöglichen und daß sein Sein ungeschuldet in den verantwortlichen Händen aller liegt, weiß sich seinen Brüdern und Schwestern gegenüber herausgefordert. Aufmerksamkeit und Gastfreundschaft, Denken aus der Position des anderen und Hilfsbereitschaft, Parteilichkeit und Solidarität sind konkrete Formen, in die sich heute die christliche Nächstenliebe kleidet. Hochform der Solidarität ist der Einsatz des Lebens für die anderen, für Freunde und Kollegen, Brüder und Genossen, wie es tausendfach von lateinamerikanischen Christen praktiziert wird und wie es vorbildhaft am Tod des brasilianischen Arbeiters und Pastoralträgers Santo Dias da Silva am 30.10.1979 abzulesen ist. Ein Lied zu seinem Gedächtnis, das der Leser auf Seite 289f findet, schildert auch diese Art von Solidarität.
Sodann ist darauf hinzuweisen, daß Spiritualität eine Gabe und eine Auf-

gabe für die *ganze Christengemeinde* ist. Spiritualität war in der Vergangenheit primär eine Herausforderung für eine Minderheit, für eine Elite in der Kirche: für die Männer und Frauen, die sich in den „status perfectionis", in den „Stand der Vollkommenheit", das Ordensleben, berufen wußten. Den anderen genügten weniger anspruchsvolle Parzellen der Spiritualität. In Lateinamerika hat man erkannt, daß sich an der Spiritualität der ganzen Christengemeinde die Wahrheit des Glaubens bewährt. Subjekt dieser neuen Spiritualität in der Welt ist das ganze Volk Gottes.

5. *Jesusnachfolge und geschenktes Leben*

Zur christlichen Umkehr gehört, wie wir bereits besprochen haben (2.), nicht nur der Bruch mit den Strukturen des bisherigen Lebensstils, sondern vor allem die *Hinwendung zu Jesus.* Von ihm heißt es im Philipperhymnus:

> Er entäußerte sich
> und wurde ein *Sklave*
> und den Menschen gleich.
> Sein Leben war das eines Menschen;
> er erniedrigte sich
> und war gehorsam bis zum Tod,
> bis zum Tod am Kreuz (2,7-8).[28]

Zitiert hatten wir bereits einen Paulusvers, der ebenfalls von der Entäußerung Jesu Christi spricht:

> Er, der reich war,
> wurde euretwegen arm,
> um euch durch seine Armut reich zu machen (2 Kor 8,9).

Die spätere lukanische Tradition schildert das Arm- und Sklavewerden Jesu in der Weise, daß sie ihn sich gerade all den Randexistenzen der damaligen Zeit zuwenden läßt. Die Armen - so *Puebla,* 743 und 1143 - sind ja die „Lieblingskinder Gottes", und zwar nicht, weil sie sich durch ihre Entbehrung ein besonderes Verdienst erworben hätten, sondern weil sie aufgrund ihres Mangelstatus eine spezielle Herausforderung für seine „Menschenfreundlichkeit" (Tit 3,4) und sein Erbarmen sind. So kann man die Armen als Sakrament der Gegenwart Gottes in der Geschichte bezeichnen.[29] Dies wiederum ermöglicht es den Bischöfen von Puebla, bei den Armen ein „evangelisatorisches Potential" (*Puebla,* 1143) zu entdecken.
Christliche Lebensgestaltung besagt: es dem armen und gerade mit den Armen verkehrenden Jesus gleichtun. *Jesusnachfolge* bedeutet unter den bestehenden sozialen Verhältnissen einer durch den persönlichen und kol-

lektiven Egoismus der einen gespaltenen Welt: für die anderen, für die Ver-armten optieren. Wir hatten bereits erwähnt, daß die lateinamerikanische Kirche mit ihrer offiziellen Gesamtheit in Puebla ihre vorrangige Entscheidung für die Armen getroffen hat (733, 769, 1134; vgl. 382, 707). Dabei ist der Beschluß der Puebla-Konferenz einmal die offizielle Anerkennung eines seit Jahren den ganzen Erdteil bewegenden Prozesses, in dem sich Christen - Laien, Priester und Bischöfe - in ihrem gesamten Lebensstil den Armen angeglichen haben. Zum anderen hat das Papier aber auch manche, die zu ihrer Entscheidung noch einer Bekräftigung bedurften, angeregt, aus den üblichen Lebens- und Wohnverhältnissen auszuziehen und sich dem Schicksal von Millionen von Armen anzuvertrauen. So oder so: Das erniedrigende Sich-Einlassen auf die Welt der Armut und der Armen verstehen lateinamerikanische Christen als Befolgung des paulinischen Auftrags: „Seid untereinander so gesinnt, wie es dem Leben in Jesus Christus entspricht, der sich entäußerte ..." (Phil 2,5.7). Kenosis ist das Gebot der Zeit.[30] Die Kirche dieses Erdteils kann sich rühmen, daß Tausende ihrer Mitglieder aus der Laienschaft, aus den Orden ebenso wie aus der Hierarchie ihrem Herrn in die gesellschaftliche Unsicherheit, in die soziale Verachtung, in die politische Verdächtigung und in das Kriminalisiertwerden gefolgt sind. Beispiele solch radikaler Jesusnachfolge wird in diesem Band niemand vergebens suchen. Jesusnachfolge als solidarischer Einsatz an der Seite der Armen gegen die Armut. Gustavo Gutiérrez spricht in diesem Zusammenhang von „geistiger Kindschaft".[31] Denn die freiwillig gewählte materielle Armut setzt ein großes Maß an Demut voraus: an Offenheit und Verfügungsbereitschaft gegenüber Gott. So führt der Bogen von der lukanischen Fassung der Seligpreisung: „Selig, ihr Armen" (Lk 6,20), mit denen, nach allen Regeln heutiger Exegese, die materiell Armen gemeint sind, zu der matthäischen Version der Makarismen: „Selig, die arm sind vor Gott" (Mt 5,3) - und zurück. Materielle Entbehrung allein ist für Christen keine Tugend, erst dadurch, daß sie zur Disponibilität gegenüber Gott wird, gewinnt sie im Christentum an Wert. Aber auch das andere Ende des Bogens darf nicht übersehen werden: In einem gesellschaftlichen Kontext von Abhängigkeit, Ausbeutung und Verelendung will geistig-geistliche Armut konkret werden in der greifbaren Identifizierung mit den Armen, in der Solidarität mit ihnen und im Kampf gegen die Mechanismen der Verarmung.

Eine ganz besondere Bedeutung gewinnt in diesem Zusammenhang eine weitere Stelle aus dem Kolosserbrief: „Jetzt freue ich mich in den Leiden, die ich für euch trage. Für den Leib Christi, die Kirche, ergänze ich in meinem irdischen Leben das, was an dem Leiden Christi noch fehlt" (1,24).

Jesusnachfolge – zumal wenn sie Leiden, Verfolgung, ja den Tod mit sich bringt – hat eine soteriologische, das heißt erlösende Funktion, insofern sie aufgrund der elementaren Kollektivität der Glaubenden mit Christus (als „korporativer Persönlichkeit") an seiner Passion, Todeshingabe und Auferstehung teilhat und diese ergänzt. Am 6. August 1981 schrieben die guatemaltekischen Bischöfe in ihrem Hirtenbrief „Morir y despertar en Guatemala": „Der Glaube läßt uns erkennen, daß die Kirche in Guatemala gegenwärtig eine Zeit der Gnade und der Hoffnung durchlebt. Verfolgung ist immer ein klares Zeichen für Treue zu Christus und seinem Evangelium gewesen. Das Blut unserer Märtyrer wird zum Samenkorn für eine Vielzahl neuer Christen. Es tröstet uns, feststellen zu können, daß wir mit unserem Teil dazu beitragen, daß das ergänzt wird, was an den Leiden Christi zur Erlösung der Welt noch fehlt (Kol 1,24)." Kol 1,24 ist auch der theologische Hintergrund, vor dem ein Satz wie der des peruanischen Bischofs Luís Bambarén zu verstehen ist: „Das Leiden so vieler Brüder und Schwestern verbindet sich mit dem Blutstrom Christi, der all unsre Bemühungen zu echter Versöhnung treibt."[32]

Auch wenn hier nicht mit kanonischen Begriffen operiert werden soll, drängt sich doch die Feststellung auf, daß die erneuerte Spiritualität in Lateinamerika immer auch eine *martyrale* Dimension hat. Unter Martyrium ist im griechischen Wortsinn zunächst das Zeugnis für den getöteten und zu neuem Leben erweckten Herrn gemeint. Da der Herr aber getötet worden ist, trägt das Zeugnis Tausender lateinamerikanischer Christen auch die Spuren des Blutes.[33] „Wir wollen in Gemeinschaft bleiben mit den Märtyrern. Sie bilden das solideste Fundament für die Gottesstadt, die in Ewigkeit Bestand haben wird."[34]

Lateinamerikaner sind aufgrund ihres Glaubens an den hingerichteten Jesus, den der Vater aber nicht unter den Toten gelassen, sondern zu neuem Leben er-weckt hat, davon überzeugt, daß nichts Gutes verloren, keine Initiative umsonst, keine Mühe vertan, keine Träne unabgewischt, kein Schreien ungehört, kein Sterben endgültig ist. „Verschlungen ist der Tod im Sieg. Tod, wo ist dein Sieg? Tod, wo ist dein Stachel? ... Gott sei Dank, der uns den Sieg geschenkt hat durch Jesus Christus, unseren Herrn. Daher, geliebte Brüder, seid standhaft und unerschütterlich, nehmt immer eifriger an den Werken des Herrn teil, und denkt daran, daß im Herrn eure Mühe nicht vergeblich ist" (1 Kor 15,54–58). Mächtiger als der Tod ist das von Gott geschenkte Leben.[35]

Zwei Aspekte müssen hervorgehoben werden: Die Geistigkeit der Lateinamerikaner ist einmal eine Spiritualität des durch den Tod erkämpften *Lebens;* denn Gott ist ein Gott des Lebens und der Lebenden (Mt 22,23),

und seine Lebensmächtigkeit hat er in der Auferweckung seines Sohnes erwiesen. So könnte ein Wort des Deuteronomiums das ganze Programm lateinamerikanischer Christen zusammenfassen: „Wähle das Leben, und du wirst leben" (Dtn 30,19). Zweitens wissen sie aber auch, daß das Leben unverdientes und *ungeschuldetes* Geschenk Gottes ist. Damit erweist sich die Geistigkeit der Lateinamerikaner als eine Spiritualität der Verdanktheit. Letztlich geht es ihnen trotz allen Ernstes weder um die eigene Mühe noch um große Leistungen, sondern um Gottes souveräne, ungeschuldete und eschatologische Initiative.
Die Erfahrung, daß Leben geschenkt wird, motiviert zur Hoffnung. Wenn es *ein* Merkmal gibt, das die Frömmigkeit der lateinamerikanischen Christen auszeichnet, dann ist es die *Hoffnung*. Die Bischöfe eines so leidgeprüften Landes wie Chile schreiben am 17.12.1982: „Trotz aller negativen Faktoren haben wir Hoffnung. Sie ist eine unaufgebbare christliche Tugend, die auf unserer Gewißheit gründet, daß Gott im Tode Christi alle Schmerzen und Mißerfolge auf sich genommen und in seiner Auferstehung alles Böse besiegt hat. Sein Leben ist mächtiger als der Tod."

6. Leben kraft des Geistes

Wir hatten Spiritualität bisher beschrieben als „acto primero" gegenüber der Theologie, die „acto segundo" ist (1.), als geschichtlich situierte persönliche und soziale Umkehr (2.), als Lebensgestaltung aus der Gottebenbildlichkeit des Menschen und aus der Gottestransparenz der Schöpfung (3.), als erfahrene und angebotene Gemeinschaft und Solidarität (4.) sowie als Jesusnachfolge und geschenktes Leben (5.). Von all diesen Feststellungen ist nichts zurückzunehmen. Hinzuzufügen ist abschließend nur noch, daß „Spiritualität im strikten und tiefen Sinn des Wortes . . . Herrschaft des Geistes" ist.[36] Für den großen Stellenwert, den die Verehrung des Heiligen Geistes in Lateinamerika einnimmt, vielleicht nur ein Beleg. Die brasilianischen Basisgemeinden singen gern das Lied „Heiliger Geist – Neues Land" (Seite 189f), das der Leser sich vergegenwärtigen möge.
„Der Herr" - sagt Paulus im Blick auf den vom Vater zu neuem Leben erweckten Herrn - „ist der Geist, und wo der Geist des Herrn wirkt, da ist Freiheit" (2 Kor 3,17).[37] Lateinamerikanische Christen lassen sich vom Geist des auferstandenen Herrn und von seiner weltverändernden und freiheitstiftenden Mächtigkeit erfassen. Ihre innere Haltung und ihr äußeres Engagement, ihre Kontemplation und ihr Kampf, ihr Beten und ihr Reflektieren, ihr Sich-Freuen und ihr Klagen sind das Werk des Geistes selbst. Im Römerbrief heißt es: „Der Geist nimmt sich unserer Schwachheit an. Denn wir wissen nicht, worum wir in rechter Weise beten sollen;

der Geist selber tritt jedoch für uns ein mit Seufzen, das wir nicht in Worte fassen können" (8,26). Befreiungsspiritualität ist demnach primär ein Leben aus und nach dem Geist.
In der Spiritualität der Lateinamerikaner kommt also zum Ausdruck die den dortigen und den interkontinentalen Bedingungen entsprechende konkrete, vom Geist des Schöpfer- und Befreiergottes ermöglichte Art, „vor dem Herrn" in Solidarität mit allen Menschen und „mit dem Herrn" vor den Menschen zu leben.[38]

7. Liturgie und Feier des Lebens

Die weltweite Verbindlichkeit der kanonisch definierten Liturgie stellt auch in Lateinamerika niemand in Abrede. Andererseits sind dort nicht wenige Stimmen zu hören, die fragen, ob die römischen Vorschriften durch eine größere Weite nicht überzeugender wirken könnten. Gewiß sieht man in den Grenzen des Möglichen allerorten phantasievolle Initiativen. Insgesamt jedoch wird man nicht an der Frage vorbeikommen, ob zwischen notwendiger pastoral-spiritueller Erneuerung und kanonischer Identität nicht ein gar zu großer Abstand bestehe. Wenn es wahr ist, daß zwischen Bedeutungsträger (Ritus) und bedeutetem Inhalt (in der Fachsprache der Theologen: res sacramenti) eine Korrespondenz bestehen muß und wenn die Gemeinde imstande sein muß, den Bedeutungsträger nachzuvollziehen und sich anzueignen, dann wird deutlich, in welchem Dilemma sich manche Liturgen in den konkreten Situationen dieses aufgewühlten Erdteils fühlen mögen.[39] Dazu Antônio Fragoso, Bischof im nordostbrasilianischen Crateús: „Zwischen der offiziellen Liturgie, in der große, unvergeßliche jahrhundertealte Schätze stecken, die aber stark stereotypisiert und zentralisiert wurde und in der der Akzent vor allem auf der theologischen Orthodoxie liegt, und einer Liturgie des Volkes mit seiner religiösen, symbolischen und affektiven Welt, von der Theologen, Priester, Bischöfe und Intellektuelle kaum etwas wissen und die zugegebenermaßen auch nicht frei von Mißverständlichkeiten ist, spüren wir ein gewisses Schwanken. Wir sind auf der Suche nach liturgischen Ausdrucks- und Sprachformen, Gesten, Symbolen und Worten, in denen der Weg des um seine Befreiung kämpfenden Volkes zum Tragen kommt. Obwohl wir gegen legalistische Unbeweglichkeit sind, sehen wir doch keine Möglichkeit, die Kultur des Volkes und den Befreiungsprozeß in die Liturgie mit hineinzunehmen. So hoffen wir, daß eine Bistumskirche, welche die Züge des Volkes tragen will, in größter Treue zu Evangelium, Weltkirche und Volk auch eine volkstümliche Liturgie hervorbringt."[40]
Aber die lateinamerikanische Kirche tritt nicht nur mit Desideraten an die Öffentlichkeit, sondern sie hat auch ein Angebot zur Bereicherung des got-

tesdienstlichen Lebens der gesamten Kirche: ihre „Feiern des Lebens". Unser Begriff „Wortgottesdienst" ist viel zu blaß, als daß er die Nähe zum Leben, die volkstümliche Spontanität, die unerschöpfliche Kreativität und die inkarnationstheologische Dichte vermitteln könnte, die in diesen Gottesdiensten zum Ausdruck kommt. Mindestens in Ausschnitten wird der Leser dieser Sammlung auch das eine oder andere Beispiel für die „Feier des Lebens" finden. Mit ihren Symbolen, szenischen Darstellungen und Choreographien erinnern sie nicht selten an echte geistliche Spiele[41] und sind dabei, den Beliebtheitsgrad zu gewinnen, den bisher traditionelle Frömmigkeitsformen haben.

Wir hatten anfangs das Bild von einem Wagen gebraucht, der etwas von dem geistigen Reichtum des lateinamerikanischen Christentums zu uns transportieren solle. Ob das Gefährt den weiten Weg bewältigt? Oder weisen wir es ab – mit dem bekannten Argument: Ja, dort möge das wohl alles richtig sein, hier aber seien die Dinge doch ganz anders? Ob wir die in der Fuhre enthaltenen Dungsubstanzen und Samenkörner erkennen? Der Boden unseres hiesigen, nicht mehr ganz so vitalen Christentums bedürfte wahrlich einer derartigen Beackerung.
Zumindest in den Lateinamerikanern, und zwar auch in ihren Bischöfen, ist inzwischen das Selbstbewußtsein gereift, daß sie uns mit ihrem Christenleben durchaus etwas zu bieten haben: „Für Lateinamerika ist die Stunde gekommen, die gegenseitigen Dienste zwischen den Ortskirchen zu intensivieren und über die eigenen Grenzen hinaus – ‚ad gentes' – wirksam zu werden. Es trifft zu, daß wir selbst Missionare brauchen. Gleichwohl müssen wir auch von unserer Armut geben. Unsere Kirchen haben nämlich durchaus etwas Eigenständiges und Wichtiges zu geben: ihren Sinn für Erlösung und Befreiung, den Reichtum ihrer Volksreligiosität, das Experiment der kirchlichen Basisgemeinden, das Aufblühen ihrer Dienstämter, ihre Hoffnung und ihre Glaubensfreude. Missionarische Anstrengungen, die freilich noch vertieft werden könnten und auch ausgedehnt werden müßten, haben wir bereits unternommen" (*Puebla,* 368). Freilich: Damit wir hierzulande fähig werden, auch uns als im Sinne einer Zielgruppe des missionarischen Bemühens lateinamerikanischer Christen angesprochen zu fühlen, bedarf es eines klaren analytischen Blicks für die Realität unseres Christentums. Ob das Wort von der geistigen Verarmung zu drastisch ist?
Einsicht – die wir uns nur wünschen können – sei, so heißt es, der erste Schritt zur Besserung. Wenn es uns gelänge, unsere Verkümmerung anzuerkennen, dann wären wir möglicherweise imstande, die Überlegungen

der lateinamerikanischen Bischöfe auch auf uns zu beziehen: „Wie Petrus auf die Bitte des Gelähmten an der Pforte des Tempels sagen wir euch angesichts der Größe der strukturellen Herausforderungen unserer Wirklichkeit: ‚Gold und Silber haben wir nicht, doch was wir haben, das geben wir euch: Im Namen Jesu von Nazaret, steht auf und geht!' (vgl. Apg 3,6). Und der Kranke stand auf und pries die Großtaten des Herrn. Die Armut des Petrus wird hier zu Reichtum, und der Reichtum des Petrus heißt Jesus von Nazaret, der Gestorbene und Auferweckte, der kraft seines göttlichen Geistes sowohl im apostolischen Kollegium als auch in den unter seiner Leitung aufbrechenden Gemeinden stets zugegen ist. Jesus heilt den Kranken. Die Macht Gottes fordert vom Menschen ein Höchstmaß an Anstrengung, damit das Werk seiner Liebe Gestalt annimmt und Frucht bringt" (*Puebla,* Botschaft an die Völker Lateinamerikas, 3).

Als ein Beitrag zu diesen Anstrengungen ist das vorliegende Buch gedacht.

Dank sei allen lateinamerikanischen Glaubensbrüdern und -schwestern ausgesprochen, den bekannten und den weniger bekannten, den lebenden und den zu neuem Leben erweckten, für die überreiche Ladung an Schätzen, mit der sie uns Verarmte aus ihrem Reichtum beschenken.

Lilienthal, Weihnachten 1983
Horst Goldstein

[1] Vgl. *G. Gutiérrez,* Beber en su propio pozo. En el itinerario espiritual de un pueblo, Lima 1983, 181.

[2] Vgl. *Frei Betto,* Oração, uma Exigência (também) Política, in: Revista Eclesiástica Brasileira 42 (1982) 444–455, hier 450.

[3] Vgl. *L. Boff,* Mystik und Politik: Kontemplation im Befreiungskampf, in: ders., Aus dem Tal der Tränen ins Gelobte Land. Der Weg der Kirche mit den Unterdrückten, Düsseldorf 1982, 214–227, hier: 214–216.

[4] *G. Gutiérrez,* Beber, 132.

[5] Vgl. *G. Gutiérrez,* Theologie der Befreiung, München/Mainz [1]1973, [6]1982, 192.

[6] Vgl. ebd. 193.

[7] Vgl. *G. Gutiérrez,* Beber, 136f.

[8] Vgl. *G. Gutiérrez,* Theologie der Befreiung, 193.

[9] *G. Gutiérrez,* Beber, 136.

[10] Ebd.

[11] *L. Boff,* Mystik und Politik, 214.

[12] *M. Buber,* Werke, Bd. 1: Schriften zur Philosophie, München/Heidelberg 1962, 519.

[13] Vgl. *H. Goldstein,* Brasilianische Christologie: Jesus, der Severino heißt, Mettingen 1982, 52.

[14] Vgl. ebd.

[15] Ebd.

[16] *G. Gutiérrez,* Beber, 153.

[17] *E. Schweizer,* Der Brief an die Kolosser (EKK), Zürich/Einsiedeln/Köln/Neukirchen-Vluyn 1976, 60.

[18] Ebd.

[19] Vgl. *L. Boff,* Mystik und Politik, 217.

[20] *C. Boff,* Teologia e Prática. Teologia do Político e sua mediações, Petrópolis 1978, 80–81 (dt.: Theologie und Praxis. Die erkenntnistheoretischen Grundlagen der „Theologie der Befreiung", München/Mainz 1984).

[21] Vgl. *L. Boff,* Mystik und Politik, 217.

[22] Ebd.

[23] Vgl. ebd. 219.

[24] Erstmals: *L. Boff,* Contemplativus in Liberatione – Da espiritualidade da libertação à pratica da libertação: Revista Eclesiástica Brasileira 39 (1979) 571–580; dt.: Mystik und Politik: Kontemplation im Befreiungskampf (Anm. 3).

[25] *P. Teilhard de Chardin,* Der göttliche Bereich, Olten 1962, 49–50.

[26] *G. Gutiérrez,* Beber, 50.

[27] Ebd. 179.

[28] Vgl. *H. Goldstein,* Brasilianische Christologie, 57–62.

[29] Vgl. *L. Boff,* Mystik und Politik, 220.

[30] Vgl. *J. Sobrino,* Profil einer politischen Heiligkeit, in: Concilium 19 (1983) 182–187, hier: 183.

[31] *G. Gutiérrez,* Theologie der Befreiung, 193; *ders.,* Beber, 170–173.

[32] *G. Gutiérrez,* Beber, 158.

[33] Vgl. *J. Hernández Pico,* Das Martyrium heute in Lateinamerika, in: Concilium 19 (1983) 199–204; *P. Casaldáliga,* Die „gekreuzigten" Indios – ein Fall des anonymen, kollektiven Martyriums, in: Concilium 19 (1983) 208–213.

[34] *G. Gutiérrez,* Beber, 158.

[35] Vgl. ebd. 165.

[36] *G. Gutiérrez,* Theologie der Befreiung, 191.

[37] Vgl. ebd.

[38] Vgl. ebd. 191–192.

[39] Vgl. *Frei Betto,* Oração (Anm. 2), 448.

[40] *A. B. Fragoso,* O Rosto de uma Igreja, São Paulo 1982, 34.

[41] Vgl. *L. Boff,* Mystik und Politik, 225.

Am Anfang

Am Anfang war das Wort –
vollkommene Rede,
die man hören sollte in Schweigen.

Am Anfang war das Licht –
unbändige Vernunft,
die alle Geheimnisse auftun sollte.

Am Anfang war die Tat –
die die Welt gestalten,
ja erst noch schaffen sollte.

Am Anfang, in der Mitte und am Ende
ist das Leben:
das Leben, das auf dieser Erde von Tod und Leben
es wirklich zu leben gilt,
das Leben, das in den Kämpfen auf Tod und Leben
es für die Brüder zu geben gilt,
das Leben, das in dem, der ist unser Leben,
es ganz zu gewinnen gilt.

Am Anfang war das Wort des Lebens.

Pedro Casaldáliga

Hoffnung meines Volkes

Gute Nachricht für mein Volk!
Wer hören will, der höre,
wer sehen will, der sehe,
was in einem Volk geschieht,
das wach zu werden nun beginnt,
was in einem Volk geschieht,
das nunmehr auf den Weg sich macht.

Fallen wird, wer bisher andre unterdrückte.
Hoffnung meines Volkes!
Fallen wird, wer bisher von fremdem Schweiße lebte,
ohne Schweiß auf der eignen Stirn.

Fallen wird, wer bisher Gewalt gesät.
Hoffnung meines Volkes!
Und mein Volk wird sich erheben,
wie die Sonne über grüner Saat.

Alle Krümmung wird begradigt,
aller Schmerz ein Ende finden.
Lang genug hast du gewartet,
deine Stund', mein Volk, ist da.

Liebes Volk, in deiner Mitte
lebt verborgen unser Gott.
Und mit göttlichem Vermögen
hat er aufgerichtet deinen müden Blick.

Bald nun wird ein neuer Tag anbrechen,
und die Äcker grünen immerzu.
Neue Menschen werden dann entstehen,
neue Züge wird die Erde tragen.

Und mit donnergleichen Stimmen
werden Schweigende dann reden.
Über ihre geistbelebten Lieder
freut sich Gott dann für und für.

Lied aus den
peruanischen Basisgemeinden

Gott: unsere Gerechtigkeit

Gedanken zu den Lesungen am ersten Adventssonntag: Jer 33,14–16; 1 Thess 3,12–4,2; Lk 21,25–28.34–36

1. Hoffen auf Gerechtigkeit und Befreiung

Die Welt hofft auf Gerechtigkeit und Befreiung – für alle, die wie auch immer unterdrückt werden: die heimatlosen Palästinenser und die landlosen Kleinbauern, die vertriebenen Pächter und die ausgelaugten Arbeiter, die wegen angeblicher Aufwiegelung verurteilten Priester und die inhaftierten Landarbeiterführer. Alle hoffen auf Befreiung. „Befreiung" ist ein magisches Wort. Wenn Unterdrückte es hören, strahlen ihre Augen, und die Mächtigen dieser Erde werden unruhig. Das Wort beinhaltet eine Verheißung, die einem an Sklavendasein gewöhnten Volk wieder Mut gibt. Das brasilianische Volk hat ein sehr feines Gespür für den Klang des Wortes „Befreiung", aber auch für jede Art von Einschränkung der Freiheit. Manche halten es sogar für disziplinlos, unordentlich und kompromißunwillig. Oder sollte es nur einer Ordnung überdrüssig geworden sein, die ihm von oben nach unten, ohne sein eigenes Dazutun und gegen sein eigenes Wohlergehen aufgezwungen wurde?
Das Volk spürt, daß es von der gesellschaftlichen und wirtschaftlichen „Ordnung", die ihm auferlegt wurde, nichts hat. Sie bringt allenfalls denen etwas, die das Sagen haben. Gewiß bringt es dem einen oder anderen unmittelbaren und augenscheinlichen Vorteil: Wenn sich alle an die Verkehrszeichen halten, fließt der Verkehr besser. Aber die Frage ist, ob die Richtung des Verkehrs stimmt. Wer auf eine solche Frage keine klare Antwort bekommt, wird mißtrauisch und am Ende gar aufsässig. Freilich brauchen derlei Gefühle nicht offen zutage zu treten, sondern können sich auch unter scheinbarer Passivität verbergen. Dann spielt sich alles in Ordnung ab. Aber mit Befreiung hat das nichts zu tun. Im Gegenteil: Die Zahl der Hungernden, Arbeits-, Obdach- und Schutzlosen steigt. Auch der rein technische Fortschritt konnte nichts daran ändern. Wenn die Farben des Fernsehers besser werden, wird noch lange nicht der Inhalt des Programms besser.

Das Volk sehnt sich nach Gerechtigkeit und Befreiung, obwohl es weder das Wie noch das Wann weiß. So läßt es sich von all den magischen Wörtern, die in sämtlichen Wahlreden zu Recht oder zu Unrecht vorkommen, hinters Licht führen. Trotzdem ist „Befreiung" so etwas wie ein Geheimcode, in dem das Unbekannte zum Ausdruck kommt, das sich hinter der nicht selten unbewußten und erstickten Hoffnung unseres Volkes verbirgt. Es ist dies der Code der Verheißung, der Utopie und der Gerechtigkeit, die es zwar im Augenblick noch nicht gibt, nach der sich aber seine unerschütterliche Hoffnung ausstreckt.

2. *Woher kommt die Befreiung?*

Wer hat sie nicht schon erlebt, jene beinahe endlosen und abstrakten Diskussionen über Methoden und Strategien der Befreiung? Da werden die Gründe für die Entfremdung und die Ausbeutung des Menschen durch den Menschen analysiert, Projekte für neue Strukturen entwickelt und Pläne für brüderlich-schwesterliche Mitsprachemöglichkeiten geschmiedet. Aber die Wirklichkeit ist größer als all das. „Wenn nicht der Herr das Haus baut, müht sich jeder umsonst, der daran baut" (Ps 127). Die Erde bringt nur dann Früchte hervor, wenn Gott selbst seinen Segen gibt (vgl. Ps 85). Während wir uns für Gerechtigkeit einsetzen, gibt sich Gott als unsere Gerechtigkeit zu erkennen: „In jenen Tagen wird Juda gerettet werden, Jerusalem kann in Sicherheit wohnen. Man wird ihm den Namen geben: Jahwe ist unsere Gerechtigkeit" (Jer 33,14-16).
Was heißt das? Das heißt, daß das „neue Gut" gesehen wird als „Begegnung zwischen Himmel und Erde", zwischen Gott, der „der Gute" ist, und dem Menschen, der ihm begegnen will. Der Mensch kann nicht einfach das Gute machen; es existiert bereits und will sich finden lassen. Das Ganze ist so, wie wenn jemand seine Brille sucht; wenn er sie endlich gefunden hat, sagt er: „Da ist sie ja!" Aber wenn er sie nicht gesucht hätte, hätte er sie auch nie gefunden . . .
Die Gerechtigkeit, *das* Gute ist bei Gott. Dennoch geschieht sie nur und zeigt sich nur an uns und mit uns. Gerechtigkeit muß der Name *unserer* Stadt werden, Gerechtigkeit muß in unserer Gesellschaft konkret werden. Bei der Herbeiführung der Gerechtigkeit bedarf es der Mitwirkung des Menschen. Unsere Mitarbeit mag unbedeutend erscheinen, aber sie ist real. Der Mensch hat teil an der Gerechtigkeit, die Gott ist, nicht indem er sie erfindet – das schafft nur so manche Ungerechtigkeit! –, sondern indem er sie sucht und sich darauf einläßt, sie zu finden. „Jahwe ist unsere Gerechtigkeit", das heißt: unsere Gerechtigkeit übersteigt uns, ist größer, als wir sind, transzendiert uns. „Der Gute" ist größer als das Gute, das wir

uns ausmalen und erfinden können. Dies hilft uns, uns für den Guten offenzuhalten, der all unsere Träume übertrifft. Das meinen auch die Formulierungen des Evangeliums, die uns ermahnen, auf die Wiederkunft Christi vorbereitet zu sein: „Wachet und betet allezeit, damit ihr allem, was geschehen wird, entrinnen und vor den Menschensohn hintreten könnt!" (Lk 21,25-28. 34-36; hier: 36.) Paulus möchte sogar, daß wir „ohne Tadel sind, geheiligt vor Gott, unserem Vater, wenn Jesus, unser Herr, mit all seinen Heiligen kommt" (1 Thess 3,12-4,2; hier 3,13). Man könnte zum Vergleich an ein junges Mädchen denken, das - verliebt, wie es ist - nur an seinen Freund denkt und allein durch diese seine Sehnsucht dem jungen Mann bereits näher ist.
Die heutige Liturgiefeier eröffnet das große Thema des Advent: die Begegnung zwischen Himmel und Erde, zwischen Gnade und menschlichem Bemühen (Disponibilität), zwischen Gott und Mensch. Für modernes Denken ist das nicht leicht zu verstehen. Wir wollen Gerechtigkeit *schaffen.* Wir haben es satt, auf Lösungen „von oben" zu warten - und zwar mit Recht. Trotzdem brauchen wir an Gott nicht zu verzweifeln. Vielleicht haben wir zuviel erwartet - von falschen Göttern, die vorgeben, „von oben" zu sein. Der wahre Gott, unser Gott, der sich in Jesus Christus zu erkennen gibt, erweckt nicht den Eindruck, von oben zu kommen. Vielmehr sprießt er aus unserer Erde, er ist der „Sproß Davids". In unserer Gerechtigkeit sprießt er - aus der Kraft Gottes - aus unserer Erde hervor. Die Berührung zwischen Himmel und Erde beginnt auf der Erde, hier und heute.

3. Mit unserer Gerechtigkeit der Gerechtigkeit Gottes entgegenkommen

Für unsere Haltung im Leben (für die Praxis) heißt das:
Hoffen bedeutet nicht einfach „warten", sondern sich auf das „Treffen" vorbereiten. Wenn wir Besuch erwarten, richten wir die Wohnung her und machen uns fein, damit alles dem Besucher entspricht. So engagieren wir uns auch dafür, daß eine Welt (mit ihren Strukturen) entsteht, in der die größere Gerechtigkeit - die wir uns zwar nicht vorstellen können, von der wir lediglich wissen, was ihr nicht angemessen ist - Platz finden kann. Alle Ungerechtigkeit abschaffen, das ist das Mindeste, was wir tun müssen, wenn wir die Befreiung vorbereiten wollen - so wie man immer wieder die Spuren falschen Tuns beseitigen muß. Wer sich müht, macht auch Fehler; aber die Fehler wiederholen ist töricht. Deshalb müssen wir die Fehler, die uns bei der Suche nach Gerechtigkeit unterlaufen, ständig korrigieren, einschließlich der ungerechten Strukturen, die oft das Ergebnis eines wohlmeinenden, aber irrenden Bemühens um Gerechtigkeit sind.

Hoffen bedeutet auch, daß wir nicht alles von uns selbst haben. Was wir tun können, ist, daß *wir uns in die Gerechtigkeit einüben.* Wir schaffen mehr Gerechtigkeit und gerechtere Strukturen, damit wir es lernen, in Gerechtigkeit zu leben; denn das wird unerläßlich, wenn die Gerechtigkeit Gottes kommt, die vollkommener (und anspruchsvoller) als unsere Gerechtigkeit ist, obwohl sie auch barmherziger ist.
Und wann wird die Gerechtigkeit kommen, die unsere Gerechtigkeit „übersteigt wie der Himmel die Erde"? Wenn wir es am wenigsten erwarten! Den Tag, den „Jüngsten Tag", brauchen wir nicht zu errechnen. Jedesmal, wenn die Forderungen des Guten unsere Projekte und Vorrichtungen übersteigen, reichen sich Himmel und Erde die Hand. Dann müssen wir uns mit *unserer* Gerechtigkeit öffnen für „Gott-unsere-Gerechtigkeit". Das ist die wahre Befreiung, unser „Trost", unsere Utopie, unser Alles.

Ein brasilianisches Homiletikerteam

Jesu Wort an die Armen: Hoffnung – Jesu Wort an die Reichen: Umkehr

Es ist wahr, daß Jesus sich an alle richtet und daß er alle besucht. Allerdings ist die Art und Weise, wie er die einen und wie er die anderen anspricht, keineswegs dieselbe. So sind Worte, die er einmal an die Reichen und das andere Mal an die Armen richtet, durchaus verschieden. Das Wort, das er den Armen sagt, ist ein Wort der Hoffnung und Freude, während das Wort, mit dem er sich an die Reichen wendet, Sorge ausdrückt, sie zur Umkehr aufruft, zur Aufgabe von Privilegien, zu aktivem Mitgefühl und zum Verteilen ihrer Güter ... Wir können denen unter unseren Brüdern und Schwestern nicht zustimmen, die den Anschein erwecken, das Evangelium könne auf eine in fälschlicher Weise universale Botschaft reduziert werden. Diese richte sich in neutraler und uniformer Art an alle. Damit wäre nur der Unterschied zwischen Armen und Reichen verwischt, und es würde die Illusion erweckt, als wäre Christsein für Arm und Reich dasselbe. Ein derart schales Evangelium kann nie zu einem entschiedenen Engagement für Gerechtigkeit und für die Befreiung unserer Völker anregen. Wir können nicht akzeptieren, daß man die Einheit der Kirche mittels eines Evangeliums herstellen will, das man zuvor auf allgemeingültige Abstraktionen reduziert hat; ein Evangelium ohne Geschmack, Geruch und Farbe, in dem alle Menschen gleich wären, ohne den geringsten Bezug zu ihrer gesellschaftlichen, wirtschaftlichen und kulturellen Position, kann nicht die Botschaft Jesu Christi sein ... Der Preis der Einheit kann nie und nimmer darin bestehen, daß wir unsere Entscheidung für die Armen aufgeben und sie in unserer Predigt und in unserem Engagement ignorieren.

Internationales Treffen
lateinamerikanischer Bischöfe für Gewaltfreiheit
Bogotá, Dezember 1977

Ein neuer Jesaja

Jesaja, der große Prophet,
Gottes Messias kündet er an
zum Trost des gesamten Volkes.

Die Zeit meiner Ankunft hat sich genaht,
unvorhergeseh'n steh' ich in eurer Mitte.
So erwähl' ich mir Propheten,
auf daß sie allerorten die Stimme erheben.
Heut' ist die Zeit des neuen Jesaja,
der sein Ohr am Puls des Lebens hat
und wahrlich neue Wege weist,
Befreiungswege für mein ganzes Volk.

Seine Stimme soll er erheben
gegen alle, die ein böses Leben führen.
Auftreten muß er mit großer Kraft,
Gerechtigkeit schaffen und die Armen trösten.
Die Gute Nachricht der Hoffnung sei sein Amt.
Er sage: Gott ist immer bei euch.
Alle Menschen soll er hinterfragen
und dem Volk sein ein echter Prophet.

Ich will, daß die Menschen alle zusammen
leben nach Gottes heiligem Plan.
Ich will, daß sie Gemeinschaft pflegen,
auf daß ich sie Brüder nennen kann.
Ich will, daß die Kinder spielen und lachen,
da der neue Tag stets näher ihnen kommt.
Ich will, daß denen, die erstreben bessere Welten,
die Hoffnung nicht fehle bei ihrem Kampf.

So geh! Erfülle die Erde mit Mut,
nie werd' ich weichen von deiner Seit'.
Verbreite Glauben, sei Zeichen, du!
Immanuel - Gott mit uns - bereits naht.
Glaubst du an meine Liebe?
- Immer sie währt!
Nie werd ich weichen von deiner Seit'.

Zeit ist's, Gerechtigkeit zu üben,
Falschheit soll weichen aus eurer Mitte,
Brüder und Schwestern, liebet einander
und hofft auf den Messias vertrauensvoll!

Lied aus den
brasilianischen Basisgemeinden

Fest der Unbefleckten Empfängnis Mariens

Ave Maria - lateinamerikanisch

Gegrüßet seist du, Maria,
schwanger mit den Sehnsüchten unserer Armen,
der Herr ist mit dir.
Du bist gebenedeit unter den Unterdrückten,
und gebenedeit sind die Früchte deines Leibes,
die Befreiung sind.
Heilige Maria, Mutter Lateinamerikas,
bitte für uns, damit wir auf den Geist Gottes vertrauen,
jetzt, da unser Volk um Gerechtigkeit kämpft,
und in der Stunde, da es sie in Freiheit erlangt,
damit wir in Frieden leben.
Amen.

Frei Betto

Am 10. Dezember 1948 wurden von der UNO die allgemeinen Menschenrechte erklärt

Alle Menschen sind gleich

Artikel 1: Alle Menschen sind frei geboren und gleich in ihrer Würde und ihren Rechten. Sie sind mit Vernunft und Gewissen begabt und sollten nicht anders als im Geist der Brüderlichkeit miteinander wirken.
Kommentar der brasilianischen CESE (Coordenadoria Ecumênica de Serviço – Ökumenische Koordinierungsstelle für Dienstleistungen):
Ruft Freiheit für alle Bewohner des Landes aus! (Lev 25,10).
Männer, ihr seid doch Brüder. Warum tut ihr da einander Unrecht? (Apg 7,26).
Da alle Menschen eine geistige Seele haben und nach Gottes Bild geschaffen sind, da sie dieselbe Natur und denselben Ursprung haben, da sie, als von Christus Erlöste, sich derselben göttlichen Berufung und Bestimmung erfreuen, darum muß die grundlegende Gleichheit aller Menschen immer mehr zur Anerkennung gebracht werden ... Die Gleichheit der Personwürde fordert, daß wir zu humaneren und der Billigkeit entsprechenden Lebensbedingungen kommen. Allzu große wirtschaftliche und gesellschaftliche Ungleichheiten zwischen den Gliedern oder Völkern in der einen Menschheitsfamilie erregen Ärgernis; sie widersprechen der sozialen Gerechtigkeit, der Billigkeit, der menschlichen Personwürde und dem gesellschaftlichen und internationalen Frieden (Zweites Vatikanisches Konzil, 1965: *Gaudium et spes,* 29).
Die soziale Natur des Menschen gründet in der Schöpfungsordnung und findet zu ihrer vollen Verwirklichung nur in einem Leben in Gemeinschaft (Soziales Credo der Methodistischen Kirche, 1971).

Die gerechte und menschliche Welt ist möglich

Ich stehe hier im Namen der lateinamerikanischen Völker und ganz besonders in Namen meiner ärmsten und schwächsten Brüder und Schwestern, denn ihnen gilt die besondere Liebe Gottes; ich stehe hier im Namen meiner indianischen Brüder, der Bauern, der Arbeiter, der Jugendlichen; ich stehe hier im Namen jener Tausender Ordensleute und Menschen guten Willens, die, nachdem sie selbst auf ihre Privilegien verzichtet haben, das Leben und den Weg der Armen teilen und für die Errichtung einer neuen Gesellschaft kämpfen. Für einen Menschen wie mich, der sich als bescheidene Stimme der Menschen ohne Stimme versteht und der darum kämpft, daß dieser Schrei des Volkes in seiner ganzen Intensität gehört werden kann ... ist es ohne Zweifel die größte Auszeichnung, als Diener des Friedens betrachtet zu werden.
Ich komme aus einem Kontinent, der zwischen Angst und Hoffnung lebt ... und für den – davon bin ich überzeugt – die Entscheidung für die Kraft der Gewaltlosigkeit des Evangeliums eine Herausforderung darstellt und neue, radikale Perspektiven eröffnet. Es ist dies eine Entscheidung, die einem wesentlichen und zutiefst christlichen Wert Priorität einräumt: der Würde des Menschen, dieser heiligen, transzendenten und unwandelbaren Würde, die für ihn in erster Linie daraus entspringt, daß er Kind Gottes ist, Bruder bzw. Schwester Christi und daher auch unser Bruder, unsere Schwester.
Trotz so vielen Leidens bin ich dennoch voller Hoffnung, denn ich fühle, daß Lateinamerika ein Kontinent ist, der sich aufgerichtet hat. Man kann seine Befreiung verzögern, sie aber niemals verhindern. Wir leben in der Hoffnung, denn wie der Apostel Paulus glauben wir, daß die Liebe niemals stirbt. Der Mensch hat in seiner geschichtlichen Entwicklung durch die aktiv geübte Solidarität in der ganzen Welt Enklaven der Liebe geschaffen mit dem Ziel, eine umfassende Befreiung des Menschen und der Völker zu erreichen.

Für mich ist es wesentlich, in mir die innere Ruhe des Gebetes zu tragen, um so das Schweigen Gottes zu hören, der zu uns von der Kraft der Liebe spricht, in unserem persönlichen Leben und durch die Ereignisse unserer Zeit. Aufgrund dieses Glaubens an Christus und an die Menschen können wir unseren bescheidenen Beitrag zur Errichtung einer gerechteren und menschlicheren Welt beitragen. Ich möchte es mit Nachdruck sagen: Diese gerechtere und menschlichere Welt ist möglich!
Bei der Errichtung dieser neuen Gesellschaft müssen wir die Hände öffnen und eine brüderliche Haltung einnehmen, die weder Haß noch Vergeltungslust kennt. Nur so kann Versöhnung und Friede erreicht werden. Diese Haltung muß gepaart sein mit einer Entschlossenheit, die kein Zögern kennt, wenn es um die Verteidigung von Wahrheit und Gerechtigkeit geht. Denn mit Fäusten kann man nicht säen, dazu bedarf es geöffneter Hände.

Aus der Ansprache von Adolfo Perez Esquivel
beim Empfang des Friedensnobelpreises am 10. Dezember 1980

Die neue Zeit

Höre meinen Rat,
rüste dich zum Kampf,
baue die Kirche –
mit Steinen, die den Tod nicht fürchten
und Schilde
feiger Spitzfindigkeit verachten.
Prophetisch soll sie sein
und unermüdlich rufen:
Gekommen ist der Antichrist
mit Gold und Macht
seines Götzendienstes.
Freund,
den Tod werden sie dir bringen, und
wie zu Zeiten des Römischen Reiches
wirst du wie Weizen gemahlen werden.

Gaspar García Laviana,
Missionspriester vom Heiligen Herzen und Untergrundkämpfer
gegen die Somoza-Diktatur in Nikaragua,
am 11. Dezember 1978 gefallen

Fest Unserer Lieben Frau von Guadelupe

Auf den Wegen des Indianers Juan Diego

Lied zu Unserer Lieben Frau von Guadelupe, Patronin Lateinamerikas

Maria von Guadelupe,
Herrin unseres Amerika,
auf den Wegen Juan Diegos:
singend kommt heute dein Volk,
betend kommt heute dein Volk,
singend kommt heute dein Volk ...
Maria von Guadelupe,
auf den Wegen Juan Diegos.

Auf dem Poncho des Indios
dein vom Himmel selbst gemaltes Bild
und tief im Grunde deiner Augen
das Spiegelbild Juan Diegos.
Mutter, gegenseitig war das Abbild der Liebe!
Anmutig ist dein dunkles Gesicht,
durch das uns Gott heilig und lebendig
seine frohe, befreiende Botschaft schenken wollte.

Maria von Guadelupe,
Herrin unseres Amerika, ...

Durch das Wasser der Taufe
wurden wir Kinder und Erben;
ja, wir sind ein Volk von Brüdern,
und zusammen sind wir Gottes Haus.
Wie weit die Wege auch sind,
du wirst in unser lebendiges Herz
diese Ehrennamen einschreiben,
die Jesus zu hohem Preis erwarb.

Maria von Guadelupe,
Herrin unseres Amerika, ...

Sieh uns, Mutter, und höre:
Amerika träumt einen Traum,
geboren aus deiner Verheißung
für die Armen und Hungrigen;
es träumt von dem großen Fest
am weiten Tische des Reiches;
sieh uns, Mutter, und höre
den Schrei so großen Verlangens!

Maria von Guadelupe,
Herrin unseres Amerika,
auf den Wegen Juan Diegos:
singend kommt heute dein Volk,
betend kommt heute dein Volk,
singend kommt heute dein Volk . . .
Maria von Guadelupe,
auf den Wegen Juan Diegos.

Joaquín Alliende

Wir spüren Gottes rettendes Vorübergehen

So wie damals Israel, das vormalige Volk, die rettende Gegenwart Gottes erfuhr, als er es aus der Unterdrückung Ägyptens befreite, als er es durch das Meer ziehen ließ und zum Land der Verheißung führte, so spüren auch wir, das neue Volk Gottes, zwangsläufig sein rettendes Vorübergehen, wenn „die wahre Entwicklung ... die für jeden einzelnen und für alle der Weg von weniger menschlich zu menschlicheren Lebensbedingungen ist.
Weniger menschlich ist die materielle Not derer, denen das Existenzminimum fehlt, die sittliche Not derer, die vom Egoismus verstümmelt sind; weniger menschlich sind Zwangsstrukturen, die im Mißbrauch des Besitzes oder der Macht, in der Ausbeutung der Arbeiter, in der Ungerechtigkeit im Geschäftsverkehr ihren Grund haben.
Menschlicher ist der Aufstieg aus dem Elend zum Besitz des Notwendigen, der Sieg über die sozialen Mißstände, die Erweiterung des Wissens, der Erwerb von Bildung.
Menschlicher ist das deutlichere Wissen um die Würde des Menschen, die Ausrichtung auf den Geist der Armut, die Zusammenarbeit zum Gemeinwohl, der Wille zum Frieden.
Menschlicher ist die Anerkennung letzter Werte und die Anerkennung Gottes als deren Quelle und Ziel von seiten des Menschen.
Menschlicher ist vor allem der Glaube, der als Gottes Gabe freiwillig vom Menschen guten Willens angenommen wird, und die Einheit in der Liebe Christi, der uns alle aufruft, als Kinder am Leben des lebendigen Gottes, des Vaters aller Menschen, teilzunehmen" (*Populorum progressio,* 20–21).

Medellín, Einleitung, 6

Volk des Herrn

Das Volk des Herrn auf dem Weg durch die Wüste
an der Spitze des Zuges einen Führer vernahm.
Reichtum und Güter es völlig vermißte.
Nur Hoffnung hatt' es und Staub auf der Bahn.
Auch wir sind dein Volk, Herr,
unterwegs zu dir.
Wir bauen auf dich
und fürchten uns nicht.

Das Volk des Herrn, es schwankte nicht selten
und gefiel sich, die Liebe zu brechen.
Eifrig im Beten und eilig im Schelten,
erbat es Vergebung und unterstrich sein Versprechen.
Auch wir sind dein Volk, Herr,
unterwegs zu dir.
Verzeih, wenn bisweilen
zu glauben wir nicht mehr vermögen.

Das Volk des Herrn, auch Hunger es kannte,
bis du ihm gabst vom Himmel das Brot.
Voll Freude und Jubel es weiter nun zog.
Denn deine Liebe stillt alle Not!
Auch wir sind dein Volk, Herr,
unterwegs zu dir.
Da bist du uns die Speise
auf dieser so mühseligen Reise.

Das Volk des Herrn von fern endlich sah
die Gabe der Liebe: verheißenes Land.
Voll Lob und Preis war nun sein Mund.

Von Lied und Dank scholl Wüstensand.
Auch wir sind dein Volk, Herr,
unterwegs zu dir.
Und täglich kommen wir näher
dem erhofften Ziel.

Lied aus den
brasilianischen Basisgemeinden

Moderne Götzen

All die Geschichten, die man uns als Kindern erzählte:
„primitive" Völker seien Götzendiener gewesen und die Götter der „Heiden" Götzen,
waren mit Sicherheit keine unschuldigen Geschichten
(obwohl die, die sie erzählten, gewiß unschuldig waren),
vielmehr erzählte man sie uns zu einem bestimmten Zweck.

Und all die modernen Geschichten
vom Götzen-Staat auf seiten derer, die immer an alle denken,
vom Götzen-Materie auf seiten derer, die nur für ihr Brot kämpfen,
vom Götzen-Körper auf seiten derer, die Zärtlichkeit suchen
(wobei die Erzähler freilich weniger unschuldig sind),
erzählt man uns ebenfalls zu einem bestimmten Zweck.

Idolatrie im eigentlichen Sinn
ist weder das Verhalten von Ungläubigen
noch das von Atheisten
(die häufig genug Götzen zerstört
und gegen sie angekämpft haben).

Götzen sind vielmehr
die Götter der Unterdrückung,
Götzen sind
die glänzenden Fetische
mit göttlichen Namen
und breitem Lächeln
mit Glaubensbekenntnissen,
mit Gottesdiensten,
mit Gebeten,
mit Gesetzen,

mit großer sakraler und göttlicher Macht:
Macht zu unterdrücken
Macht auszubeuten
Macht zu töten.

Die Unterdrücker,
die Götzendiener
werden niemals den Fehler begehen, sich zum Atheismus zu bekennen.

„Gott, Vaterland und Familie"[1]
„Tradition, Familie und Privateigentum"[2]
„Eine Familie, die zusammen betet, bleibt auch zusammen"[3]
(wenn auch ohne Arbeit, Brot, Dach über dem Kopf und Gesundheit).
In God we trust. Amen.

Hugo Assmann

1 „Gott, Vaterland, Familie": Slogan konservativster Gruppen in der lateinamerikanischen Kirche. Nach dem Militärputsch am 1. April 1964 in Brasilien wurden unter dieser Losung religiöse Massenbekundungen – als Dank an Gott für die vermeintliche Errettung des Landes vor dem Kommunismus – durchgeführt.

2 „Tradition, Familie und Privateigentum": Tradição, Família e Propriedade (TFP): 1960 in Brasilien gegründete integralistische, zunächst innerkirchliche Bewegung, dann aber auch ideologischer Nährboden für alle Systeme der „Nationalen Sicherheit" (vgl. *Puebla*, 549). Die Bewegung, die allerorten inzwischen in Lateinamerika Gesinnungsgenossen hat, sieht ihr Ziel darin, unter Berufung auf die traditionellen Schriften der Päpste gegen Sozialismus und Kommunismus zu kämpfen.

3 „Eine Familie, die zusammen betet, bleibt auch zusammen": Slogan des „Kreuzzuges für das Rosenkranzgebet in der Familie" unter der Leitung des amerikanischen Oblatenpaters Patrick Peyton. Die Bewegung, die sich 1963–1965 in vielen lateinamerikanischen Ländern ausbreitete und der TFP nahesteht, organisierte nach dem Militärputsch 1964 in zahlreichen brasilianischen Großstädten Massen-Rosenkranzandachten unter dem Titel „Marsch der Familie mit Gott für die Freiheit".

Unterwegs zu Dir

Aus den Dörfern und Städten
sind wir unterwegs zu dir.

Aus Tälern und Bergen
sind wir unterwegs zu dir.

Mit leidenden Brüdern und Schwestern
sind wir unterwegs zu dir.

Mit lachenden Kindern
sind wir unterwegs zu dir.

Als Bauleute des Friedens
sind wir unterwegs zu dir.

Als Boten der Gerechtigkeit
sind wir unterwegs zu dir.

Als Zeugen deiner Liebe
sind wir unterwegs zu dir.

Als Glieder deiner Kirche
sind wir unterwegs zu dir.

Wenn wir das Brot teilen,
sind wir unterwegs zu dir.

Wenn wir die Schwachen stützen,
sind wir unterwegs zu dir.

Wenn wir für die Verfolger beten,
sind wir unterwegs zu dir.

Wenn wir Gottesdienst feiern,
bist du bei deinem Volk.

Gebet um eine neue Art von Wahrnehmung

Schöpfer allen Lebens,
öffne uns die Augen für alle Schönheit,
für alles Leid und
für die Sehnsucht, die in jedem deiner Werke steckt.
Verzeih uns unsere Blindheit
gegenüber deinen Fingerzeigen wie auch
gegenüber deinem Reich,
das ja bereits im Kommen ist.
Hör unser Gebet,
Schöpfer allen Lebens,
und gib uns Augen, daß wir sehen.

Du, der du alles Leben erlöst,
hilf uns,
mit Erbarmen und Liebe
alle zu betrachten,
die die Schöpfung zerstören,
für die du ja gestorben bist.
Verzeih uns unsere egoistischen Wege.
Hör unser Gebet,
Erlöser allen Lebens,
und gib uns Ohren, daß wir hören.

Geist Gottes,
der du alles Leben erneuerst,
gib unseren Händen und Füßen Kraft,
damit wir dein Werk voranbringen und
damit wir deine Wege gehen.
Schmelze mit deinem Feuer
unsere Herzenshärte

und leuchte uns auf unseren Wegen.
Hör unser Gebet,
Geist Gottes,
und hilf uns, ein neues Leben zu führen.

Amen.

Mutter des „Sklavenkindes"

Jungfrau der Hoffnung,
Mutter der Armen,
Herrin derer, die auf der Pilgerschaft sind, höre uns!

Heute bitten wir dich für Lateinamerika,
den Kontinent, den du selbst aufgesucht hast
und dem du den Reichtum des Kindes anbietest,
das du in Armen hältst:
ein schwaches Kind, das uns stark macht,
ein armes Kind, das uns reich macht,
ein „Sklavenkind", das uns frei macht.

Mutter der Armen, es gibt große Not unter uns;
es fehlt das tägliche Brot in vielen Häusern,
es fehlt das Brot der Wahrheit in vielen Köpfen,
es fehlt das Brot der Liebe in vielen Herzen,
es fehlt das Brot des Herrn an vielen Orten.

Du kennst die Armut und lebst in ihr;
gib uns ein Herz der Armen, damit wir glücklich sind,
und lindere die Not, in der wir leben;
reiß aus unseren Herzen den Egoismus,
der uns verarmen läßt.

Herrin derer, die auf der Pilgerfahrt sind,
wir sind das Volk Gottes in Lateinamerika;
wir sind die Kirche,
die dem großen Ostern entgegenzieht,
höre uns und begleite uns.
Amen.

Eduardo F. Pironio

Gottes Ehre und der Friede der Menschen

Schwestern und Brüder!
Weihnachten steht vor der Tür. Viele von Ihnen werden sicherlich mit Wehmut an glückliche Tage zurückdenken, die sie in ihrer Familie und bei ihren Lieben in der Heimat verbringen konnten. Erinnerungen an die Kindheit werden in ihnen wach. Religiöse Erlebnisse aus vergangener Zeit werden wieder lebendig und verbinden sich mit dem Geheimnis unseres Gottes, der Mensch, ja ein armes Kind wurde, um an dem Schmerz aller, die auf dieser Erde gedemütigt wurden und Not leiden müssen, teilzuhaben, um sie zu befreien und glücklich zu machen.
Wir, die chilenischen Bischöfe, und mit uns das ganze katholische Volk unseres Vaterlandes, zu dem viele Ihrer Angehörigen und Freunde gehören, denken mit Liebe an Sie, wünschen Ihnen nur das Beste und hoffen, daß Sie zurückkehren können ...
Schon kurze Zeit nach der Geburt Jesu erfuhr auch seine Familie, welches Leid Verbannung bedeutet. Die Flucht Josefs, Marias und des Kindes nach Ägypten ähnelt sicherlich in vielen Zügen dem Weg, den viele von Ihnen ins Exil gegangen sind; und sie war von den gleichen Ängsten, Entbehrungen und Irrwegen begleitet, die auch Sie erfahren haben ...
Gern möchten wir Sie nach Hause zurückkehren sehen – ohne Haß und Groll, vielmehr mit konstruktivem und solidarischem Geist, um mit allen, die wir hier geblieben sind, zum Wohle Chiles und für die Versöhnung und für den Frieden unter allen Christen zu arbeiten. So können Sie mit Ihrem reifen Beitrag an Erfahrungen und Leiden das Leben der Nation bereichern.
In der Weihnachtsnacht sangen die Engel:

„Ehre sei Gott in der Höhe
und Frieden auf Erden den Menschen guten Willens",

oder, wie andere übersetzten:

– „die er liebt".

So möchten wir wünschen, daß Sie verstehen, daß die beiden Pole dieses einen Satzes voneinander abhängig sind. Die „Ehre Gottes" und der „Friede der Menschen" geben einander die Hand. Deshalb bitten wir Gott, daß er Ihnen im Innersten Ihres Herzens seine Ehre offenbart und Sie mit Frieden erfüllt.

Weihnachtsbrief der chilenischen Bischöfe
an ihre Landsleute außer Landes

Fest der Geburt des Herrn

Heiland – Messias – Befreier

Das Kind, ein Junge, ward geboren.
Maria seine Mutter heißt.
Freud' bringt er den Armen.
Immanuel, Gott-mit-uns,
Heiland, Messias,
unser Befreier,
Christus der Herr ist er.

Wenn das Kind zum Mann gereift,
wird in den Kampf er ziehen
und im allerletzten Kriege
Satans Untier niederringen.
Mit der Höllen bösem Drachen
und mit allen seinen Söhnen,
welche heut' noch Arme unterdrücken
und die Kleinen leiden lassen,
wird es dann ein Ende haben:

Maurer, die die Häuser bauen,
werden Wohnung finden.
Bauern, die ihr Feld bestellen,
werden satte Ernt' einbringen.
Fischer, die die Netze werfen,
werden reichen Fang erzielen.
Frauen, die in Not geraten,
brauchen ihren Körper nicht mehr feilzubieten.
Mädchen, die zu Hausarbeit verpflichtet,
werden selbst ein Heim besitzen.
Kranke, körperlich und geistig Schwache
werden ihrer Kräfte sich erfreun.

Wo uns jetzt die Dürre quält,
Risse in die Erde reißt,
wird das Wasser kraftvoll strömen,
werden sich die Risse schließen.
Trinken wird die Erde klares Wasser,
und die Saat wird üppig sprießen.

Sterben wird nur noch die Dürre.
Wer bisher die Not hat ausgenutzt,
wird vom selben Los getroffen,
das bereits das Untier schlug.

Brüderlich wird alles Volk dann leben,
Christus wird sein Haupt auch sein.
Harmonie wird die Nation durchwehen,
und die Erde herrlich sein.
Gloria das schwache Volk wird singen,
einen nie erhofften Sieg erringen
und die größte Ernt' einbringen.

Grußkarte zu Weihnachten und Neujahr 1982/83
des Regionalsekretariats Nordosten II
der Brasilianischen Bischofskonferenz

Weihnachts-Baum

Einen Baum will ich pflanzen.
So feire ich das Weihnachtsfest.

Große Kuppel, freundlicher Schatten;
starke Äste, schaukelnde Kinder;
saftige Früchte, schleckende Vögel.

Am wichtigsten jedoch:
wachsen wird er
    langsam
    ganz
    langsam
    so
    langsam
    daß
in seinem Schatten
ich niemals werd' sitzen können.

Ich lieb' ihn, den Baum,
wegen meiner Träume,
die er in sich birgt . . .
In Gedichtform
will ich sie sagen,
wenn meine Hände
die Erde umgraben.

Brot, das wünsch' ich mir für alle.
Lachen möcht' ich über all die Krieger,
wenn nackt sie fliehen
und ihre Stiefel, Schwerter und Uniformen
in lichterlohem Feuer verbrennen . . .

Malen möcht' ich mir aus,
wie Löwe und Lamm
gemeinsam mit Gras sich ernähren
und die Großen ihre Arbeit anhalten,
damit die Kinder zu spielen vermögen . . .

Entschieden hab' ich mich dafür,
weil Bäume mild und ruhig sind,
anders als Krieger mit ihren Zähnen,
anders als Manager mit ihrem Gewinn.
Bäume feiern das Leben
und opfern sich wie Gelübde
in einer Liturgie des Friedens.
Angeld der Zukunft sind sie mir.
Krieg und Gewinn hingegen
gedeihen mit dem Fleisch der Opfer:
wilde Schreie einer Liturgie des Weltenendes.

Pflanzen werd' ich meinen Baum,
singen werd' ich meine Hoffnung.
Denken werd' ich, daß der erste, der einen Baum pflanzte,
in dessen Schatten er niemals wird ruhen können, auch der
erste ist, der den Namen des Messias verkündet . . .

Weihnachten ist's.
Die Macht wurde der Zärtlichkeit übergeben . . .

Komm, pflanz einen Baum
mit mir . . .

Rubem Alves

Ich stehe hier vor deiner Krippe . . .

Herr,
die Jahre eilen dahin –
wieder feiern wir die Nacht
deiner Geburt.
Wie sich doch alles wiederholt:
Geschenke, Lachen,
allseitig frohe Wünsche.

Aber, Herr,
für mich ist Weihnacht
sehr viel mehr.
Betrachtend stehe ich hier
vor deiner Krippe.

Herr,
dein Gesicht kommt mir
plötzlich so vertraut vor.
Ich schließe meine Augen
und seh' auf deinem Antlitz
das Gesicht von Elvira,
von Roberto, von Carmen,
von meinem Alfredo . . .

Ja, Herr,
du bist einer
von uns geworden.
Mein Herz
ist jetzt nicht mehr verloren
in dieser weiten Einsamkeit.
Meine und unsere Hoffnungen,

Ängste und Träume
wurden durch dich
zu wirklichem Leben.

Wenn ich dich
so in der Krippe betrachte,
steigt in mir
eine Hoffnung
ohne Grenzen auf.
Ich glaube wieder an den
Menschen,
denn du, Herr Jesus,
wurdest Mensch wie wir,
wie alle Menschen
auf deinem weiten Erdenrund.

Herr,
Weihnacht ist's wieder
geworden.
Wie dank ich's dir!

Fest der Unschuldigen Kinder

Hundert Herodes, tausend ...

Welch dunkle Nacht!
Neigt sich die Welt dem Untergang?
Große schwarze Wolken künden
tödliche Stürme!
Haß und Ehrgeiz machen
die Völker rot von Blut.
Weihnachten?
Heilige Nacht?
Nacht des Friedens?
Morgenröte der Zeiten,
von Menschen erwartet?
Weihnacht, wo ist dein Glanz?
Die Krippe erglänzt nicht mehr;
das Licht deiner Nacht, sage,
wo ist es?
Hundert Herodes, tausend,
schwingen rasend
ihr mörderisches Schwert gegen deinen Christus,
den du in einer Nacht
uns gabst in Betlehem,
zum Heil gesandt
durch die Güte des Vaters,
der jetzt lebt im verletzten Herzen der Hilflosen,
der Ausgebeuteten, derer, die sich erheben
gegen die Unterdrückung!
Weihnachten heute.
Himmel, öffnet euch, daß es Gerechtigkeit regne!

Nach Heladio Camacho, Mexiko

Ich bin davon überzeugt, daß Jesus Christus hier ist

An Heiligabend feierte der Pfarrer eines wohlhabenden Viertels mit seiner Gemeinde die Mitternachtsmesse. Nach dem Gottesdienst war im Nu keiner mehr in der Kirche. Alle stürzten sich in ihre Wagen, um möglichst rasch nach Hause zu kommen. Dort gab es Gänse- und Putenbraten, Nüsse und herrlichen Nachtisch, erlesene Weine und Sekt. Den Pfarrer einzuladen, daran hatte niemand gedacht. Der stand in der Kirche alleine da, ohne Familie, ohne Freunde, ohne irgend jemanden, mit dem er des eigentlichen Sinns des Weihnachtsfestes hätte gedenken können. Also zog er sich gewöhnliche Kleidung an, verließ das Haus und ging in das Vergnügungsviertel der Stadt. Auf dem Weg dorthin kaufte er in einer Kneipe eine Flasche billigen Wein, Brot und Wurst. Im Vergnügungsviertel angekommen, begleitete er eine Dirne bis in ihr Zimmer. Als diese sich wie üblich anschickte, „ihn zu empfangen", sagte der Priester: „Warte! Wer sich mit dir treffen will, bin gar nicht ich, sondern jemand anders, den ich nur herbringen wollte." Die Dame schaute sich um, sah aber niemanden sonst als ihr Gegenüber und wurde böse. In dem Augenblick gab sich der Pfarrer als Priester zu erkennen. Er erzählte von sich und von seiner Einsamkeit. Auch die junge Frau öffnete sich, erzählte von ihrem geschundenen Leben und von Weihnachten, so wie sie das Fest als Kind zu Hause auf dem Land erlebt hatte. Plötzlich aber fragte sie: „Und wo ist der Typ, den du mitgebracht hast?" Darauf der Priester: „Jesus Christus habe ich mitgebracht. Ich bin davon überzeugt, daß er hier ist, daß er in deinem Herzen wohnt." Da verstand sie, daß ihr Körper wirklich Tempel Gottes ist. In dieser Nacht wurde Christus in ihr neu geboren. Und auch sie wurde zu einem neuen Leben geboren.

Aus der Weihnachtsansprache des selbst inhaftierten Dominikaners Frei Betto vor gefangenen Prostituierten 1971 in einer Haftanstalt in São Paulo

Schlaf, Kind

Schlaf, Kind, denn dein Traum ist Frieden.
Wiege in deiner Seele das schöne Lied
jener grenzenlosen Liebe, die du uns bekundet hast
in tausend Liedern.
Schlaf, schlaf, der morgige Tag ist Zärtlichkeit,
ist Sonne
und Licht.
Sing deine Lieder,
spiel mit deinen Vögeln,
mach aus deinem Leben die Schönheit eines Abenteuers,
das Gnade ist, Geschenk aus Gottes Hand.
Träume, träume, geliebte Kindheit,
wiegen mögen die Dichter deine Ruhe.
In deinen schwachen Armen trägst du Blumen,
um eine schmerzgepeinigte Welt zu schmücken
und sie zu Größerem zu machen.
Mach aus deinem Frieden unseren Frieden,
aus deinem Blick unseren Blick,
in dem sich Hell und Dunkel mischen,
die Dimension allen Seins,
tief,
unendlich,
Atem, der die in der Unendlichkeit der Liebe
nichtvorhandene Leere erfüllt.
Sag mir, in welchen Armen du gehst,
wer deine Träume träumt,
damit ich die Klarheit deines Geistes sehe.
Mach ihn zum Traum des Nazareners,
der auch ein Kind war

und träumte, wie du träumst.
Schmücke mit Hoffnungen ein kleines Dorf,
ein menschliches Nazaret,
Zuflucht der Armen,
Stütze der Schwachen,
Größe derer, die klein sind wie deine Kleinheit.

Tito de Alencar Lima
*(*14. September 1945 †10. August 1974)*

Hoffnung der Unterdrückten

Eine Weihnachtsmeditation

Hoffnung, daß wir uns „gehen lassen" können,
weil er uns vorausgeht,
Hoffnung, daß auf dem langen Weg,
auf dem wir manchmal nur kriechen und uns fortschleppen,
doch irgendwo Schatten und Wasser auf uns warten.
Hoffnung, daß die Wüste schon begangen ist,
daß es Spuren gibt, die uns nicht versinken lassen,
sondern die Gewißheit geben,
daß wir ein Ziel haben,
weil da jemand vorausgeht,
der weiß, wohin der Weg führt –
Hoffnung der Unterdrückten.

Hoffnung, daß die Schläge nicht endlos auf uns niederprasseln,
daß sich nicht für immer die Türen
hinter uns schließen, ohne Anwalt,
mit der Schuld alleingelassen,
die sie uns in die Schuhe schieben:
die Ordnung zu stören
mit unserem Rufen nach Brot auch für uns,
die Ruhe zu stören mit unseren Märschen zum Licht.
Hoffnung für uns, weil da jemand selbst schon
vor den Richtern dieser Welt stand und sie bezwang –
Hoffnung der Unterdrückten.

Hoffnung, daß der Schmerz den Schmerz befreit,
daß der Blick zur Sonne zu wagen ist,
der die Dunkelheit hinter uns läßt;
daß die Sonne uns Leben gibt,
der Schatten aber die Kraft zum Durchhalten;

daß Wüste zu Garten werden kann,
weil da jemand lebendiges Wasser gibt
und seine Pflanzer ausschickt –
Hoffnung der Unterdrückten.

Hoffnung, daß es eine Wahl gibt
zwischen Leben und Tod vor dem *Leben,*
eine Wahl zwischen Schlafen und Aufstehen,
zwischen „alles von oben erwarten"
oder sich selbst auf die Füße stellen;
daß es für uns die Wahl gibt zwischen *seinem* Wort
und der hohlen Vertröstung seiner Feinde
auf ein Leben nach dem Tod, Hoffnung für uns,
weil es da jemanden gibt, der Leben ist –
Hoffnung der Unterdrückten.

Hoffnung, daß die Blinden sehen und die Lahmen gehen werden,
daß niemand mehr die Augen verschließt
oder den Mund
oder sich weigert zu gehen
oder sagen wird:
„Ich habe nichts gewußt von alledem und deshalb
habe ich mich nicht gerührt" – vor der Mattscheibe,
Hoffnung für uns, weil jemand da ist,
der unser Auge sein wird,
    unser Mund,
    unser Schritt –
Hoffnung der Unterdrückten.

Hoffnung, daß ein Volk, das umkehrt, die kleine Hütte finden wird,
den Stall.
Gewißheit,
daß es nur eine Bewegung zur Sonne gibt: die Umkehr!
daß es nur einen Glauben gibt: den radikalen,
weil da jemand Palästen
das unscheinbare Betlehem vorzog und so Leben erwirkte –
Hoffnung der Unterdrückten.

Hoffnung, daß *Er* nicht schläft,
daß *Er* jeden Tag seine Gnade erneuert,
daß *Er* sieht: die Not, die Ungerechtigkeit,
die Folter, die Unterdrückung, das Morden,

das Sattsein auf Kosten der Hungernden -
all das Frucht der Komplizen des Todes.
Hoffnung für uns,
daß *Er* selbst aus Ohnmacht Stimmen erschallen lassen kann,
die ihn loben: durch Friedensmärsche,
durch Friedenswerke,
durch Aufstehen und Aufstehen-Helfen,
durch den Gang zur Krippe,
zu den Kleinen, den Verachteten.
Hoffnung, weil da jemand ist, von dem man sagt:
Ehre sei Gott in der Höhe
und Frieden den Menschen auf Erden,
die zum Leben umkehren,
zur Krippe, zu dir - Mensch!

Cristy Orzechowski
Santiago de Pupuja, Peru, 1982

Weltfriedenstag

Wenn du Frieden willst, schaffe Gerechtigkeit!

„Wenn wir nicht reden, laufen wir Gefahr, uns selbst und unsere Zivilisation zu verraten." So lautet der Schlußsatz einer Erklärung über die Folgen eines Einsatzes von Atomwaffen, die die Päpstliche Akademie der Wissenschaften am 7./8. Oktober 1981 veröffentlichte.
Als brasilianische Bischöfe, die wir uns in Gemeinschaft mit dem Heiligen Vater und seinen wiederholten Erklärungen für Frieden und Abrüstung wissen, machen wir uns die Ängste von Politikern und Wissenschaftlern ebenso wie die Befürchtungen des Volkes zu eigen, wie sie heute an den verschiedensten Stellen der Welt immer wieder zum Ausdruck kommen.
Die Angst vor der Zerstörung des menschlichen Lebens durch einen Atomkrieg oder durch sich daraus ergebende Konflikte weckt allmählich das Gewissen der Menschen auf. Inzwischen fordern die Menschen angemessene Maßnahmen, damit die Verbreitung von Waffen dieser Art gestoppt wird . . .
In seiner Botschaft zum Weltfriedenstag am 1. Januar 1982 fordert Papst Johannes Paul II. alle Christen auf, ihre gesamten Kräfte für den Frieden einzusetzen, der „ein Geschenk" ist, „das Gott den Menschen anvertraut".
In diesen Tagen wird im In- und Ausland die Nachricht verbreitet, Brasilien nehme in Waffenproduktion und -export den fünften Platz auf der Weltliste ein. So trägt unser Land zur Beschleunigung des Rüstungswettlaufs zumal in der Dritten Welt bei, obwohl diese ohnehin von Hunger und Krankheit geschlagen ist. Schon der Prophet Hosea ermahnt uns: „Du hast auf deine Wagen vertraut und auf die Menge deiner Krieger; darum erhebt sich Kriegslärm gegen dein Volk" (Hos 10,13–14).
Damit dies jedoch nicht geschieht, bitten wir alle, welche die Verantwortung für Herstellung und Verkauf von Waffen tragen, ihre Position zu überprüfen.

„Wenn du Frieden willst, schaffe Gerechtigkeit", pflegte Paul VI. zu sagen. Auch Präsident Dwight D. Eisenhower, einer der Hauptbeteiligten des Zweiten Weltkriegs, konnte nach dieser schrecklichen Erfahrung die Welt im Jahre 1953 ermahnen: „Jede Waffe, die fabriziert, jedes Kriegsschiff, das zu Wasser gelassen, und jede Rakete, die abgeschossen wird, bedeuten letzten Endes Diebstahl an denen, die Hunger leiden und nichts zu essen haben, an denen, die nackt sind und nichts anzuziehen haben."
Unsere Ermahnung, die wir als Hirten und Bischöfe des Volkes aussprechen, gründet auf dem Wort Gottes: Der Herr „spricht Recht im Streit vieler Völker, er weist mächtige Nationen zurecht. Dann schmieden sie Pflugscharen aus ihren Schwertern und Winzermesser aus ihren Lanzen" (Mi 4,3).
Alle Mittel, die für den Krieg eingesetzt werden, sollten nach Möglichkeit für Erziehung, Gesundheitswesen, Industrie, Landwirtschaft, Bauwesen und für andere dringende Bedürfnisse der Bevölkerung verwendet werden ...
Wenn wir mit dem vorliegenden Appell jetzt an die Öffentlichkeit gehen, bitten wir Christus, der uns ja das Evangelium des Friedens gebracht hat (Eph 6,15), zugleich um seinen Schutz für alle Brasilianer.

Aus einer Verlautbarung der Brasilianischen Bischofskonferenz vom 18. Februar 1982

Die den Stern gesehen haben . . .

Und das Wort ist Armut geworden – im Gewand des Armen,
der nichts anderes als den Müll der anderen hat.

Und das Wort ist Todeskampf geworden – in der verwelkten Brust
der Frau, die aus Trauer über ihren ermordeten Mann gealtert ist.

Und das Wort ist tausendfach erstorbenes Seufzen geworden – im
regungslosen Mund des verhungerten Kindes.

Und das Wort ist Revolte geworden – im Angesicht des leblosen
Körpers von Gaspar Sánchez Toma, den der Geheimdienst ermordet hat.

Und das Wort ist Gefahr geworden – in der Angst der Mutter,
deren Sohn zum Mann gereift ist.

Und das Wort ist Abwesenheit geworden – immer gegenwärtig
in siebzigtausend vom Tod zerrissenen Familien.

Und das Wort ist unerbittliche Anklage geworden – in den
glühenden Kratern an den Körpern der Gefolterten.

Das Wort hat uns messerscharf getroffen an der Stelle unserer Schande,
die die schmerzliche Wahrheit der Armen ist.

Das Wort hat den Geist wehen lassen über die vertrockneten Gebeine
unsrer Mumienkirchen, die Wachtposten des Schweigens sind.

Das Wort hat uns wie das morgendliche Signalhorn aus der
Schläfrigkeit geweckt, die uns die Hoffnung gestohlen hatte.

Und das Wort ist Weg geworden in der Wildnis,
Entscheidung unter den Bauern,
Liebe bei den Frauen,
Einheit bei den Arbeitern und
Stern für alle, die Schlaf verbreiten.

Und das Wort ist Licht geworden,
das Wort ist Geschichte geworden,
das Wort ist Konflikt geworden,
das Wort ist unbändiger Geist geworden
und hat seine Samenkörner benetzt
im Gebirge,
in der Nähe des Flusses
und im Tal . . .

Und die Menschen guten Willens vernahmen den Gesang der Engel.

Müde gewordene Knie gewannen wieder Kraft,
zitternde Hände wurden wieder stark,
und das Volk, das im Dunklen verloren war,
sah ein Licht.

Und da:

Das Wort wurde Fleisch im freiheitsschwangeren Vaterland,
der Geist ließ die Armen, die Hoffnung geschmiedet hatten, sich erheben,
das Wort wurde Fleisch in dem Volk, das einen neuen Tag anbrechen sah,
und wurde Leben in Josef und Maria, die das Recht ergreifen und die Schmach zu Grabe tragen.

Und das Wort wurde Samenkorn der Gerechtigkeit,
und wir haben den Frieden empfangen.

Das Wort schrie in die Welt
die Wahrheit des Kampfes gegen den Antimenschen.

Das Wort ließ Gerechtigkeit regnen
und Frieden sprießen in der Furche der Erde.

Und wir haben seine Herrlichkeit gesehen - in den Augen der Armen, die endlich zu Menschen geworden.

Und die Gnade und die Wahrheit sind zum Fest geworden -
im Lächeln der Kinder, die endlich das Leben erlangten.

Und die, die den Stern sahen,
haben uns den Weg geöffnet.
Jetzt können wir unseres Weges gehen.

Währenddessen
stirbt Herodes allmählich,
Fraß der Würmer.

Und das Wort ist Gericht geworden.
Die Antimenschen knirschen mit den Zähnen.

Und das Wort ist Vergebung geworden;
und die Herzen der Menschen haben es gelernt,
aus Liebe zu schlagen.

Und das Wort sät weiter Zukunft
in den Furchen der Hoffnung.

Und am Horizont
lädt uns das Licht gewordene Wort ein,
tausend Morgendämmerungen erstehen zu lassen,
bis schließlich das Reich anbricht.

Das Wort lädt uns an seinen Tisch,
und sie werden kommen von Ost und West,
von Nord und Süd;
und mit Unvergänglichkeit bekleidet,
werden wir endlich fröhlich sein . . .

Julia Esquivel

Umsturz

Wenn inmitten der Nacht
der Morgenstern sich offenbart
über der Hütte eines Emanuel
dann erschrickt ein Herodes
und schickt seine Wachen
mit einem Verhaftungsbefehl.

Den Stern festhalten
um das Elend zu beleuchten
ist von schlechtem Geschmack   sagt er
ist eine Bedrohung
ist Umsturz.
Es ist besser wenn irgend so
ein Emanuel verschwindet
als das Universum anzuhalten
zur Betrachtung des Unglücks.

Der Morgenstern aber
der gekommen ist auszustoßen
die sich in den Eingeweiden der Nacht verbergen
hat einen Meridian gezeugt
der aufblitzen läßt neues Licht
zwischen den Polen der Erde
mildes Licht – gereinigt
in der Wasserprobe der Zeit
sanft wie das Lächeln eines Kindes
und hart wie ein Diamant
der widerstanden hat dem Druck der Erde
und den Peitschenhieben des Windes.

Paulo Suess

Fest der Erscheinung des Herrn

König Baltasar

Wieviel Wege ist er wohl gegangen,
schwarzer König Baltasar?

Einen weißen Stern er sah
hell am Himmel strahlen.
Welche Nachricht er wohl brächte,
sinnt er für sich hin.

Etwas Neues muß es sein,
das bisher noch niemand sah:
einen neugebor'nen König,
der gerade erst das Licht der Welt erblickte.

So ist eine neue Welt im Kommen,
eine Welt von Brüdern, Schwestern.
Trug und Falsch, sie haben bald ein Ende,
Ungerechtigkeit wird überwunden.

Jüngst ein Kindlein wurde uns geboren,
arm in Betlehem im Stall,
Bruder aller Armen,
Kleinen und Bedrückten.

Läuten sollen alle Glocken,
um das Volk nun aufzuwecken.
Brennen sollen helle Kerzen,
um die Welt ganz auszuleuchten.

Menschen schließen sich zusammen,
Einsamkeit wird nicht mehr sein.
Alle, die einst Sklaven waren,
bilden jetzt ein starkes Volk.

Wenn der große Tag dann ist gekommen,
laßt uns jubeln an den Straßen!
In den Armen werden wir uns liegen,
„Freiheit" schallt es dann aus aller Munde.

Wenn der große Tag dann ist gekommen,
wird die Arbeit Geltung finden.
Kinder brauchen fortan nicht zu hungern,
Freude wird ihr täglich Umgang sein.

Wenn der große Tag dann ist gekommen,
wird der Jubel endlos sein.
Alle wollen an dem Fest teilnehmen.
Zärtlichkeit wird nunmehr alle trösten.

Wenn der große Tag dann ist gekommen,
Betlehem wird sein an allen Orten,
Baltasar hat alle hingeleitet
in des großen Königs Festpalast.

Lied aus den
brasilianischen Basisgemeinden

Gottes Namen erfahren

Wenn es Ihnen gelungen ist,
aus Ihren vielen abstrakten Substantiven
einige, wenige konkrete Wörter zu machen,
mit erfahrbarer Substanz,
dann hat es vielleicht wieder Sinn,
daß Sie uns von Christus und von Gott erzählen.
Wenn es Wirklichkeit geworden ist,
verkündbare und ehrliche Wirklichkeit,
daß die Gerechtigkeit ihr Zelt unter uns aufgeschlagen hat
und die Liebe unter uns wohnt,
dann vielleicht gibt es eine Basis dafür, zu erfahren,
was in Ihrer Bibel
„der Name Gottes" heißt.

Ein engagierter Lateinamerikaner

Befreie, Herr, deinen Geist in uns

Befreie uns, Herr!
Befreie, befreie uns, Herr!
Befreie, Herr, deinen Geist in uns!

Dein Weg führe uns,
dein Brot nähre uns,
deine Macht schütze uns,
dein Wille sei unser Wille!

Befreie uns, Herr!
Befreie, befreie uns, Herr!
Befreie, Herr, deinen Geist in uns!

Deine Wahrheit erleuchte uns,
dein Wort heilige uns,
dein Wasser stille unseren Durst,
dein Licht sei unser Licht!

Befreie uns, Herr!
Befreie, befreie uns, Herr!
Befreie, Herr, deinen Geist in uns!

Dein Leben laß uns wiedergeboren werden,
dein Kreuz erlöse uns,
deine Gnade kleide uns neu ein,
dein Friede sei unser Friede!

Befreie uns, Herr!
Befreie, befreie uns, Herr!
Befreie, Herr, deinen Geist in uns!

Dein Kampf ermutige uns,
deine Kraft stütze uns,
deine Kirche berge uns,
deine Mutter sei unsere Mutter!

Befreie uns, Herr!
Befreie, befreie uns, Herr!
Befreie, Herr, deinen Geist in uns!

Lied aus den brasilianischen Basisgemeinden

Wie kann die Kirche heute ein Zeichen der Versöhnung sein?

Wie kann die Kirche in der Welt von heute ein Zeichen der Versöhnung und der Buße sein? Das größte Hindernis für Versöhnung und Buße ist, daß die einen - koste es, was es wolle - über die anderen herrschen wollen.
Auf dem heutigen Stand der Technologie verfügt der Mensch über Mittel, mit denen er nicht nur sein biologisches Leben, sondern auch seine innere Freiheit zerstören kann, indem er sich der Freiheit beraubt, die Wahrheit zu sagen und sich offen zum wahren Glauben zu bekennen.
In dieser Situation darf die Kirche gegenüber der Welt auf keinen Fall Herrscherin, sondern nur Dienerin sein. Der Weg der Kirche ist Armut, Verfolgung, Demut, Entsagung und nicht weltlicher Ruhm. Das gesamte Werk der Glaubensverkündigung der Kirche muß von den Armen ausgehen, die sich ungerechterweise von den Gütern, die Gott ja für alle geschaffen hat, ausgeschlossen sehen: „Er hat mich gesandt, damit ich den Armen eine gute Nachricht bringe" (Lk 4,18).
Die Kirche muß ihre Haltung zur Gesellschaft ändern. Sie muß sich ganz entschieden auf die Seite der Armen stellen, die Opfer der Sünde der sozialen Ungerechtigkeit sind. Diese widerspricht der Botschaft des Evangeliums. Wenn wir uns das Leben Christi vor Augen halten, so sehen wir ihn umringt von Armen, die seine Lieblingskinder sind.
Gibt es ein Laster des Beherrschenwollens auch in der Kirche? Das Zweite Vatikanische Konzil hat an verschiedenen Stellen die gesellschaftliche und kulturelle Diskriminierung der Frauen wie auch die Diskriminierung der Menschen aufgrund ihrer Hautfarbe, ihrer gesellschaftlichen Zugehörigkeit, ihrer Sprache, Nationalität und Religion verurteilt. Können wir da mit gutem Gewissen behaupten, daß es solche Diskriminierung bei uns in der Kirche nicht gibt? Man denke nur an die Frauen, an die Kulturen der Völker, an die Erste und an die Dritte Welt! Und was sollen wir von den Verdächtigungen halten, die innerhalb der Kirche der eine gegen den anderen hegt? –: Verdacht der Häresie, der Spaltung, der falschen Auslegung

der kirchlichen Lehre, als ob der Betroffene fast kaum noch katholisch genannt werden könnte. Die Kirche muß sich heute die Einstellung des gegenüber allen Menschen barmherzigen Gottes zu eigen machen, ihre Fehler und Grenzen akzeptieren und die Menschen einladen, auch sie mit ihren Fehlern und Grenzen anzunehmen, damit wir alle im Streben nach dem vollkommenen Gott gemeinsam von unseren Mängeln befreit werden. Die Kirche muß sich deutlicher entscheiden für den Weg des Dialogs, des Konsenses und des Herzens als für den Weg der Autorität. Wenn das Herz tot ist, bricht der Krieg aus.

Kardinal Aloísio Lorscheider
auf der römischen Bischofssynode
im Oktober 1983

Tag der Einheit der Christen

Kampf: Gottes befreiende Tat in der Geschichte

Wir haben noch selten solch ein Engagement für den Herrn Jesus Christus und solch einen Eifer für seinen Ruf zur Nachfolge gesehen. Solch ein lebendiges Zeugnis für die Macht seiner Auferstehung und die Bereitschaft, mit ihm zu leiden, haben wir selten erlebt. Wir sind zu diesen Gliedern des Leibes Christi gekommen, um sie in ihrem Kampf zu stärken; wir sind zurückgekommen, selbst gestärkt und aufgerichtet durch die Lebendigkeit ihres Glaubens und durch das starke Zeugnis ihres gemeinsamen Lebens . . .
Nach Jahrhunderten der Unterdrückung durch die Oligarchie spüren die Menschen die Möglichkeit der Freiheit und Würde wie nie zuvor. Sie wissen, daß viel Blut fließen wird und daß noch viele Dörfer in Feuer und Asche untergehen werden. Trotzdem sind sie entschlossen, den Tag der Freiheit zu erleben. Dieser Entschluß ist tief in den Augen derer abzulesen, mit denen wir gesprochen haben: Mit stiller Leidenschaft steigt er auf aus den Tiefen ihrer Seele.
Wenn der Tag der Befreiung wirklich kommt, wird er von vielen Guatemalteken verstanden werden als der neue Tag, den Gott uns bereitet hat. Ihr sollt wissen, liebe Freunde, daß das, was uns während dieser Tage am meisten in Erstaunen gesetzt hat, die Tatsache ist, daß die Armen den gegenwärtigen Kampf in Guatemala immer wieder aus der Perspektive der befreienden Tat Gottes in der Geschichte betrachten. Bei jeder Wendung unserer Diskussionen wurden – auf eine ganz einfache und natürliche Weise – die biblischen Wurzeln angesprochen. Die gegenwärtige Knechtschaft hat in den Augen dieser Menschen nicht eine bloß zufällige Ähnlichkeit mit Geschehnissen in grauer Vorzeit, sondern sie wird gesehen als das eine biblische Drama, das von den Kindern jenes Volkes erzählt wird, das sich aus der Gefangenschaft in Ägypten erhob, aufbrach und seinem Gott folgte, in ein neues Land, zu neuen Verheißungen . . .
Zum Schluß, ihr Schwestern und Brüder im Herrn, bitten wir euch dringend, das Leiden unserer Freunde in Mittelamerika täglich vor den Thron

Gottes zu bringen in euren Gebeten. Wir sind zu euch zurückgekehrt, mehr denn je davon überzeugt, daß die Macht dieser Gebete unsere Freunde in ihrer Einsamkeit und in ihrem Leiden aufrechthält. Wie wir an eurer Stelle den Leib und das Blut unseres Herrn teilen durften, wie wir den Friedensgruß und den heiligen Kuß tauschen durften, so bitten wir euch auf gleiche Weise miteinander zu verfahren um ihretwillen.
Alle Heiligen in Guatemala grüßen euch.
Die Gnade des Herrn Jesus Christus und die Liebe Gottes und die Gemeinschaft mit dem Heiligen Geist sei mit euch allen.

Aus einem Brief
einer ökumenischen Gruppe aus den USA
an ihre Gemeinden über die Lage in Guatemala
Mitte 1981

Gebet des Vogels

Herr, mach aus mir einen Toren, einen unheilbar Verrückten,
wie es Dichter sind, die keine Worte für ihre Gedichte finden,
wie Frauen, die von verbotener Liebe besessen sind,
wie Selbstmörder, die aus Angst vor dem Leben
plötzlich Mut bekommen,
wie Liebende, die aus ihren Körpern
eine Explosion der Liebe machen.
Gib mir, Herr, das Geschenk mitreißender Torheit,
wie sie sich im armen Gesicht
des Heiligen von Assisi widerspiegelt,
in den dionysischen Filmen von Fellini
und im ruchlosen Kampf des nordostbrasilianischen
Bandenführers Lampião.
Ich will eine wirklich explosive Torheit - ohne die Bitterkeit
der Moral jener Menschen,
die abends bloß vor dem Fernsehen sitzen,
der Zufriedenheit jener Beamten,
die fortwährend Berichte fabrizieren,
der Pflichten jener Priester,
die die Liebe verlernt haben,
der Reden von Politikern,
die für die Zukunft blind sind.
Herr, mach aus mir einen Toren,
trunken von deiner Liebe,
der in keines der Schemata all der seriösen Herren paßt,
damit ich die Weisheit des armen Volkes lerne,
in der Umarmung mit dem Kreuz, das allein der Glaube versteht,
wie ein Tor einen Toren umarmt.

Frei Betto

Gott bewahre ...

Gott bewahre uns
vor Laien
mit Klerikergeist.

Gott bewahre uns
vor Priestern
ohn' Heiligen Geist.

Gott bewahre uns
vor Geistern
ohne Fleisch und Blut.

Pedro Casaldáliga

Die zwei Herren

Man kann nicht dienen
zwei Herren:
dem Volk
  und der Macht,
dem Reich
  und dem System,
dem Gott Jesu
  und dem Teufel des Geldes.

Pedro Casaldáliga

Am 28. Januar 1979 begann die Bischofskonferenz von Puebla

Ständige persönliche und soziale Umkehr

Auch als Bischöfe sind wir mit dem lateinamerikanischen Volk durch unsere Geschichte unterwegs. Obwohl sie viele gemeinsame Grundelemente aufweist, haben die einzelnen Nationen jedoch auch ihre Unterschiede und Besonderheiten. Mit dem Evangelium in der Hand, in dem uns Jesus Christus in der Weise geschildert wird, daß er nur Gutes tut und alle Menschen ohne Unterschied liebt (vgl. Apg 10,38), das heißt aus der Sicht des Glaubens, nehmen wir unseren Platz in der Realität des lateinamerikanischen Menschen ein, wie sie in seinen Hoffnungen, Errungenschaften und Enttäuschungen zum Ausdruck kommt. Dieser Glaube treibt uns dazu, den Anruf Gottes in den Zeichen der Zeit zu suchen, Zeugnis zu geben, die evangelischen Werte Gemeinschaft und Mitsprache anzusagen und zu fördern sowie alles das anzuklagen, was in unserer Gesellschaft gegen die Gotteskindschaft verstößt, die ja in Gott Vater und in der von Christus Jesus her ermöglichten Brüderlichkeit gründet.

Als Hirten haben wir die Erfolge und Fehlschläge der letzten Jahre untersucht. Mit unserer Darstellung der Wirklichkeit wollen wir niemanden entmutigen, sondern - im Gegenteil - jedermann, der zu einer Verbesserung beitragen kann, Mut machen. Die Kirche in Lateinamerika hat sich bemüht, dem Menschen zu helfen, damit er „aus einer weniger menschlichen in eine menschlichere Lage" kommt (*Populorum progressio,* 20). Sie hat sich bemüht, zu einer ständigen persönlichen und sozialen Umkehr aufzurufen. Sie bittet alle Christen darum, bei der Veränderung der ungerechten Strukturen mitzumachen, christliche Werte in die sie umgebende Kultur einfließen zu lassen und im Bewußtsein der erzielten Fortschritte Mut zu fassen, um auch in Zukunft zu einer Verbesserung des bereits Erreichten beizutragen.

Puebla, 15–16

Am 4. Februar 1794
entließ Haiti als erstes lateinamerikanisches Land
die Sklaven in die Freiheit

Fliehdorf-Messe[1] aus Brasilien

1. Eröffnung

Aus dem Exil des Lebens,
aus den Bergwerken der Nacht,
aus verkauftem Fleisch,
aus dem Gesetz der Peitsche,
aus dem Fernweh der Meere ...

In neue Morgendämmerungen!
Auf nach Palmares, auf!
Ihr Trommelschläger alle, auf!

Wir kommen aus der Tiefe der Erde,
aus dem Bauch der Nacht kommen wir;
wir sind aus ausgepeitschtem Fleisch,
daran erinnern wir.

Wir kommen aus dem Tod auf hoher See,
aus stinkenden Schiffsleibern kommen wir;
wir sind Erben des Fernwehs,
darüber weinen wir.

Wir kommen aus Rosenkranzbruderschaften[2],
aus heimlichen Kultstätten[3] kommen wir;
wir sind Verehrer von lästerlichen Heiligen.
Dennoch beten wir.

Wir stammen aus dem Ton von Künstlerwerkstätten,
aus Klang und Formen stammen wir;
wir sind Anhänger verbotener Künste,
deshalb schaffen wir.

Wir kommen aus der Tiefe der Angst,
aus tauben Ketten kommen wir;
wir sind eine dauernde Klage,
dennoch loben wir.

Wir kommen aus reichen Palästen,
aus armen Bordellen kommen wir;
wir sind aus verkauftem Fleisch,
deshalb lieben wir.

Wir kommen aus alten Sklavenhütten,
aus neuen Elendsvierteln kommen wir;
wir sind von den Rändern der Welt,
dennoch tanzen wir.

Wir kommen aus den Vorstadtzügen,
auf halsbrecherischen Trittbrettern kommen wir;
wir haben das Leben zwischen den Zähnen,
dennoch singen wir.

Wir kommen aus gewaltigen Stadien,
aus Sambaschulen kommen wir;
wir sind sambatanzende Rebellen,
deshalb wiegen wir uns.

Wir kommen aus dem Leib der Bergwerke,
aus traurigen Lehmhütten kommen wir;
wir sind aus stummen Schreien,
deshalb fordern wir unser Recht.

Wir kommen aus der Erde der Fliehdörfer,
vom Kreuz der Taufe bluten wir;
wir wurden gebrannt mit glühendem Eisen,
deshalb schreien wir.

Wir kommen von unwegsamen Hügeln,
aus verseuchten Niederungen kommen wir;
wir sind aus namenlosen Höhlen,
deshalb stöhnen wir.

Wir kommen aus dem Palmares-Land,
unter dem Klang von Trommeln kommen wir;
aus all den neuen Palmares kommen wir,
deshalb kämpfen wir.

2. *Im Namen Gottes ...*

Im Namen Gottes aller Namen:
Jahwe,
Obatalá,
Olorum,
Oió.[4]

Im Namen Gottes, der uns Menschen alle
aus Zärtlichkeit und aus Staub geschaffen hat.

Im Namen des Vaters, der alles Fleisch gemacht hat,
das weiße und das schwarze.
Rot sind wir alle im Blut.

Im Namen des Sohnes, Jesu, unseres Bruders,
der dunkelhäutig geboren wurde –
aus der Rasse Abrahams.

Im Namen des Heiligen Geistes,
singende Fahne
des Festes der Schwarzen.

Im Namen des wahren Gottes,
der uns unterschiedslos
zuerst geliebt hat.

Im Namen der Drei,
die ein einziger Gott sind,
der war,
der ist und
der sein wird.

Im Namen des Volkes, das
in der Gnade des Glaubens und
auf die Stimme von Xango[4] hin
auf das österliche Fliehdorf der Befreiung hofft.

Im Namen des Volkes, das
von weißen Segeln immer wieder
deportiert wird in das Exil der Meere
und an den Rand gedrängt wird
auf Hafenkais, in Elendsvierteln
und selbst auf den Altären.

Im Namen des Volkes,
das sich sein Palmares errichtet
und immer noch errichten wird,
Palmares, Palmares, Palmares des Volkes!

3. Bußritus

Kyrie eleison!
Christe eleison!
Kyrie eleison!

Seelen sind nicht weiß,
Trauer ist nicht schwarz,
Neger sind kein folk.

Kyrie eleison!

Herr vom guten Ende[5],
gib einen guten Beginn und
nicht nur Freude
für einen einzigen Tag,
nicht allein den Spaß
einer vorbeiziehenden Prozession
auf der Straße.
Gelten mögen am Ende
dein Freibrief
und unsere Straße,
Herr vom guten Ende.

Kyrie eleison!
Christe eleison!
Kyrie eleison!

Aus verdammter Rasse
durch Gnade
die Rasse Hams.

Verweltlichtes Stigma
der Sklavin Hagar,
beraubter Mutter,
Ismael der Völker,
beflecktes Afrika.

Erde von Luanda,
Elfenbeinküste,
Königreich Guinea,
Heimat Aruanda.

Fleisch tonnenweise,
Lasten im Schiffsleib,
Anteil der Krone,
Taufregister,
mit Eisen gebrannt
zum ewigen Heil.
Dem Tod übergeben,
wobei Christus ihr Leben.
Versteigerung von Menschen,
Stücke der Gier.
Dreihundert Millionen
Afrikaner umgekommen
durch Rassentrennung.
Jagd der Fähnriche
von Todesschwadronen.
Exus[6] des Schicksals,
Fänger flüchtiger Sklaven.
Wieviel Eroberer von Palmares
aller Arten von Gewinn,
aller Zeiten,
aller Wachtposten!
Wieviel Gesetze zur Sklavenbefreiung
durch weiße Justiz.

Aus Angst, aus Angst vor der Geschichte
haben sie die Archive
verbrannt und
ihre Erinnerung
weißgewaschen.

Verdrängte Kultur,
verbotener Kult,
Glaube auf Außenstationen,
geduldete Kreise,
ignorierte Revolte,
gelogene Geschichte.

Hin und Her der Häfen,
Harlem der Imperien,
Apartheid zu Hause,
Elendsviertel der Welt.
Mit Recht auf Begräbnis,
aber ohne Recht auf Leben.
Weißer Pranger,
schwarze Peitschenopfer.
Schwarze ohne Arbeit,
ohne Stimme und Chance,
ohne Recht, zu existieren
und Schwarzer zu sein.

Zerbrochen reihenweise,
die Brust zerschlagen.
Die Brüste ausgesaugt
von fremden Kindern,
von undankbaren Herren.
Säuglinge geopfert
manchen Herrinnen.
Stirn gedemütigt
in den Wassern der Kais.
Glühende Bronze
in brennenden Öfen.
Tagelöhner auf Großgrundbesitztümern,
Wanderarbeiter,
Handwerker, gefegt
in den Dreck der Werkstatt,
Kellner in Kaschemmen,
Schatten in Küchen,
Arbeitskraft für Unterbeschäftigung,
Fleisch in Bordells . . .
ausgelacht auf den Straßen,
gejagt über die Hügel,
umgebracht in Gefängnissen.

Schwarzer, der sich weiß macht,
will überleben.
Weißer, der sich schwarz macht,
will Jux machen.
Schwarzer, der sich weiß macht,

stirbt allmählich
durch Integration.

Betrogener Mulatte,
bleib, wo du bist,
auf seiten des Schwarzen.
Laß, Mulatte, dich nicht ein
auf den weißen Verrat.

Studierte Priester,
wortgewaltige Hirten,
regeltreue Klosterfrauen,
erfolgreiche Doktoren,
applausverwöhnte Sänger,
stadienfüllende Monarchen ...
leugnet nicht das Blut,
den Schrei der Toten,
den Geruch des Negers,
den Duft der Rasse,
die Stimme von Aruanda,
die Rückkehr in die *Fliehdörfer!*

Guter Jesus von Pirapora[7],
wenn wir in der letzten Stunde liegen,
hab' Erbarmen mit uns!

Kyrie eleison!

Getöteter Herr, Gott des Lebens,
in diesem verbotenen Kampf
hab' Erbarmen mit uns!

Christe eleison!

Großer Bruder unserer Bruderschaft,
in unserer Leidenschaft für Freiheit,
hab' Erbarmen mit uns!

Kyrie eleison!

4. Alleluja

Allelujá, Allelujá, Allelujá!

Sprich, Jesus, Gottes Wort,
du hast das Wort!

Allelujá, Allelujá, Allelujá.

Bruder, der du den Brüdern die Wahrheit sagst,
gib uns erneut deine Befreiung!
Wir Fliehdorfbewohner werden, frei von Gewinnsucht und Angst,
nach deinem Evangelium leben,
dein Evangelium in die Welt hinein schrei'n.

Allelujá, Allelujá, Allelujá.

Keine Macht
wird uns zum Schweigen bringen.

Allelujá, Allelujá, Allelujá.

Gegen so viele Gebote des Hasses
setzt du das Gesetz der Liebe.
Gegenüber so viel Lüge
bist du die Wahrheit, Herr.

Unter so vielen Todesnachrichten
hast du das Wort des Lebens.
Unter so vielen fingierten Versprechen,
unter so vielen enttäuschten Hoffnungen,
hast du,
Herr Jesus,
das letzte Wort.
Wir setzen auf dich!

Allelujá, Allelujá, Allelujá.
Deine Wahrheit wird uns befreien.
Allelujá, Allelujá, Allelujá.

5. *Gabenbereitung*

In der Schale der Hände
bringen wir Wein und Brot,
unser Kampf und unser Glaube
werden Christi Leib und Blut.

Das Gold unserer Maiskolben
und nicht das der Kirchen,
das Blut des Zuckerrohrs
und nicht das in Zuckerrohrplantagen vergossene,
das Klagen des Weines
im Blut der Schwarzen,

das geteilte Brot
der befreiten Armen.

Wir bringen an unseren Körpern
den Honig des Schweißes,
wir bringen in den Augen
den Tanz des Lebens,
wir bringen im Kampf
den besiegten Tod.
In der gezeichneten Brust
bringen wir Liebe.
In der Auferstehung des Sohnes
empfange, Herr,
die Auferstehung der Kinder.

Wir bringen in den Augen
die Wasser der Flüsse,
den Glanz der Fische,
den Schatten des Waldes,
den Tau der Nacht,
den Schrecken der Jagd,
den Tanz der Winde,
den Silberglanz des Mondes,
wir bringen in den Augen
die Welt dir, Herr.

Mit unseren Händen bringen wir dir den Mais,
das geschlagene Zuckerrohr, die weiße Baumwolle,
den erlösenden Tabak, den Zuflucht gewährenden Schnaps.
Aus dem Fleisch der Erde töpfern wir Krüge
für Wasser und Rosmarinbüschel.
Im Duft des Weihrauchs erheben wir
den Ertrag unserer Arbeit.
Olorum! Herr!

Den Klang der Trommeln,
die den Takt markieren
unserer schwarzen Tänze
in den endlosen Nächten
des schwarzen Afrika,
des schwarzen Bahia[8] und
von Minas Gerais[9],

das stumme Klagen,
die unterdrückten Qualen,
nimm an, Olorum!

Mit der Kraft unserer Arme
bestellen wir die Erde und
schlagen das Zuckerrohr,
bittere Süße auf dem Tisch der Weißen.

Mit der Kraft unserer Arme
graben wir die Erde um und
sammeln das Gold,
das heute die Kirchen der Weißen bedeckt.

Mit der Kraft unserer Arme
pflanzen wir in die Erde
den schwarzen Kaffee,
der stets noch den Gewinn der Weißen ernährt.

Mit der Kraft unserer Arme,
einen Schrei zwischen den Zähnen
und die Seele in Stücke zerrissen,
schufen wir das Amerika der Söhne der Weißen.

Die Glut des Eisens brannte uns in die Haut,
brannte uns in die Seele Wege des Kreuzes.
Lehn' ab, Olorum, den Schrei, die Ketten
und des Aufsehers Stimme!
Nimm an, Herr, das Klagen
und die Revolte der Schwarzen!

Wir bringen auf der Brust
die heiligen Rosenkränze,
Rosenkränze von Federn, Rosenkränze von Glauben
an befreites Leben, an den Frieden der Fliehdörfer
von Schwarzen und Weißen.
Rot sind wir alle im Blut.
Das neue Aruanda der Kinder des Volkes
nimm an, Olorum!

Nimm entgegen, Herr,
den abgeschlagenen Kopf
des Schwarzenführers Zumbi,

des Kriegers des Volkes,
des Bruders der Rebellen,
die hier geboren.
Aus der Tiefe der Adern, aus der Tiefe der Rasse,
nimm an das Klagen, Herr, deiner Schwarzen.

Füße, deren Samba man duldet,
Körper, die man gebändigt in Kongo-Tanzkleidung,
erfinden im Schatten einen neuen Takt,
der Ketten sprengt und Wege aufbricht,
erproben - befreit - den Marsch des Volkes.
Das Fest der Schwarzen nimm an, Olorum!

6. Heilig, heilig, heilig

Der Herr ist heilig,
der Herr ist heilig,
der Herr ist heilig!

Der Herr ist alleiniger Herr.
Wir alle sind gleich.
Ach wenn[10] das Reich des Vaters
auch immer wäre unser Reich!

Der Herr ist heilig ...

Das Reich kommt uns zu
in Christus, König, Erlöser.
Das Reich entsteht
im Volk, dem Befreier.

Hosanna, Hosanna, Hosanna!

7. Friedensgruß

Saravá
A-i-é,
Abá!

Der Friede dessen, der
unser Friede ist!
Der Friede, den das Volk uns stiftet!

Saravá,
A-i-é,
Abá!

Die unbändige Hoffnung,
daß jeder Bruder
in der Runde des Lebens
mittanzen und
singen kann:
Besiegt ist alle Sklaverei!

Abgeschafft werden wird
der Friede der „Abschaffung"[11],
den wir gegenwärtig haben.
Statt des gewährten Friedens werden wir
dann einen eroberten Frieden haben!

Saravá.
Ein neues Fliehdorf morgen.
Ein großes Fest unter Beteiligung aller.

Am dreizehnten Mai achtzehnhundertachtundachtzig
gab man uns nur ein wortreiches Dekret.
Doch die Freiheit
gilt es noch zu erringen.

A-i-é.
Der Friede dessen, der
unser Friede ist!

Abá.
Der Friede, den das Volk uns stiftet.

Palmares der Befreiungskämpfe.
Palmzweig der Auferstehung.

Saravá, A-i-é, Abá!

8. Kommunion

Wenn wir trinken den göttlichen Trank
deines reinen Blutes, Herr,
tilgen wir den Schmutz des Lebens,
und es befreit uns alle dein Liebesgesetz.

Wenn wir essen das lebenspendende Fleisch
deines Leibes, gestorben am Kreuz,
löschen wir aus das Graun des Todes
und gehn ein in Jesu Leben.

Wenn wir nähren unsern Kampf mit dem Bund
und unsern Marsch mit neuem Manna aus deiner Hand,
stärken wir unser Hoffen
auf Aruanda, daß es bald kommt.

Alle vereint
im selben Leib,
kann uns nichts in der Welt
etwas anhaben.
Alle vereint in Jesus Christ,
Gott gebe es!

Täglich teilen an brüderlichem Tisch,
denn ohne Brot ist keiner frei.

Ständig teilen beim Fest und im Schmerz,
denn ohne Liebe ist keiner frei.

Brüderlich teilen unter gleichen Bantumenschen,
denn mit habgierigen Händen ist keiner frei.

Im Glauben vereint, viele teilen,
denn ohne Ja zu dem, was man ist, ist keiner frei.

Teilen, das Verlust auch wagt,
denn mit Angst vor dem Tod ist keiner frei.

Teilen, das sich der Freiheit sicher ist,
denn Christus an seiner Auferstehung Anteil gibt.

9. Litanei

Vereint in der Suche nach den Fliehdörfern der Befreiung,
feiern wir die „gefährliche Erinnerung"
an die Auferstehung Jesu
und haben teil an der Kraft seines österlichen Leibes.
Auf diesem einen Kommunionstisch tragen wir
die Arbeit, die Kämpfe und das Martyrium
des schwarzen Volkes aller Zeiten und aller Orte
zusammen.

Um uns zu rüsten für den Weg, laßt uns die Heiligen,
die Zeugen, die Kämpfer, die Handwerker
und alle namenlosen Erbauer der schwarzen Hoffnung
um ihre freundliche Begleitung bitten.

Da es an der Zeit ist,
bitten wir alle Heiligen um ihre Hilfe,
bitten wir alle im Kampf Umgekommenen um Kraft;
da es an der Zeit ist,
bitten wir die Lehrmeister des Gebetes und des Gesangs um ihr Geschick,
da es an der Zeit ist,
laßt uns unsere Bantu-Litanei zur Gottesmutter singen.

Alle Heiligen werden uns helfen.

Zumbi von Palmares, Märtyrerpatriarch aller Fliehdörfer
gestern, heute und morgen.

„Drache des Meeres" - Francisco José do Nascimento[12],
João Cândido, den auch die Gerte nicht umstimmen konnte,
Pedro Ivo, Zuflucht der Rebellen in der Revolution von
Pernambuco 1848, Angelim dos Cabanos, Mittelpunkt des Wider-
standes, Isidoro, der Märtyrer, und alle Rebellen des Volkes
zu Wasser und zu Land.

José do Patrocínio[13] und
alle Prediger der Befreiung.

Haussas, Nagôs und Schneider des schwarzen Bahia
und alle schwarzen Gruppen und Bewegungen, die
eine bessere Zukunft fordern.

Arturo Alfonso Schomburg, Gedächtnis des „Volkes ohne Geschichte"
und Freiheitsstimme in der Karibik.

Lumumba, Trommelwirbel des sich erhebenden Afrika.

Chimpa-Vita, Beatrix vom Kongo,
lodernde Fahne aller mutigen Negerinnen,
alle aus totem Stein für die Kämpfe des
Lebens gemeißelten Negerammen, alle Marlys aus den
Niederungen, die die Mörder entlarven, alle namenlosen
heroischen schwarzen Gevatterinnen[14], fruchtbare Achse des
Überlebens der Rasse.

Hirtennegerchen, Schutzengel aller Kuhhirten,
denen ein Kälbchen entlaufen, und alle schwarzen
Führer der Sache des Volkes.

Kinder von Soweto und Atlanta,
massakriert im Rassenwahn,
vorzeitige Ernte der schwarzen Jugend.

Verkrüppelter Heiligenschnitzer,
Schnitzer der Heiligen des Volkes.[15]

Louis Armstrong, alle Metall- und Saitenmusiker
und alle Negro Spirituals des Schwarzen Amerika.

Amílcar Cabral, Erzieher und Vater der afrikanischen
Freiheit.

James Meredith, morgendliche Leidenschaft, und alle Studenten,
die ihr mit euren Märschen die Geschichte eröffnet.

Solano Trindade und alle Künstler des Wortes, des
Holzes und der nie den Weißen angeglichenen
schwarzen Seele.

Santo Dias da Silva[16], Genosse,
Schweiß und Blut der Stadtrandsiedlungen,
Märtyrer am Kreuz der Betriebe und alle Zuwanderer, Saisonarbeiter,
Kleinbauern und Industriearbeiter, die ihr an freien Gewerkschaften
und an einer brüderlichen Gesellschaft baut.

Heilige Drei Könige mit den Geschenken des Landes und
des Gottesdienstes, unermüdlich zieht ihr hinter dem Stern,
hinter dem Kind her.

Heiliger Benedikt[17], Bruder mit offenem Ohr für die Bitten des
Armen.

Heiliger Augustinus, Geist und Herz der Mutter Afrika.

Heiliger Martin Porres von Lima, eifriger Pförtner des
schwarzen Amerika.

Heilige Iphigenie, Schülerin des Apostels und Zusammenhalt
der Jungfrauen.

Heiliger Petrus Claver, brüderlicher Sklave der schwarzen
Sklaven.

Heiliger Gonzalo von Amarante, Wanderer und Evangelisator
der Armen.

Heilige Kosmas und Damian, Ärzte des leidenden Volkes.

Valencia Cano, Märtyrer, guter Hirt an der schwarzen Küste, Bruder Laurenz von Unserer Lieben Frau, stets auf der Suche nach dem Evangelium, Einsiedler der Gemeinde. Frei Gregório de José Maria[18], der an den Amazonas deportiert wurde, Pfarrer Canabarro, engagierter Priester in Rio Grande do Sul, und alle Pfarrer, Wallfahrer, Missionare, Eremiten und frommen Brüder, die sich das Klagen und Hoffen des schwarzen Volkes zu eigen machten.

Heiliger Onuphrios, Anachoret in langer Einsamkeit.

Charles Lwanga und Gefährten, Märtyrer in Uganda.

Martin Luther King, Pastor im Leben und Sterben, unermüdliche Stimme auf dem Weg der Befreiung, und alle Märtyrer des verfolgten Friedens.

10. Lobgesang für Mariama

Mariama,
Jjja, Jja, oh!
Mutter des guten Herrn!

Maria, Mulattin,
Maria aus der Kolonie und aus der Favela,
die Nazaret wohl war.

Dunkelhäutige Schöne,
schmerzensreiche Mutter,
siegreiche Herrin,
Rosenkranz der schwarzen Geheimnisse des Glaubens.

Mutter des Heiligen,
heilige Gevatterin so vieler Mütter,
befreite Frau.

Arm an der Krippe, stark unter dem Kreuz,
hoffnungsvoll am Ostern der Auferstehung,
Rosenstock und Kette unseres Rosenkranzes,
treue Gefährtin auf unserm Befreiungsweg.

In diesem freien Schoß – das ist wahr,
weil du uns im Befreier zu freien Menschen gebierst –
wiegst du das Volk in Gefangenschaft,
Amme, Herrin und Mutter des Herrn.

Sing über die Hügel dein prophetisches Lied,
daß erniedrigt werden die Reichen und die Großen.

Richte auf die Kleinen, bezeichne die Abtrünnigen,
tanz in der Freude der versammelten Füße.

Ermutige zum Schreien, entflamme die Augen,
versammle die Sklaven in neuen Palmares.

Komm zurück auf den Boden des Lebens
deines schwarzen Volkes, schwarze Mutter Gottes!

11. Schlußmarsch

Heimweh nach dem Land, das unser sein wird,
Sehnsucht nach der Freiheit aller,
Sehnsucht nach einem Leben, das anders sein wird.
Fernweh nach dem Reich - unser größtes Verlangen -,
Hoffnung im Kampf für das Morgen,
Wille, daß Aruanda bald kommt,
Sehnsucht Himmels und der Erde,
Das Heimweh des Menschen, das Verlangen Gottes.

Eingesperrt in die Nacht, Jahrtausende über,
erstürmen wir jetzt
die Tore des Tages.
Wir schaffen ein Volk von Gleichen im Aufstand,
ein Volk von gleichen Bantumenschen.
Wir machen aus allen Heimen
brüderliche Sklavenhütten, mehr nicht.
Wir schaffen die schwarze Utopie
des neuen Palmares
in dem einen Herrenhaus der Kinder des Vaters.

Neger aus Afrika,
Afrikaner in Amerika,
Neger der ganzen Welt,
im Verbund mit allen Armen der Erde,
werden wir das Volk der Völker sein,
erlöstes Volk,
in Fliehdörfern zu Hause,
frei von jedem Herrn,
keines Herren Sklave,

Herren unserer selbst,
Brüder und Schwestern der Herren,
Kinder des Herrn.

Schwarzer wird Schwarzer sein,
Indianer Indianer, und
jeder wird sein
wie die Hand Olorums
uns geschaffen hat.

Zumbi werden wir sein, Erbauer
neuer Fliehdörfer, der ersehnten.
In den erlösten Mauern unserer Stadt,
auf den - endlich aufgeteilten - Feldern,
in der Kirche des Königs,
die wieder dem Volk gehört,
werden wir sein das Gesetz
der neuen Brüderschaft.
Bekleidet werden wir gehn
mit dem Sieg des Lebens.
Die Farbe der Gleichheit werden wir tragen.
Das genaue Maß werden wir sein
der geglückten Menschenwürde.

Österliche Berimbaus[19] bestimmen den Schritt
der Bewohner des neuen Fliehdorfes.
Über die ganze Erde hin
tanzen wir zusammen
unseren Freudentanz,
Fahne und Jubel werden wir sein.
Im neuen Israel werden wir
die Zelte der Kinder des Heiligen aufschlagen.
Klagen und Schreien werden sich vereinen
in dem einen Gesang brüderlicher Herzen,
das ganze Jahr über in Kampf und Fest.

Alle aufrichtigen Menschen werden im Gesicht
das Mal des Volkes Gottes tragen,
das Zeichen des Blutes des Lammes.

In Erwartung unseres endgültigen Fliehdorfs
- des hohen Fliehdorfs des Himmels -

werden vereinte Völker mit erhobenen Armen
eine Mauer gegen Angst und Unbill sein.
Die Höhle der in den Augen des Volkes erwachten
Morgenröte werden sie sein,
der befreiten Erde,
im *neuen Fliehdorf!*

Milton Nascimento
Pedro Casaldáliga
Pedro Tierra

[1] *Fliehdorf* (quilombo): Immer wieder flohen einzelne Sklaven und ganze Gruppen von Sklaven. In schwer zugänglichen Gegenden gründeten sie Siedlungen und Dörfer. Das bekannteste Fliehdorf war *Palmares* (im heutigen Staat Alagoas). Palmares wurde 1695 von der Kolonialpolizei zerstört und sein Häuptling *Zumbi* am 20. 11. 1695 ermordet. Sein Kopf wurde tags darauf an derselben Stelle in Recife öffentlich zur Schau gestellt, an der am 22. November 1981 die Fliehdorf-Messe (Missa dos Quilombos) gefeiert wurde.

[2] *Rosenkranzbruderschaft:* Im kolonialen Brasilien, das weithin ständisch gegliedert war, waren die Stände zugleich religiöse Bruderschaften. Die Schwarzen waren in der Rosenkranzbruderschaft organisiert.

[3] *Heimliche Kultstätte* (terreiro): Obleich die Schwarzen getauft waren und auch gewissen religiösen Pflichten genügten, behielten sie dennoch ihre afrikanischen Riten bei, die sie heimlich praktizierten.

[4] *Obatalá, Olorum, Oió, Xangô:* Name für höchste afrikanische Gottheiten, die sich – wenn auch regional verschieden – in den afrikanisch-katholischen Mischreligionen Brasiliens erhalten haben. Häufig tarnen sich diese Gottheiten im Gewand katholischer Heiliger.

[5] *Herr vom guten Ende* (Senhor do Bonfim): Jesus an einem Barockkreuz hängend; für die brasilianische Volksfrömmigkeit eine wichtige Anrufung. In den afrikanisch-katholischen Mischkulten verbirgt sich hinter dem „Herrn vom guten Ende" die afrikanische Gottheit Oxalá (Gottheit der Schöpfung).

[6] *Exu:* in den afrikanisch-katholischen Mischkulten den Menschen abholde Gottheit.

[7] *Pirapora:* Stadt im brasilianischen Bundesstaat Minas Gerais, Wallfahrtsort zum „Herrn vom guten Ende".

[8] *Bahia* (= Salvador da Bahia = Salvador): als erste Hauptstadt Brasiliens (1549–1763) Zentrum des Sklavenhandels, noch heute stark afrikanisch geprägt.

[9] *Minas Gerais* (= Allgemeine Minen): brasilianischer Bundesstaat, als Bergwerksregion eines der Zentren des Sklaveneinsatzes.

[10] *Ach wenn:* im portugiesischen Original: *oxalá.* Oxalá ist aber auch in den afrikanisch-katholischen Mischkulten die Bezeichnung für den Gott der Schöpfung, der sich im Gewand des „Herrn vom guten Ende" (Senhor do Bonfim) verbirgt. Jeder Teilnehmer an dieser Messe hört den doppelten Klang dieses Wortes.

[11] *„Abschaffung"* (Abolição): die Abschaffung der Sklaverei in Brasilien am 13. Mai 1888.

[12] *„Drache des Meeres":* Waghalsiger Floßfischer, der 1881 im Hafen von Fortaleza in einem abenteuerlichen Unternehmen zum Verkauf stehende Sklaven befreite.

[13] *José do Patrocínio:* Engagierter Vorkämpfer für die Sklavenbefreiung in Brasilien.

[14] *Gevatterin* (Gevatter): das emotional sehr wichtige Verwandtschaftsverhältnis zwischen den Taufpaten und den Eltern des Täuflings.

[15] *Verkrüppelter Heiligenschnitzer:* Antonio Francisco Lisboa (1730–1814), Sohn eines portugiesischen Baumeisters und einer Negersklavin. Größter Bildhauer des brasilianischen Barock und Rokoko in Ouro Preto. Mit 50 Jahren an der Lepra erkrankt, setzt er seine Arbeit mit verkrüppelten Handstümpfen fort. Daher der Beiname: Aleijadinho - Krüppelchen.

[16] *Santo Dias da Silva:* Arbeiter, am 30. Oktober 1979 bei Arbeitskämpfen in São Paulo von der Polizei erschossen, als er mit seinem Körper Kollegen schützen wollte (vgl. 30. Oktober).

[17] *Heiliger Benedikt:* gemeint ist der heilige Benedikt von Philadelphia (1526–1589), Sohn christlicher Sklaven aus Äthiopien. Genannt: Benedictus Niger oder Benedikt der Mohr.

[18] *Frei Gregório de José Maria:* 1849 brach in Vitória do Espírito Santo ein Aufstand von 300 Sklaven aus. Frei Gregório de José Maria soll der Anstifter der Revolte gewesen sein, die grausam niedergeschlagen wurde.

[19] *Berimbau:* Bogenartiges Musikinstrument der (ehemaligen) Negersklaven vor allem in Bahia. Am unteren Ende des hölzernen Bogens befindet sich als Resonanzkasten eine Kalebasse. Mit der rechten Hand schlägt der Spieler mit einem kleinen Metallstab auf die gespannte Metallsaite, deren Schwingungsbereich er mit einer kleinen Metallscheibe in der linken Hand je nach gewünschtem Ton verringert oder vergrößert.

Es war Nächstenliebe, weshalb ich mich der Revolution angeschlossen habe

In letzter Zeit haben politische, religiöse und gesellschaftliche Unruhen bei den kolumbianischen Christen zu einiger Verunsicherung geführt. In diesem wichtigen Augenblick unserer Geschichte müssen wir als Christen an den Grundwahrheiten unseres Glaubens festhalten. Worauf es in der katholischen Religion aber ankommt, ist die Nächstenliebe. „Wer den anderen liebt, hat das Gesetz erfüllt" (Röm 13,8). Damit die Liebe echt und wahr ist, muß sie wirksam sein. Wenn Mildtätigkeit, Almosen, ein paar Schulen für Kinder aus den verschiedenen Schichten, dann und wann eine Wohlfahrtsveranstaltung - mit einem Wort: all das, was wir „Fürsorge" nennen - nicht langt, all den Hungernden zu essen, all den Nackten anzuziehen und all den Unwissenden Bildung zu geben, dann muß eben nach wirksameren Wegen gesucht werden, um der Mehrheit das Wohl zu ermöglichen . . .

So führt kein Weg daran vorbei, der privilegierten Minderheit die Macht zu nehmen und sie den mehrheitlichen Armen anzuvertrauen. In beschleunigter Form geschieht das in der Revolution. Die Revolution kann, wenn die paar Mächtigen nicht mit Waffengewalt Widerstand leisten, sehr wohl gewaltfrei verlaufen . . . Revolution heißt, kurz gesagt: eine Regierung bilden, die Liebe praktiziert . . . und die für die große Mehrheit unserer Brüder und Schwestern Sorge trägt. Deshalb ist die Revolution für einen Christen nicht nur erlaubt, sondern sie ist geradezu seine Pflicht. Wenn sich eine Macht gegen das arme Volk richtet, dann ist das eine tyrannische Macht und wir müssen gegen sie angehen. Unsere augenblickliche Regierung ist in diesem Sinn eine Tyrannei.

Von den Unzulänglichkeiten der Kirche dürfen wir uns nicht schrecken lassen. Die Kirche ist zugleich menschlich und göttlich. Und insofern wir Christen unserer Pflicht der Nächstenliebe nachkommen, stärken wir die Kirche.

Obwohl ich die Privilegien und Pflichten als Priester aufgegeben habe,

habe ich dennoch nicht aufgehört, Priester zu sein. Ich denke, es war Nächstenliebe, weshalb ich mich der Revolution angeschlossen habe. Ich feiere nicht mehr die Messe, um meinen Mitmenschen auf dem irdischen Feld der Ökonomie und der gesellschaftlichen Spannungen lieben zu können. Wenn mein Nächster nichts mehr gegen mich hat und die Revolution zu Ende gekämpft ist, dann will ich - wenn Gott es will - wieder die Messe feiern. So erfülle ich - glaube ich - das Gebot des Herrn: „Wenn du deine Opfergabe zum Altar bringst und dir dabei einfällt, daß dein Bruder etwas gegen dich hat, so laß deine Gabe dort vor dem Altar liegen; geh und versöhne dich zuerst mit deinem Bruder, dann komm und opfere deine Gabe" (Mt 5,23-24).

Camilo Torres,
Studentenpfarrer in Bogotá,
dann Untergrundkämpfer,
am 15. Februar 1966 bei einem Feuergefecht gefallen

Unser Schmerz

Für später muß ich sie lassen,
meine grundsätzliche Frage,
die mir das Herz bewegt.
Mäßigung ist jetzt nicht das Gebot
der Stunde, in der mein Weg wettmacht
dein fehlendes Brot.

Ich betrachte dich: In den Händen
trägst du die Last der Leere,
und die Träne, die du im Schweigen verbirgst,
schreit mir schrecklich in mein Herz.
Jeder Vers ringt mit meinen Fingern,
wenn ich erkenne
dein fehlendes Brot.

Alte Debatten schlepp' ich mit mir,
die selbst das Sein nicht mehr achten,
und mich erschöpfen mit so viel Fragen
nach Gottes Geheimnis und dem Licht der Welt.
Schatten umhüllen mein Herz.
So muß ich für später lassen,
alles, was meinen Blick verstellt - für
dein fehlendes Brot.

Ich betrachte dich: In deinem Hunger
erstirbt die Kraft schon transzendenter Dinge.
Deine Zähne zermalmen die Welt, und heute
erlahmt die ganze Geschichte in deinem erstarrten Mund.
Ein Gellen in deinen Adern,
und über deinem Geschick ein Atlantenwerk,

das in deinem Antlitz die Konturen
eines Landes voll Ärgernis erstellt.
Schäbig und verbraucht siehst du aus - in
deinem fehlenden Brot.

Flieh nicht in die Hölle der morgendlichen Röte,
verbirg nicht den Hunger, verschweig nicht den Groll!
Ich muß dich sehen, wie du auch bist,
und fühlen im Mund den Schlag deines Gesichts.
Für später muß ich meine Frage also lassen
- meine grundsätzliche Frage,
nach der ich mit den Händen des Herzens lange.
Jetzt gilt es, Gutes zu tun, das dich befreie,
etwas Gutes, das uns befreie - von
deinem fehlenden Brot.

Regis de Morais

Freude – Zeichen für Frieden

Karneval: Fest oder Dampfablassen?
Freude oder Vergessenwollen?

Karneval: Für Reiche *und* Arme?
Für Eltern *und* Kinder?

Karneval: Christliches oder heidnisches Fest?
Nur für einige oder für alle?

Es lohnt sich, einen Augenblick nachzudenken. Christus mag lustige Leute. Er selbst ist die Freude. Und war er nicht bei der Hochzeitsfeier in Kana selbst dabei?
Manche Leute aber fragen sich, ob man sich überhaupt noch freuen kann: Alles wird teurer, für die Kinder fehlt es an Schulen, Straßen fehlen, Wasser fehlt, Liebe, Frieden und alles fehlt ...
So richtig Karneval feiern ist keine Sünde. Sünde ist: mit einer Maske herumlaufen, ein gespaltener Mensch sein, eine Sache predigen und etwas anderes tun.
Und wie viele Menschen leben nicht ständig mit einer Maske? –: der untreue Ehemann, die eifersüchtige Frau, der Händler, der die Leute übers Ohr haut, der drogenabhängige Jugendliche, der Polizist, der sich zum Richter über andere aufschwingt, die Regierenden, denen es nur um eigene Interessen oder die ihrer Partei geht. Alles das ist Maske, finstere, sündige Maske.
Freude ist ein Recht des Christen, ein menschlicher Wert. Freude beinhaltet die Hoffnung des armen Volkes.
Echte Freude, Freude ohne Maske ist ein Zeichen für Frieden.
Freude kann nicht herrschen, wo das Volk keine Freiheit hat, nicht sagen kann, was es denkt, nicht tun kann, was es für gut hält, oder wo es einfach keine eigene Meinung haben darf. Freude gibt es nicht, wo man das Volk zwingt, sich eine Maske aufzusetzen.

Wir sollen uns freuen, tanzen, singen und springen. Nur Menschen, Christen sollen wir dabei bleiben.
Freude verträgt keine Maske. Freude ist Ausdruck von Genugtuung. Unzufriedene Leute setzen sich eine Maske auf und tanzen, singen und springen einzig und allein, um die fehlende Freude zu vergessen, und sei es auch nur für ein paar Tage.

Aus einem Pfarrbrief eines Arbeiterviertels
in Belo Horizonte, Brasilien

Der Kreuzweg des Volkes

Brüderlichkeit ja – Vertreibung nein!

(Jeder Teilnehmer bringt ein kleines Holzkreuz und in einem Plastikbeutel eine Handvoll Erde mit.)

Eröffnung

Gemeindeleiter: Wir sind hier zusammengekommen:
im Namen des Vaters, von dessen Hochherzigkeit wir alles in Fülle erhalten haben,
im Namen seines Sohnes Jesu Christi, unseres Bruders, der arm wurde, wie wir arm sind, und
im Namen des Heiligen Geistes, der uns immer wieder Mut, Kraft und Gemeinschaftsgeist gibt.
Wir wollen miteinander reden, wie Kinder des einen Vaters beten und wie Brüder und Schwestern über unsere Situation diskutieren.
Alle: Wir sind Gottes Volk / und kämpfen für ein Leben in Gerechtigkeit: / Grund und Boden, / Wohnung für die Familie / und Nahrung für unsere Kinder.
(Unterbrochen von entsprechenden Liedern, werden Vorkommnisse zum Thema der Andacht besprochen.)

Gebet

Vorbeter: Vater, das Recht auf Grund und Boden ist ein heiliges Recht. Du hast uns geschaffen und uns die Erde gegeben, damit wir auf ihr als deine Kinder leben können. Hilf uns, Herr, bei unserem gemeinsamen Bemühen, das Land zurückzubekommen, das man uns geraubt hat.
Alle: Wenn wir im Kampf zusammenstehen, / zu den Versammlungen kommen / und dich, Herr, um deine Hilfe bitten, / wird uns Gerechtigkeit zuteil.

Vorbeter: Jetzt wollen wir die Kreuze hoch halten, um damit zu sagen, daß wir Jesus ganz dicht nachfolgen wollen, der ja für die Sache der Gerechtigkeit gestorben ist, weil er die Armen und die Randexistenzen seiner Zeit verteidigt hat.
Alle: Einheit macht uns stark. / Und wenn wir stark sind, / werden wir eine neue Welt schaffen, / in der wir endlich wie Brüder und Schwestern leben können.
Vorbeter: Jeder nimmt jetzt seinen Beutel mit Erde und hebt ihn hoch. Dabei sagen wir:
Alle: Brüderlichkeit ja – Vertreibung nein! . . .
Vorbeter: Herr hilf uns, daß wir engagiert und solidarisch einander helfen. Hilf uns, das Wort Jesu, der uns befreit, in unserem Leben in die Tat umzusetzen. Laß, Herr, die Gesellschaft und die Regierenden erkennen, daß wir, die wir ja deine Kinder sind, geachtet und geliebt sein wollen.
Alle: Amen.
(Schriftlesung: Ex 3,7–10; Gespräch über den Text; Lieder)

Segnung der Kreuze und der Erde

Vorbeter: Segne, Herr, unser Vater, diese Erde, die du geschaffen und den Menschen in Fülle gegeben hast, damit wir in Würde auf ihr leben können. Segne, Herr, die Erde, damit die Landbevölkerung sie bestellen, von ihr ernten und sich von ihr ernähren kann. Segne, Herr, die Erde, die immer wieder vom Schweiß der Landarbeiter, Wanderarbeiter und kleinen Pächter benetzt wird, damit das, was sie hervorbringt, brüderlich geteilt wird und damit Gerechtigkeit und Solidarität unter allen Menschen aus ihr sprießen können. Segne, Herr, auch dieses Stückchen Land, auf dem wir unter Schwierigkeiten wohnen, damit wir sicher auf ihm leben, uns ein menschenwürdiges Heim bauen und unsere Kinder erziehen können. Segne, Herr, dieses Stückchen Land, das man uns immer wieder streitig macht oder sogar raubt, damit uns keine Vertreibung mehr droht, wir es in brüderlicher und fröhlicher Gemeinschaftsarbeit herrichten und zu einer geeigneten Wohnstätte machen können. Segne, Herr, auch diese Kreuze, die wir selbst gemacht haben, damit sie Zeichen sind, daß wir Christus, daß wir unsere Brüder und Schwestern lieben. Segne, Herr, diese Kreuze, damit wir stets daran denken, daß wir zusammenstehen müssen und daß sie Sinnbild für unseren friedlichen Kampf für eine menschlichere, gerechtere und brüderlichere Welt sind.
Alle: Amen.

Brüderlichkeit ja – Verlassene Kinder[1] *nein!*

Eröffnung

Gemeindeleiter: Liebe Brüder und Schwestern! Herzlich willkommen in dieser Runde! Jesus, der Mensch wurde, wie wir Menschen sind, der wie wir alle als Kind zur Welt kam, der ein Leben führte, wie wir alle es führen, und der sich dafür einsetzte, daß die Situation der Menschen besser würde, möge uns in unserem Leben beistehen. Wir wollen unser Herz für Gott und insbesondere für die Kinder öffnen, vor allem für die Kinder, die jetzt unter uns sind. Heute geht es besonders um die Situation der Kinder und um unsere Verantwortung für die Erziehung der Kinder.
(Unterbrochen von entsprechenden Liedern, werden Vorkommnisse zum Thema der Andacht besprochen.)

Hoffnungsbotschaft

1. Vorleser: Brüder und Schwestern, Gott ist bei uns. Wenn Gott auf unserer Seite steht, wer kann dann gegen uns sein?
Alle: Gott ist unsere große Kraft.
2. Vorleser: Jesus sagt: „Ich bin gekommen, damit sie das Leben haben und es in Fülle haben."
Alle: Wir wollen Leben, Herr! / Wir wollen Leben / für uns und unsere Kinder.
1. Vorleser: Jesus sagt: „Laßt die Kinder zu mir kommen."
Alle: Denn Menschen wie ihnen gehört das Reich Gottes.
2. Vorleser: Kinder brauchen die Erwachsenen, damit sie ihnen helfen, sich zu entwickeln, Freunde Jesu zu werden und das Leben in Fülle zu haben.
Alle: Was ist Leben in Fülle?
Vorleser (abwechselnd): Leben in Fülle heißt in die Schule gehen können

- heißt gesund sein und ärztlich versorgt werden
- heißt ein Zuhause haben
- heißt ein Bett und zu essen haben
- heißt von den Eltern geliebt werden und Freunde haben
- heißt in Sicherheit leben, angenommen sein und Verzeihung erfahren, wenn man einen Fehltritt getan hat.

Alle: Herr, wir wollen allen Kindern / mit Verständnis und Liebe begegnen.
1. Vorleser: Jesus sagt: Was ihr für einen meiner geringsten Brüder getan habt, das habt ihr mir getan.
Alle: Wir wollen allen Kindern / Gutes tun. / Wir wollen dafür kämpfen, / daß alle Kinder in einer besseren Welt leben können.
(Schriftlesung: Mk 10,13–16, Gespräch über den Text, Lied, Fürbitten)

Schlußsegen

Gemeindeleiter (lädt die Kinder ein, in die Mitte zu kommen, und die Eltern, die Hand zum Segen auf die Kinder zu legen): Gott, Herr, unser Vater, wir bitten dich: Segne die Väter, die Mütter, die Familien. Segne insbesondere diese Kinder und gib ihnen Gesundheit, Freude und die Liebe ihrer Eltern. Laß sie wachsen auf dem Weg des Guten und des Friedens. Laß sie durch deine Gnade und unser Engagement ein Zuhause haben und zu essen, Kinderkrippe und Schule, Ausbildung und die richtige Orientierung - mit einem Wort: alles, was sie zu einem menschenwürdigen Leben brauchen.
Alle: Amen.

Brüderlichkeit ja - Soziales Randdasein nein!

Eröffnung

Gemeindeleiter: Gott hat uns alle nach seinem Bild und Gleichnis geschaffen. Wir sind Kinder Gottes und damit untereinander Brüder und Schwestern. Jesus nennt uns seine Freunde. Er starb für uns alle und wollte alle Menschen befreien. Oft genug bekommen wir zu hören, daß wir, nur weil wir in Elendsvierteln wohnen, Randexistenzen, Diebe und wer weiß sonst was sind. Die Großen und Mächtigen wollen uns immer weiter an den Rand drängen. Deshalb wollen wir heute über das soziale Randdasein nachdenken. Gemeinsam laßt uns sagen:
Alle: Brüderlichkeit ja - Randdasein nein!

Ereignisse aus dem Leben

Im März 1980 hatte es in São Paulo heftig geregnet. In der Favela „Parque Bristol" waren die Hütten einiger Familien von all den Regenfällen bereits eingestürzt, andere drohten zusammenzubrechen. Hilfegesuche bei der Stadtverwaltung brachten nichts. Da besorgten sich die Leute einen Lastwagen und brachten Bretter, Möbel und ihr ganzes Hab und Gut auf ein sichereres, aber brachliegendes Gelände in „Jardim São Savério", das zuvor eine Müllkippe gewesen war. Über Nacht hatten sie ihre Häuser aufgebaut. Aber die Nachbarn, die durch die Nähe eines Elendsviertels die Qualität ihrer Wohngegend nicht beeinträchtigt sehen wollten, riefen die Polizei. Im Nu waren . . .zig Polizeifahrzeuge da. Aber der zuständige Bischof, Dom Celso Queiroz, viele Priester und Laien, die um die Situation der Favelabewohner wissen, konnten verhindern, daß die Polizei die Hütten abriß. Die Familien wohnen noch heute dort. Den Ort nennen die Leute inzwischen „Schlachtfeld". - Gespräch über das Ereignis.

Gebet

Vorbeter: Hilf uns, Herr, uns zu organisieren und mehr Achtung und Liebe unter den Menschen zu fordern.
Alle: Brüderlichkeit und Mitsprache ja - Gewalt und soziales Randdasein nein!
Vorbeter: Hilf uns, Herr, unsere Rolle in der Gesellschaft besser zu verstehen, damit wir aktiv werden und uns so verhalten, wie Du, Vater, es von uns wünschst.
Alle: Wenn wir für unsere Rechte kämpfen, / wird man uns hören und achten.
Vorbeter: Hilf uns, Herr, nicht müde zu werden und in unser aller Bemühen um ein besseres und menschenwürdiges Leben nicht nachzulassen.
Alle: Mitsprache ja - soziales Randdasein nein!
Vorbeter: Hilf uns, Herr, daß wir bei unseren Treffen besser die Lage verstehen und Lust bekommen, in der Gemeinde mitzumachen.
Alle: Mitbestimmung ja - soziales Randdasein nein!
Vorbeter: Jetzt wollen wir die Kerzen anzünden, die wir mitgebracht haben ... Eine brennende Kerze bedeutet Licht: Licht, das unseren mittlerweile fünfjährigen Weg erleuchtet. Licht der Solidarität. Licht der Hoffnung. Licht eines menschlicheren und menschenwürdigeren Leben, in dem auch wir ein Wort mitreden können. Licht gegen Bedrohung und Unsicherheit. Licht des Friedens und der Harmonie in unseren Heimen, in allen Favelas von São Paulo und ganz Brasilien. Und dieses Licht ist Christus selbst. Er ist mitten unter uns, wenn wir beten, kämpfen, zusammenkommen, über unsere Probleme sprechen und gemeinsam nach Lösungen suchen.
Alle: Dieses Licht, Herr, / möge immer bei uns brennen / und uns immer mehr mit Hoffnung erfüllen. / Amen.

Brüderlichkeit ja - Hunger, Arbeitslosigkeit und unzulängliche Löhne nein!

(Jeder Teilnehmer bringt seine Arbeitspapiere und einige Werkzeuge mit.)

Eröffnung

Gemeindeleiter: Kollegen, Genossen, Brüder und Schwestern, wir sind heute ein weiteres Mal zu unserer Andacht zusammengekommen. Zu Beginn wollen wir das Wort Gottes hören, ein Stück aus dem Buch Jesus Sirach: „Ein Brandopfer von unrechtem Gut ist eine befleckte Gabe, Opfer der Bösen gefallen Gott nicht. Kein Gefallen hat der Höchste an den

Gaben der Sünder, auch für eine Menge Brandopfer vergibt er die Sünden nicht. Man schlachtet den Sohn vor den Augen des Vaters, wenn man ein Opfer darbringt vom Gut der Armen. Kärgliches Brot ist der Lebensunterhalt der Armen, wer es ihnen vorenthält, ist ein Blutsauger. Den Nächsten mordet, wer ihm den Unterhalt nimmt; Blut vergießt, wer dem Arbeiter den Lohn vorenthält" (Jes Sir 34,21–26).
Alle: Gottes Wort ist Wahrheit / sein Gesetz Freiheit.
(Gebete, Lieder, Ereignisse aus dem Leben mit anschließendem Gespräch)

Worte des Papstes

(Es folgt ein Ausschnitt aus der Rede, die Papst Johannes Paul II. am 3. Juli 1980 im Morumbí-Stadion in São Paulo gehalten hat.)
„São Paulo, das seid ihr, die ihr hier versammelt seid, um eure Würde als Arbeiter zu feiern und die Bereitschaft zum Ausdruck zu bringen, zusammen an einer Stadt nach dem Maß eurer menschlichen Hoffnungen zu bauen ..., um aus São Paulo eine wirklich menschliche Stadt zu machen ... Deshalb lade ich euch ein, christliche Arbeiter, meine Brüder und Schwestern, fröhlich die Freundschaft zu feiern, die Jesus uns anbietet, uns allen und jedem einzelnen von uns: den Glauben, die Hoffnung und die Liebe, mit denen Jesus unsere Herzen ermutigt, wenn wir uns in seinem Namen versammeln, in seiner Kirche, die er gestiftet hat, damit sie seine Gaben entgegennimmt und an alle weitergibt ... Ihr wißt um die Würde und den Adel der Arbeit, ihr, die ihr arbeitet, um zu leben, besser zu leben und um euren Familien das tägliche Brot auf den Tisch zu bringen. Ihr fühlt euch in eurer Vater- bzw. Mutterliebe verletzt, wenn eure Kinder schlecht ernährt sind; ihr seid stolz und zufrieden, wenn ihr sie an einen gedeckten Tisch rufen, sie gut kleiden, ihnen ein anständiges und gemütliches Zuhause bieten und ihnen Erziehung und Bildung im Blick auf eine bessere Zukunft geben könnt. Arbeit ist ein Dienst, ein Dienst an euren Familien und an der ganzen Stadt, ein Dienst, in dem der Mensch in dem Maße wächst, wie er sich den anderen gibt ... Daher muß die erste und grundlegende Sorge aller – und zwar der Regierenden, der Politiker, der Gewerkschaftsführer und der Unternehmer – sein: *allen Arbeit zu geben.*"
(Gespräch, Lied, Gebet)

Schlußsegen

(Jeder hält seine Arbeitspapiere und Werkzeuge hoch.)
Vorbeter: Heiliger Vater, du bist der Schöpfer Himmels und der Erde. Du hast auch uns geschaffen, damit wir wie Brüder und Schwestern miteinan-

der umgehen und einander wie auch dich lieben. Du hast uns die Fähigkeit gegeben, zu denken, zu kämpfen, uns zu organisieren, zu arbeiten und uns gegenseitig zu helfen. Segne die Arbeiter auf der ganzen Erde. Segne insbesondere die Arbeiter dieser Favela. Segne die Väter und Mütter dieser Favela. Segne unsere Kinder. Segne unsere Hände, mit denen wir Waren herstellen, die die Menschen glücklich machen sollen. Segne unsere Werkzeuge, mit denen wir Brot auf den Tisch unseres Hauses schaffen. Segne unsere Arbeitspapiere, damit wir als deine Kinder in Gerechtigkeit arbeiten können. Segne dieses Haus und diese Familie, bei der wir heute versammelt sind.
Alle: Amen.

Brüderlichkeit ja – Zwietracht im Volk nein!

Eröffnung

Gemeindeleiter: Wieder einmal haben wir uns heute getroffen, um über unsere Probleme zu sprechen und gemeinsam zu beten. Daß wir Seite an Seite kämpfen und zusammen beten, so wünscht sich Gott uns. Jeder für sich alleine ist schwach. Aber zusammen, als Brüder und Schwestern vereint, da sind wir stark. Deshalb wollen wir freudig und voller Begeisterung singen.
Lied: Das Volk des Herrn auf dem Weg durch die Wüste (Seite 42f).

Gebet

Vorbeter: Gott, unser Vater, wir bitten dich: Laß unseren Glauben an Jesus uns zu einer wachsenden Einheit untereinander führen, damit wir gemeinsam unseren Weg gehen und gemeinsam den Aufgaben nachkommen, die wir hier, wo wir wohnen, haben, und damit wir so eine gerechtere und weniger gewalttätige Welt schaffen können.
Alle: Amen.
(Schriftlesung: Apg 4,32–34; Gespräch über den Schrifttext; ein Gesätz vom Rosenkranz)

Gebet

Vorbeter: Gott, unser Vater, wir sind deine Kinder, wir sind dein Volk. Aber wir leiden daran, daß wir nicht eins sind, keinen Grund und Boden, auf dem wir leben könnten, haben, und daß uns noch viele andere lebenswichtige Dinge fehlen. Wir sind sicher, daß du, Vater, bei uns bist. Wir sind sicher, daß wir nicht alleine sind. Deshalb schöpfen wir Mut, gemeinsam weiterzukämpfen, damit die Welt, in der wir leben, für alle besser wird. Wir bitten dich, Vater: Verdichte unsere Einheit, gib uns Mut, wei-

terzumachen und schenk uns Kraft für unseren weiteren Weg. Um dies alles bitten wir dich zusammen mit Jesus Christus, deinem Sohn und unserem Bruder.
Alle: Amen.

Schlußsegen

Gemeindeleiter oder Priester: Herr, unser Gott, Kraft der Schwachen, Freude der Betrübten, Hoffnung derer, die unterwegs sind! Segne alle Menschen, die hier anwesend sind. Gib den Kranken Gesundheit, begleite die Kinder, wenn sie größer werden, steh den Alten bei, die die Last der Jahre spüren, stärke in deiner Liebe die Familienväter und Familienmütter und zeig den Jugendlichen den rechten Weg. Gib uns allen – den Armen – deinen väterlichen Segen, damit wir in deiner Liebe geeint auch weiterhin an einer gerechteren, menschlicheren und brüderlicheren Welt bauen.
Alle: Im Namen des Vaters / und des Sohnes / und des Heiligen Geistes. / Amen.

Aus fünf Andachten zur Fastenzeit 1983
in den Basisgemeinden der Favelas von São Paulo

[1] Aufgrund der katastrophalen sozialen Verhältnisse des Landes gibt es in Brasilien etwa 15 Millionen Kinder ohne jede familiäre Bindung. Allein in São Paulo sollen 1,5 Millionen Minderjährige ohne feste Bleibe sein. Verwahrlost und in Banden organisiert streunen sie durch die Stadt.

Beten wir für Chile . . .

Wenn die Kirche von Santiago diese Trauerfeier für einen angesehenen Gewerkschaftsführer in ihrer Kathedrale veranstaltet, will sie den moralischen Wert und die hervorragende Würde der Sache der Arbeiter, ihrer gewerkschaftlichen Organisation und ihrer Führer hervorheben, die für ihre Kameraden kämpfen, leiden und sterben.
Heute tut sie es unter einem besonders tragischen und schmerzlichen Umstand, denn der verschwundene Gewerkschaftsführer wurde Opfer eines gemeinen und feigen Mordes.
Wir trauern um einen sozialen Kämpfer, der den ganzen Einsatz seines Lebens in die Verteidigung der Rechte der Arbeiter im Laufe von mehr als 30 Jahren gewerkschaftlichen Lebens legte. Er war ein armer Mann, er besaß nicht mehr als eine bescheidene Wohnung in einem Arbeiterviertel und ein Auto, das er dazu verwendete, seinen Lebensunterhalt als Taxifahrer zu verdienen.
Ein intelligenter, rechtschaffener und in seinem Beruf anerkannter Bürger, ein solidarischer Mann mit vielen Freunden, der sich in den Kämpfen der Arbeiter und der Verteidiger ihrer legitimen Rechte mit Hingabe und Besonnenheit zugleich einsetzte. Wir kannten bei ihm weder Haß noch Strebertum, weder Mutlosigkeit noch Ehrgeiz.
Wir sahen, wie er freudig die konkreten Aktionen und die Zielvorstellungen des sozialen Katholizismus aufgriff und eine freimütige, herzliche Freundschaft mit Leuten der Kirche anknüpfte, die zu kennen er vorher wenig Gelegenheit gehabt hatte.
Aus welchen düsteren Beweggründen hat eine verbrecherische Hand sich an einem solchen Mann vergriffen und ihn erbarmungslos ermordet?
Durch dieses Opfer leiden wir an Chile. Wird die Spirale der Gewalt andauern müssen, die schon so viele unschuldige Menschenleben vernichtet hat?

Beten wir für Chile! Für die Wiedergewinnung der Achtung, des Rechtes, der Gerechtigkeit, der Wahrheit, der Toleranz, des bürgerlichen Zusammenlebens, für die Wiedergewinnung der demokratischen Ordnung und des Friedens.

Aus der Predigt von Bischof Jorge Hourton
beim Begräbnis des ermordeten chilenischen Gewerkschaftsführers
Tucapel Jiménez,
am 27. Februar 1982

Werk des barmherzigen Samariters heute: Verteidigung der Menschenrechte

Die Ereignisse vom 11. September 1973 haben das Gesicht Chiles verändert. Neben den Verwundeten, die die Kirche traditionsgemäß versorgte, tauchten Opfer auf, die das Produkt eines unmenschlichen Wirtschaftsmodells waren, das vor allem unter den Armen eine hohe Arbeitslosenquote verursachte, Ängste und schwere Leiden in deren Familien hervorrief und gleichzeitig den Reichtum in den Händen einiger weniger konzentrierte. Daneben bewirkte das autoritäre, von der Ideologie der Nationalen Sicherheit bestimmte politische Modell, daß Tausende von Menschen die Kirche um Verteidigung ihrer Menschenwürde oder ihrer verletzten Rechte ersuchten. Dieses politische System, das den Pluralismus beseitigt, treibt uns allmählich in einen internen Kriegszustand, der letztlich dazu führt, daß – unter dem Vorwand, die Bedrohung des Kommunismus abwehren zu müssen – alle verfolgt werden, die sich dieser Art des Vorgehens widersetzen ...
Wegen der zahlreichen Verstöße gegen die Menschenwürde, die bedauerlicherweise unseren wissenschaftlichen und technischen „Fortschritt" begleitet haben, ist das Gebiet der Menschenrechte ein bevorzugter Bereich für die Verteidigung des Menschen im Sinn des barmherzigen Samariters geworden. Unsere Kirche ist stark kritisiert worden, wenn sie denen geholfen hat, die die Kirche um Beistand gebeten haben, weil sie ihre Rechte verletzt sahen oder wegen abweichender Ansichten verfolgt wurden. Die Antwort von seiten der kirchlichen Hierarchie war jedoch stets eindeutig:
- wir üben Barmherzigkeit einzig und allein im Namen Gottes für jeden Menschen ohne Unterschied;
- wir fragen nie jemanden nach seinem Glauben, bevor wir ihm helfen – genauso, wie der Samariter aus dem Gleichnis über religiöse und politische Unterschiede hinwegsah, die ihn von jenem Juden trennten, der auf dem Weg nach Jericho überfallen wurde.

Aus dem Fastenhirtenbrief 1983 des Erzbischofs von Santiago de Chile, Kardinal Raul Silva Henríquez

Das Kreuz ist der Weg der Befreiung

An die Brüder und Schwestern in Guatemala,
an die christlichen Gemeinden des einfachen Volkes,
an die Märtyrer in den Gefängnissen, in der Verfolgung,
in der Bedrängnis,
an das „Komitee Gerechtigkeit und Frieden",
an die „Demokratische Front gegen die Unterdrückung",
an die Kirche Jesu in Guatemala,
an das guatemaltekische Volk, das seine Freiheit erlangen wird!
Ich schreibe Euch voller Zartgefühl, mit meiner ganzen lateinamerikanischen Leidenschaft, im Vertrauen auf das Volk und in der Gewißheit, daß der auferstandene Herr uns treu zur Seite steht.
Brüder und Schwestern, dies ist für Euch und für Mittelamerika insgesamt eine Stunde der Gnade.
Seid nüchtern. Seid stark. Und vor allem: steht zusammen.
Wißt, daß der ganze Erdteil, das ganze Volk – meine ich – bei Euch ist.
Ihr seid für uns wie ein „Zeichen",
„Zeugen" der Befreiung, die zu erobern wir im Begriff sind, „Beweis" dafür, daß unser Gott
wirklich ein „befreiender Gott" ist, „der aus dem Tode zu retten vermag ..."
Laßt nicht zu, daß sich irgend jemand des Volkes bedient.
Laßt in dieser „Stunde" den Geist Jesu Euch bis ins Mark und Herz eindringen.
Betet. Singt.
Regt Euch nicht darüber auf, wenn man Euch nicht versteht.
Akzeptiert den Widerspruch – auch den, der von innen kommt, vielleicht sogar von innerhalb der Kirche.
Das Kreuz ist der Weg der Befreiung.
Beantwortet die Verfolgung mit Hoffnung.

Beantwortet die Angst mit Einheit.
Beantwortet den Tod mit dem Lebenswillen des Volkes und mit dem Namen Jesu, des Auferstandenen.
Ich weiß nicht, ob wir uns sehen werden. Auf jeden Fall sind wir aber aufs innigste miteinander verbunden.
Der Geist gießt in dieser „Stunde" die erdteilumgreifende Gnade der Einheit über uns aus, im Kampf und in der Hoffnung.
Im Namen meines Volkes, das aus Indianern, eigentumslosen Kleinbauern und Saisonarbeitern besteht, im Namen meiner kleinen Kirche von São Félix do Araguaia im brasilianischen Amazonasgebiet
umarme ich Euch, Brüder und Schwestern, Genossen und Genossinnen, als christlicher Bischof der Kirche Jesu.

Pedro Casaldáliga,
Bischof von São Félix do Araguaia,
Mato Grosso, Brasilien,
am 2. März 1980

Unsere Rache ist Verzeihen

Was geschieht in unseren Gefängnissen? Ich habe mal gesagt: „Uns geht es darum, nicht die Sünder, sondern die Sünde zu beseitigen." Was aber machen wir mit all den Mördern? Wir versuchen, sie zu dem zu bekehren, was sie nie vorher gewesen sind: zu wahren Menschen. Darum bemühen wir uns, und ich glaub', es ist unsere moralische Pflicht, aus ihnen, die bisher wahre Bestien waren, ehrliche Menschen werden zu lassen.
Das ist die Philosophie unserer Revolution. Natürlich verstehen sie so etwas nicht. Als ich ihr Gefangener war, habe ich ihnen schon von diesen Vorstellungen erzählt und gesagt, irgendwann würden wir ihnen helfen. Damals haben sie mir nicht geglaubt und zweifeln wohl auch heute noch daran. Ich darf erwähnen, daß vor einigen Tagen der Mörder meiner Frau gefaßt wurde. Als der Mann - der zusammen mit anderen meine Frau brutal gefoltert, vergewaltigt und ihr die Fingernägel ausgerissen hatte - mich sah, mag er Gott weiß was gedacht haben: ich würde ihn jetzt umbringen, mindestens aber verprügeln. Stattdessen gingen wir auf ihn zu und behandelten ihn wie einen Menschen. Das verwirrte ihn total. So etwas konnte er nicht begreifen, und so etwas will wohl auch jetzt noch nicht in seinen Kopf hinein. Ich hab' mal gesagt: „Unsere Rache an unseren Feinden ist Verzeihen, und das ist die bestmögliche Rache."

Kommandant Tomas Borge,
Nikaraguanischer Innenminister,
am 5. März 1981

Wir beginnen, wirkliche Partner zu werden ...

Wir grüßen unsere Schwestern und Brüder rund um die Erde im Namen unseres Herrn Jesus Christus, der uns durch seine Gnade erneuert.
Wir grüßen euch von unseren verstreuten Inseln mit ihrem vielfältigen rassischen Hintergrund und ihren verschiedenen Sprachen. Das gemeinsame Erbe von Sklaverei, Kolonialismus und Ausbeutung verbindet uns untereinander. Die meisten Gebiete der Karibik haben ihre politische Selbständigkeit erlangt. Eine neue Gesellschaft und ein neues Volk sind im Entstehen. Wir fühlen uns eins mit Menschen auf der ganzen Welt, die nach politischer Reife, wirtschaftlicher Unabhängigkeit und besseren Formen des Zusammenlebens in der Familie suchen. Wir bemühen uns darum, unsere Unabhängigkeit weise für die Entwicklung unseres Volkes zu nutzen.
Wir grüßen euch als Frauen, die die ersten Schritte auf dem Weg zu ihrer Befreiung tun und sich daran freuen. Traditionellerweise sind in der Karibik die Frauen diejenigen, die - wie so viele von euch - die Lasten tragen. Unsere Kinder wurden nicht nur großgezogen von uns Müttern, sondern die meisten von uns mußten ihnen Vater und Mutter zugleich sein. Wir sind froh darüber, daß anscheinend eine neue Zeit anbricht, in der Männer bereit sind, die Freuden und Verpflichtungen der Vaterschaft anzunehmen. Indem sie ihre Verantwortung wahrnehmen, können auch die Frauen ihren Platz außerhalb der Familie im öffentlichen Leben ausfüllen. Wir beginnen, wirkliche Partner zu werden.
Wir grüßen euch auch als Frauen der Kirche. Mehr als die Hälfte der Mitglieder jeder unserer Kirchen sind Frauen, aber noch zu wenige haben an der Leitung der Kirche teil. Auch hier beginnen Veränderungen. Immer mehr Frauen nehmen die Berufung zum vollen Dienst in der Verkündigung des Evangeliums wahr.
Wir laden euch ein, heute am Weltgebetstag mit uns zu beten.

Botschaft von Frauen aus der Karibik
zum ökumenischen Weltgebetstag der Frauen 1983

Lied der Frauen

Die Einheit des Volkes
bringt Wachstum und Leben.
Wo Einheit fehlt,
kann nichts gedeih'n.

Die Arbeit der Frau
ist leidvolle Mühe.
Mit Kindern und Küche
hilft sie dem Mann.

In früheren Zeiten
galt kaum sie als Mensch.
Inzwischen hat Wandel
die Dinge ergriffen.

Jetzt hat sie die Freiheit,
ihr Recht zu erkämpfen.
Zu tun bleibt noch viel,
bis alles ganz Rechtens.

Gemeinschaft ist wichtig,
wenn vorwärts sie kommen,
ihren Wert entdecken
und aktiv werden will.

Männer und Frauen
stehen Seite an Seit',
denn gemeinsamer Kraft
bedarf es im Kampf.

Aus den Basisgemeinden
des nordostbrasilianischen Bistums Guarabira

Samba der neuen Gemeinde des Herrn

Jung sind wir und wollen Gemeinschaft –
Volk als Samen einer neuen Nation!
Jung sind wir und leben die Liebe,
sind Gemeinde und Volk des Herrn.

Geladen sind alle Schwestern und Brüder,
Arbeiter, Bauern, Knechte, Unterbeschäftigte.
So wollen wir feiern voller Vertrauen
und kämpfen kraft der Hoffnung des Herrn,
daß wir endlich bekommen Land, Frieden und Brot.

Wir rufen die Indios, vergessene Brüder,
all ihre Stämme, die Widerstand immer noch leisten
und kämpfen ums Überleben in ihrem Land.
Gemeinsam erinnernd die Taten des Herrn,
wollen wir feiern den Sieg seiner Kraft.

Auch unsere afrikanischen Brüder im Blut und im Los
seien geladen zur festlichen Runde.
Ihr Tanz lehrt uns der Erlösung Jubelglanz.
Hand in Hand verbrüdert wiegt uns die Samba,
wenn endlich ihr Recht sie bekommen haben.

Auch Maria, Rosa und Anna seien nicht vergessen:
Frauen, die mit ihren Kämpfen Tag und Nacht
die Liebe immer aufs neue wieder zeugen.
Vereint dann um den Altar geschenkter Freiheit
laßt uns danken für allen überwundenen Schmerz.

Wie die Kinder so soll auch die Jugend nicht fehlen.
Gitarrenspieler, laßt uns, und Sänger in Chören,
erfüllen mit unserm Jubel das ganze Land.
Gebrechliche sollen dann hüpfen vor Freude
und Weinende das Lachen wieder lernen.

Arbeitslose, Fischer und Randexistenzen,
kommt und gebt uns mutig die Hand,
schließt unserm Marsch in die neue Gesellschaft euch an!
Wer immer uns ehrlich und wirklich liebt,
mag kommen, wir haben noch Platz für ihn.

Lied aus den Jugendgruppen
brasilianischer Basisgemeinden

Hunger nach Brot und nach dem wahren Gott

In dieser konkreten Welt leben, in der wir uns nun einmal in El Salvador befinden, heißt: der Sendung Jesu treu bleiben oder sie verraten. Wenn man ein kleiner Priester oder ein armer Katechist ist, wird man beschimpft, bedroht oder nächtens entführt ... oder man bekommt eine Bombe vor die Füße geworfen. Wenn man Ausländer ist, wird man des Landes verwiesen. Viele Ausländer hat man bereits hinausgeworfen. Aber das grundsätzliche Problem ist damit nicht gelöst: Es ist gefährlich, bei uns Christ, echter Katholik zu sein. Niemand wird bestreiten können, daß ein echter Christ bei uns in diesem Lande Schikanen zu erleiden hat, denn die Umgebung, in der wir leben, ist eine radikale, etablierte Unordnung. Unordnung in der Weise, daß die bloße Verkündung des Evangeliums als Subversion gilt. Und so muß es sein. Anders geht's nicht. Denn was uns umgibt, ist Unordnung und nicht Ordnung. Praktisch heißt das: Wenn ein Priester oder wenn ein schlichter Christ seinen Glauben nach den einfachen Grundlinien der Botschaft Jesu treu in die Tat umsetzen will, dann muß er zwischen zwei Polen leben: zwischen dem geoffenbarten Wort Gottes einerseits und dem Volk andererseits – dem Volk, das immer schon Volk war, das die große Mehrheit ist, das am Rande der Straße lagert, das krank ist und wimmert, das versklavt ist, das man kulturell an den Rand gedrängt hat (60% Analphabeten), das tausendfach entfremdet ist und seit fünfhundert Jahren in einem Feudalsystem dahinvegetiert. An manchen Stellen unseres Landes sind die Armen weder Herren des Landes noch ihres eigenen Lebens. Sklaven des Landes sind sie ..., das doch nach der Bibel dem Herrn gehört ... Und da meldet sich ein heuchlerischer Klerus zu Wort, der die Großen und Mächtigen verteidigt, weil sie sich ja katholisch nennen, obwohl sie doch eine Ungerechtigkeit nach der anderen begehen. Kaine sind sie. Sie kreuzigen den Herrn, der bei uns Manuel, Luis oder Chavela heißt, der den Namen eines gedemütigten Landarbeiters trägt. Unser Volk hat Hunger nach Brot, aber auch nach dem wahren Gott.

Rutilio Grande S. J., Pfarrer, am 12. März 1977 in San Salvador ermordet

Fest des heiligen Josef

Josef gehört uns

Moderator: Josef kam aus Nazaret, einem Städtchen im Hinterland.
Alle: Auch wir sind aus dem Landesinnern.

Moderator: Josef war einfacher Zimmermann.
Alle: Arbeiter sind wir.

Moderator: Er liebte Maria, die Mutter Jesu.
Alle: Liebe ist Gottes Geschenk an uns Menschen.

Moderator: Er achtete Maria als Frau.
Alle: Auch wir müssen uns gegenseitig achten.

Moderator: Im Gasthof war kein Platz mehr für sie.
Alle: Arme bleiben immer draußen vor der Tür.

Moderator: Das Kind kam in einem Stall zur Welt.
Alle: Viele von uns hatten es bei ihrer Geburt kaum besser.

Moderator: Hirten kamen, Jesus zu besuchen.
Alle: Auch uns besuchen nur kleine Leute.

Moderator: Josef mußte mit Frau und Kind fliehen.
Alle: Als ob er ein Verbrecher gewesen wäre.

Moderator: Sein Gefährt war der Rücken eines Esels.
Alle: Viele von uns sind aus dem Hinterland zu Fuß in die Stadt gekommen.

Moderator: Für das Opfer im Tempel hatte er nur ein paar Tauben.
Alle: Auch unser Opfer ist fast nichts.

Moderator: Voller Angst suchte er seinen Sohn.
Alle: Oft genug sorgen auch wir uns um unsere Kinder.

Moderator: Als den Vater Jesu erkannte er Gott an.
Alle: Auch für uns sind die Kinder ein Geschenk Gottes.

Moderator: Daß er zum Schutzpatron der Arbeiter wurde, hat lange gedauert.
Alle: Jetzt aber gehört er uns.

Moderator: Jesus schenkte er Vertrauen und Freiheit.
Alle: Täglich erfahren wir, wie schwierig das ist.

Moderator: Immer stand er den Armen bei.
Alle: Wir möchten es ihm gleichtun, aber oft genug haben wir Angst.

Moderator: Im Evangelium steht fast nichts von ihm.
Alle: Auch von uns spricht niemand.

Moderator: So ein Vater, so ein Sohn.
Alle: Wir träumen davon, auch so zu werden.

Moderator: Heiliger Josef, großer Arbeiter!
Alle: Sei du wirklich unser Schutzpatron. Amen.

Aus der brasilianischen Arbeiterpastoral

Das Leben verlieren

Jesus sagt: „Wer das Leben gewinnen will, wird es verlieren; wer aber das Leben um meinetwillen verliert, wird es gewinnen" (Mt 10,39).
Wir haben Angst davor, das Leben zu verlieren, es vorbehaltlos einzusetzen; ein schrecklicher Selbsterhaltungsinstinkt treibt uns in den Egoismus und quält uns, wenn wir es einmal aufs Spiel setzen wollen.
Für alles haben wir Versicherungen, die uns vor Risiken schützen sollen.
Aber du, Herr, hast uns das Leben gegeben, damit wir es verlieren; mit diesem sterilen Egoismus können wir es nicht gewinnen.
Das Leben verlieren heißt für die anderen arbeiten, auch wenn sie nicht dafür bezahlen, jemandem einen Gefallen tun, auch wenn er ihn nicht vergelten kann; das Leben verlieren heißt nötigenfalls selbst das Scheitern auf sich nehmen oder die Brücken hinter sich abbrechen, um dem anderen entgegenzukommen.
Wir sind Fackeln, die nur dann Sinn haben, wenn sie brennen; nur so geben wir Licht.
Bewahre uns, Herr, vor aller feigen Klugheit, die uns jedem Opfer aus dem Wege gehen und nur auf Sicherheit setzen läßt.
Das Leben verlieren kann man nicht mit hochtrabenden Reden oder falschem Theaterspielen. Das Leben geben ist etwas Schlichtes, ohne großes Drum und Dran, wie das Wasser vom Dach fließt, die Mutter ihrem Baby die Brust gibt und der Landarbeiter sich den Schweiß von der Stirn wischt.
Lehre uns, Herr, das Unmögliche zu wagen; denn hinter dem Unmöglichen verbirgt sich deine Gnade und deine Anwesenheit. Du läßt uns nicht ins Leere fallen.
Die Zukunft ist voller Rätsel. Unser Weg verliert sich im Dunkel. Trotzdem wollen wir uns auch noch weiter geben, denn du erwartest uns in der Nacht, mit tausend menschlichen Augen voller Tränen.

Luis Espinal, Priester, Journalist, engagierter Verteidiger des armen Volkes, am 20. März 1980 in La Paz ermordet

Ich will aus meinem Leben eine prophetische Antwort machen ...

Ein Priesteramtskandidat an seinen Bischof

Lieber Vater und Bischof!
Im Angesicht meines Herrn Jesus, der im Brot der Einheit unser Sakrament ist und der in den Brüdern und Schwestern ein armer und unterdrückter Mensch wurde, nehme ich die Einladung an, Ihr Mitarbeiter beim Werk des Heils zu werden. Wie eh und je ist das Heil in der Geschichte der Menschen auch heute Befreiung, Hinübergang-Ostern und Auszug aus aller Glaubenslosigkeit, Unterdrückung und Ungerechtigkeit; Befreiung von aller Lüge, Unglaubwürdigkeit und falscher menschlicher Macht. Dabei vollzieht sich diese Befreiung - so denke ich - durch den Glauben an sein Wort, durch das Leben nach seinem Evangelium. „Er ist eine Kraft Gottes, die jeden rettet, der glaubt" (Röm 1,16).
Ich will aus meinem Leben eine prophetische und priesterliche Antwort machen auf den Anruf Gottes, meines Vaters, und des Menschen, meines Bruders bzw. meiner Schwester.
Ich will sein Wort kennenlernen und beherzigen, um sein treuer Diener sein zu können. Ich will es mit meinen Brüdern und Schwestern teilen und so - um Jesus geschart - brüderliche Gemeinschaft untereinander und mit Gott, unserem Vater, stiften, durch die Verkündigung seines Evangeliums und die Feier seiner österlichen Geheimnisse.
Aus freiem Entschluß bewundere und akzeptiere ich es, das evangelische Leben zu leben, das Jesus geführt hat. Ich fühle mich meinen Brüdern und Schwestern in der Unterdrückung verpflichtet und will mein Leben für ihre und meine Befreiung einsetzen.
Ich verzichte für immer auf jedes menschliche Privileg und auf alles Privateigentum, um mich frei und ganz dem Aufbau der menschlichen Gemeinde hinzugeben. Aufgrund dieses Engagements fühle ich mich existentiell außerstande, mich ausschließlich an einen Menschen zu binden; deshalb verzichte ich auf Frau und Familie, um dem geschichtlichen Auftrag nachzukommen, den Jesus mir gegeben hat. Meine Berufung und Auf-

gabe entdecke ich im Schweigen des Gebetes und in der Tiefe meines Seins sowie in den geschichtlich-konkreten Bedürfnissen der Gesellschaft, in der ich lebe ...

Mit diesen Worten, Herr Bischof Adalberto Almeida, sichtbarer Hirte der Kirche von Chihuahua, bringe ich meine Bereitschaft zum Ausdruck, zum priesterlichen Dienst in der christlichen Gemeinde geweiht zu werden ...

Chihuahua, 9. Juni 1974

Rodolfo Aguilar Alvarez,
Priester der Diözese Chihuahua, Mexiko,
am 21. März 1977 ermordet

Wenn man mich tötet, werde ich im Volk von El Salvador wiederauferstehen

Man hat mir vielfach mit dem Tode gedroht. Als Christ muß ich Ihnen sagen, daß ich an einen Tod ohne Auferstehung nicht glaube. Wenn man mich tötet, werde ich im Volk von El Salvador wiederauferstehen. Das sage ich ohne die geringste Wichtigtuerei, sondern mit der größten Demut. Als Hirt bin ich durch ein göttliches Gebot verpflichtet, mein Leben für die zu geben, die ich liebe, und das sind alle Einwohner von El Salvador. Auch für die, die mich möglicherweise töten werden. Falls die Drohungen Wirklichkeit werden sollten, biete ich Gott heute schon mein Blut an - zur Erlösung von El Salvador. Das Martyrium ist eine Gnade Gottes, von der ich annehme, daß ich sie nicht verdiene. Aber wenn Gott das Opfer meines Lebens annimmt, dann soll mein Blut Samenkorn der Freiheit und Zeichen dafür sein, daß die Hoffnung bald Wirklichkeit wird. Mein Tod - sofern Gott ihn will - gereiche meinem Volk zur Befreiung und sei ein Zeugnis der Hoffnung auf die Zukunft. Sie können sagen: Wenn man mich umbringt, verzeihe ich denen, die das tun, und segne sie. Aber sie sollten wissen, daß sie ihre Zeit vertun: Ein Bischof, ja, der mag sterben, aber die Kirche Gottes, die das Volk ist, die wird nie untergehen.

Oscar Arnulfo Romero, Erzbischof von San Salvador,
am 24. März 1980 während eines Gottesdienstes ermordet

Fest Mariä Verkündigung

Magnifikat

Meine Seele preist die Größe des Herrn.
Mein ganzes Sein sehnt sich nach seiner Liebe.
In Geburtswehen schreit das All nach ihm,
und mein Herz tanzt freudig vor ihm –
wie die bunten Flammen eines Osterfeuers.
Sein Zelt hat er aufgeschlagen mitten in meinem Leben.
Fortan werden alle mir sagen:
„Dir kann nichts mehr Schaden antun,
deine Hände sind stark wie ein Krieger,
und dein Gesicht lädt die Sonne zur Vermählung ein."
Der gewaltige Gott hat an mir und durch mich
Dinge getan, die die Bedeutung der Worte übersteigen.
Nur die Liebe vermag sie zu sagen, so unbegreiflich sie auch sind.
Der Name des Herrn ist heilig,
er lautet Maria, Severino und José.
Die Natur erstrahlt von seiner Schönheit.
Seine Güte erweist sich in der Geschichte
und spiegelt sich in jedem Akt der Gerechtigkeit.
Aus streckt er seine starke Hand und
macht zunichte die Pläne der Stolzen,
wie jemand, der über den drohenden Tod lacht.
Diktatoren entthront er mit ihrer Macht
und erhöht die Klassen des armen Volkes.
Die Geschichte befreit er von ihren Zuhältern.
Die Güter der Erde gibt er denen, die sie erzeugen,
und verjagt die Reichen, wie diese die Armen vertrieben haben.
Alle mißt er mit gleichem Maß
und erfüllt den Vertrag, den er in Jesus Christus geschlossen.
Mit seinem Volk und seiner Kirche ist er auf dem Weg,

solidarisch mit jedem Wanderarbeiter unterwegs zum ewigen Reich.
Der Herr erweist seine Treue
- von Abraham bis auf den heutigen Tag -
allen, die gegen alle Hoffnung noch immer hoffen.

Frei Betto

Die leidenden Gottesknechte ...

Laßt mich euch ein Lied vortragen
vom erwählten Gottesknecht.
Schmerz und Leid ihn grausam plagen.
In der Bibel steht es, es ist echt.

Wer zunächst es festgehalten,
war Jesaja, Gottes Stimm' und Streiter.
Doch stets neue Knechtsgestalten
dichten es in ihrer Armut weiter.

Des Propheten Lied und Weise
bringt uns Trost und Mut und Licht;
denn der Knecht - so sagt er leise -
meint den Herren Jesus Christ.

Wer je Dürre hat erlitten
und sein Feld in Flammen sah,
kennt den Knecht inmitten
seines Lebens, wie er ist und war.

Nichts an Helle oder Freude sah man
in den todesmüden Augen.
Nur von Schmerzen, Not und Folter
sprachen sie - von Menschen, die „nichts taugen".

Ekeln hätte man sich vor ihm können,
diesem Müll, der zu nichts taugt.
Mann der Schmerzen war sein Name,
abgewrackt und ausgelaugt.

Doch wir wissen in des Glaubens Mut,
daß der kranke Mann der Schmerzen
unsre Schwächen auf sich lud,
denn das Heil der Sünder lag ihm sehr am Herzen.

Beschimpft und verachtet,
gescholten und verhöhnt:
„Da hast du die Strafe.
Von Gott wirst du nicht mehr verwöhnt!"

Der Schmerz war schrecklich, unsagbar groß,
wie von einem Messer geschnitten.
Für unsrer traurigen Sünden Los
wurd' er durchbohrt und hat bitter gelitten.

Liebe Schwestern, liebe Brüder!
Hört! Durch den Schmerz dieses einen
sind unsre Sünden getilgt, er hält sie nieder!
Wir brauchen nicht mehr zu weinen.

Zuvor waren wir
eine versprengte Herde.
Jeder irrte bald dort, bald hier
umher auf dieser Erde.

Den Undank so vieler Leute,
Schwächen, Sünden, fehlende Geduld
nahm er sich gleichsam zu Beute.
Nichts davon war seine eigne Schuld.

So gleicht er dem verängstigten Rind,
das man zum Schlachthof führt,
einem jungen Kälberkind,
dem statt des frühen Todes die fette Weid' gebührt.

Mit Verleumdung und Hohn
überhäuften ihn die falschen Richter.
Todesstrafe war sein Lohn.
Haß verzerrte ihre schadenfrohen Gesichter.

Niemand wagte, Einspruch einzulegen,
den Beklagten zu entlasten.
So gab der Knecht sein Leben unsretwegen.
Hingerichtet wurde er von Meuchlerkasten.

Begraben wurde er wie ein Verbrecher,
verscharrt, ohne Kranz und Blumen,
ohne Lieder und Segensbecher,
er, der Knecht, der nur Gutes tat.

Jedoch: Gottes demütiger Knecht
hat die Leidensprobe bestanden.
Sein Leben war immer gerecht.
Nur Liebe zum Volk wir an ihm fanden.

Des Propheten verbindliche Botschaft,
die Jesus zu ihrer Fülle brachte,
ist in dieser nordöstlichen Landschaft
Realität, und nicht nur gedachte.

Gottesknecht hat noch einen anderen Namen:
Lamm Gottes, wie wir ihn nennen.
Leben – im Tod ein neuer Same!
Befreiung sollte das Volk nun kennen!

Jetzt, liebe Schwestern und Brüder,
ist alles anders geworden:
Was oben war, geht nieder,
und was wenig zählte, erhält die Orden.

Bote dieser neuen Lehre
ist Jesus, der Sohn des ewigen Gottes.
Seine Gefolgschaft sich stetig vermehre:
Kleine, Arme und Opfer des üblichen Trottes.

Gebeugte, Verfolgte und Unterdrückte
im Evangelium die ersten nun sind.
Die, die niemand sonst schmückte,
im Reich des Vaters Volk Gottes jetzt sind.

Geladen sind alle zu herrlichem Mahle,
die Lahmen und Blinden,
in himmlischem Saale,
Leprose und Bettler aus allen Winden.

Wenn dann alle Schwachen zusammengekommen,
ein Ruf über die Erde hin schallt:
„Ein Pfand wird uns nie mehr genommen!"
„Das Blut des Lammes!" wie aus einem Mund es hallt.

Alles Leid ist überwunden.
Aus der Asche eine neue Erde erstand.
Das Heer der Gebeugten hat seinen Gott gefunden.
Das Volk der Armen zur AUFERSTEHUNG nun fand.

Volkstümliche Nachdichtung von Jes 53
aus Nordostbrasilien
Agostinha Vieira de Melo

Das schlichte Kreuz

Ohne Barock,
ohne Beiwerk und Schmuck,
glatt sollen sie sein:
die Hölzer –
absolut einfach
und entschieden gerade.
Die Arme – umarmt – bedeuten die Erde,
und der Schaft zielt in den Himmel.

Nichts an Zierat
soll diese Geste,
soll das menschliche Gleichgewicht
der beiden Gebote zerstören.
Schlichter, schlichter, Zimmermann,
ganz schlicht soll das Kreuz doch werden.

León Felipe

Im Kampf und in der Gemeinde, in der Kirche und in den Bergen ...

Bruder!
Wenn ich jetzt unwiderruflich in den Kampf ziehe, dann scheide ich weder von dir noch von unserer Gemeinde. Wenn ich jetzt gehe, dann sehen wir uns vielleicht nicht wieder. Aber ich bin im Kampf dabei und in der Gemeinde, in der Kirche und in den Bergen, auf der Straße und bei jedem Wort, das uns unsere Hirten sagen. Mein größter Wunsch war, daß wir zusammen eine Messe gefeiert und zusammen kommuniziert hätten und daß du mir meine zahlreichen Sünden verziehen hättest. Ich gestehe, daß ich nicht der Beste gewesen bin, daß ich zuwenig gegeben habe und daß noch viel fehlt, bis unser Volk in Freiheit leben und in der Liebe Gottes zusammenleben kann. Obwohl es mir sicherlich nicht leichtfallen wird, halte ich es als Christ für meine Pflicht, überall dort, wo Menschen leiden, Zeugnis vom Herrn zu geben und von dem, was wir immer wieder gepredigt haben: Liebe und Gemeinschaft.
Dies ist kein Abschiedsgruß, sondern ein „Bis bald", ein „Bis auf immer"! Grüße an die Gemeinde. Brüderliche Grüße auch, wenn ihr euch beim Gottesdienst den Friedensgruß gebt. Ich bin bei euch, denn die Kirche lebt dort und der Herr ist dort, wo zwei oder drei zusammen sind.

Dein Bruder in Christus
P. D.

Das wenige, was mir in diesem Augenblick der Angst klar ist, ist, daß dies mein Getsemani-Garten ist.

Brief eines nikaraguanischen Christen
an seinen Pfarrer und Freund,
31. März 1978

Eucharistie: Es genauso tun, wie Jesus tat

... Weder zu Weihnachten noch zu Neujahr ließ man uns an einer Messe teilnehmen. Unglaublich, daß in einem angeblich christlichen Land Häftlinge nicht dem Opfer des Herrn beiwohnen dürfen. Aber niemand kann uns verbieten, zu beten und Gott für alles zu danken, was wir wie sein Sohn mitzumachen haben ...

Ich habe viel über das Geheimnis der Eucharistie meditiert. Jesus hat sie während seines letzten Mahles mit seinen Aposteln eingesetzt. Dabei sprach er von den Leiden, die er, um uns zu erlösen, auf sich nehmen würde. Er wollte, daß sein Opfer alle Zeiten hindurch vergegenwärtigt und aktualisiert wird. Was Jesus in seine Hände nahm, war das Einfachste, was die Leute auf dem Tisch hatten: Brot und Wein. Und gerade das verwandelte er in seinen Leib und in sein Blut. „Wer von diesem Blut trinkt und von diesem Fleisch ist, wird das ewige Leben erlangen ... Tut dies zu meinem Gedächtnis!" Jedesmal wenn der Priester Jesu Geste wiederholt, ist es Jesus selbst, der das tut, und sein Opfer wird fortwährend aktuell.

„Das ist mein Leib, der für euch hingegeben wird. Das ist mein Blut, das für euch vergossen wird. Tut dies zu meinem Gedächtnis." Was bedeuten die Worte Jesu, die in jeder Messe wiederholt werden? Etwa nur, daß die Wandlung zur Erinnerung an Jesus und an sein Opfer geschieht? Nein. In der Tat aktualisiert die Messe Jesu Opfer für uns. Zugleich ist sie aber auch ein Appell an uns, daß wir die Erlösungstat Christi gegenwärtig setzen. Daß wir ihn nachahmen. Wenn der Priester in der Messe das gleiche tut, was Christus tat, und noch hinzufügt: „Tut dies zu meinem Gedächtnis", verstehe ich, was Jesus uns sagen will: „Ich habe euch radikal geliebt. So sehr habe ich euch geliebt, daß ich den Tod für euch akzeptiere. Ich habe alles, was ich hatte, für eure Befreiung gegeben. Nur das Leben war mir geblieben. Ich habe es nicht geschont. Vielmehr habe ich auch es hingegeben, um euch zu lehren, daß die Grenze der Liebe in grenzenloser Liebe besteht. Ich habe euch meinen Leib und mein Blut gegeben. Diese meine

Tat habe ich zum Sakrament gemacht, damit ihr allerorten und allezeit in der Geschichte mein Leben in euch empfangen könnt. Damit ihr in eurem Leben mein Leben wiederholen könnt. Als ich sagte: ‚Tut dies zu meinem Gedächtnis', wollte ich nicht damit sagen, daß ihr nur daran denken sollt, wie ich getan habe, sondern daß auch ihr euren Leib und euer Blut für die Erlösung der Menschen hingeben müßt. So wie ihr in der Messe meinen Leib und mein Blut empfangt, so müßt ihr in eurem Leben auch beides hingeben. Tut das, damit meine Tat durch euer Tun immer aktuell und gegenwärtig ist. Wenn ihr mich also in der Eucharistie empfangt, dann müssen euch auch die anderen in ihrem Leben empfangen. So sind wir dann in vollkommener Gemeinschaft."

Brief des brasilianischen Dominikaners Frei Betto
aus dem Gefängnis an seine Familie,
5. Januar 1970

Jesus am Kreuz

Selbst gegossen in toten Gips,
bist du lebendig, sprichst
und erfüllst unser Leben,
gekreuzigter Bruder!

Hängend zwischen Himmel und Erde herrschst du.
Doch steigst du herab in verzeihender Umarmung
zu jeglicher Strafe;
geworfen unter Klage
- gegen jede Hoffnung;
im Sieg erhöht aus deinem Tod.

Die Seite, Gitarre aus Schrei und Gesang.
Hände und Füße, zernagelt - unterwegs.
Das Haupt, geneigt zu brüderlicher Gabe.

Unwiderrufliche Liebe,
Tod besiegt den Tod für immer,
Gekreuzigter Jesus!

Pedro Casaldáliga

Der Tote ist der Lebendige

Die Auferstehung Jesu ist der Triumph derer, die entgegen jeder Hoffnung hoffen, derer, die glauben, ohne zu sehen, und derer, die das Unsichtbare lieben. Darum ist die Auferstehung die Konkretisierung des Gottesreiches unter den Menschen. Sie ist viel mehr als die Rückkehr eines Toten ins Leben; sie bedeutet die Erfüllung und Vollendung des menschlichen Lebens in Gott.

Der Auferstandene war kein Sieger, der auf seine großen Triumphe zurückblickt, sondern ein Geschlagener; kein Mächtiger, der nun seine Macht gesichert sieht, sondern ein Besiegter, der um Gottes willen und aus Liebe zu den Menschen, besonders zu den Ärmsten, gekreuzigt wurde. Aber Gott hat sich auf die Seite des Opfers gestellt.

Der Tote ist der Lebendige, der Geschlagene ist der Triumphierende. Gott hat durch die Auferstehung gezeigt, daß er das Alte neu machen, die Niederlage in den Sieg und den Tod ins Leben verwandeln kann. Daher verkünden wir die Einheit des österlichen Geheimnisses von Tod und Auferstehung Jesu als göttliches und menschliches Drama, in dem das Leiden, die Krise und der Tod eine Rolle spielen, die uns die Überraschung des neuen und siegreichen Lebens übermitteln.

Die Auferstehung erhellt den Sinn unseres Leidens. Sie ist die Antwort auf das Warum unserer Opfer und unseres Verzichts. Sie deutet die Dunkelheit des Todes. Im Genuß von so viel Leben und in der Freude über so viel Licht können wir sagen: Das Opfer lohnt sich, der Tod ist nicht mehr fürchterlich. Gepriesen seien sie!

Leonardo Boff

Das Ostergeheimnis: Tod und Leben

In Erfüllung des Auftrags, den er von seinem Vater erhalten hatte, überantwortete sich Jesus freiwillig dem Tod am Kreuz, der ja das Ziel seines Lebensweges war. Als Überbringer der Freiheit und der Freude des Reiches Gottes wollte er zum entscheidenden Opfer für Ungerechtigkeit und für das Böse in dieser Welt werden. Am Kreuz nimmt er den Schmerz der Schöpfung auf sich und bietet sein Leben als Opfer für alle an. Damit ist er der Hohepriester, der imstande ist, unsere Schwächen mit uns zu teilen. Er ist das österliche Opfer, das uns von unseren Sünden erlöst. Er ist der gehorsame Sohn, der angesichts der erlösenden Gerechtigkeit seines Vaters den Schrei nach Befreiung und Erlösung aller Menschen Fleisch werden läßt.

Deshalb weckt der Vater seinen Sohn von den Toten auf. Er erhöht ihn in Herrlichkeit zu seiner Rechten, gießt über ihn die belebende Kraft seines Geistes aus, setzt ihn als Haupt seines Leibes, das heißt der Kirche, ein und macht ihn zum Herrn von Welt und Geschichte. Seine Auferstehung ist Zeichen und Gewähr für die Auferstehung, zu der wir alle berufen sind, wie auch für die endgültige Veränderung der ganzen Welt. Durch ihn und in ihm wollte der Vater neu schaffen, was er zuvor bereits geschaffen hatte.

Jesus Christus hat sich nach seiner Erhöhung nicht von uns getrennt. Er lebt in seiner Kirche, insbesondere in der heiligen Eucharistie wie auch in der Verkündigung des Wortes. Er ist mitten unter denen, die in seinem Namen zusammenkommen (vgl. Mt 18,20), aber auch in der Person der von ihm ausgesandten Hirten (vgl. Mt 10,40; 28,19ff). Mit besonderer Zuneigung wollte er sich gerade mit den Schwächsten und Ärmsten identifizieren (vgl. Mt 25,40).

So wurde das Reich Gottes in den Mittelpunkt der menschlichen Geschichte eingepflanzt, und es leuchtet bereits im Angesicht des auferweckten Jesus Christus auf. Gottes Gerechtigkeit triumphiert über die Ungerechtigkeit der Menschen. Mit Adam fing die alte Geschichte an, mit Jesus Christus - dem neuen Adam - beginnt die neue Geschichte. Diese steckt voll eines unbändigen Impulses, der alle Menschen - die ja jetzt kraft des Geistes Kinder Gottes sind - ermächtigt, immer besser über die Welt zu verfügen, unter Brüdern und Schwestern immer gelungener Gemeinschaft zu pflegen wie auch in Fülle an Gemeinschaft und Teilhabe zu leben, die das Leben Gottes selbst ausmachen. So verkünden wir den Menschen in Lateinamerika die Frohe Botschaft von der Person Jesu Christi. Auch die Lateinamerikaner sind ja dazu berufen, durch die Verwandlung in Taufe und evangeliumsgemäßem Leben (vgl. *Evangelii nuntiandi,* 18) neue Menschen zu werden. So wollen wir ihre Anstrengungen unterstützen und ihrer Hoffnung Nahrung geben.

Puebla, 194–197

Ostern ist eine internationale Angelegenheit ...

Gutes Volk,
unsere Brüder und Schwestern in Europa!

Hier wie dort feiern wir in diesen Tagen Ostern.

Wie begeht denn Ihr das Fest der Auferstehung
unseres leidenden Herrn, seines Hinübergehens vom Tod
in das neue Leben?

Hier ist es so, daß die wenigen Reichen am Leiden
der Armen vorbeigehen.
Von Jesus heißt es, er habe nicht an seinem
Gottsein wie an einem Beutestück festgehalten.
Bei uns aber erbeuten die wenigen Reichen von der
armen Mehrheit alles:
Brot, Grund und Boden,
Arbeit, Lohn,
Gesundheit, Wohnung, Sicherheit.

Wie ist da Hinübergehen in ein neues Leben, wie
Ostern, wie Auferstehung möglich?

Sind wir nicht alle Brüder und Schwestern,
Ihr dort und wir hier?
Ostern ist eine internationale Angelegenheit.
Unsere Situation hat internationale Hintergründe
und wird von denen verursacht,
die in der Welt Entscheidungen treffen,
Pläne ausführen
und dabei uns kleine Brüder und Schwestern
des leidenden und getöteten Jesus vergessen.

Ostern ist das Fest des hoffnungsvollen Aufbrechens,
des freudigen Neubeginns, des begeisterten
neuen Lebens.
Aber wer von uns spürt etwas von Aufbruch, Freude,
Neuanfang, neuem Leben?
Ja, Hoffnung - die haben wir!
Ostern - Fest der Erwartung;
denn wer immer unterwegs ist, kommt auch ans Ziel.

Also: Brüder und Schwestern!
Trotz alledem laßt uns unseres Weges gehen,
Ihr dort und wir hier,
im Licht Christi,
des zu neuem Leben erweckten Herrn,
um gemeinsam Gleichheit und Freiheit für alle zu suchen.

Wir Paraguayer brauchen euch dort,
und zwar nicht nur euer Geld,
sondern vor allem eure sichere und laute Stimme
gegen die Ideologie,
die uns alle, uns die Armen und euch die Reichen,
gleichermaßen versklavt und tötet.

Wir leben alle in der gleichen Gefahr des Todes.
Unser auferstandener Herr hat uns aber auch alle
zu seinen gleichwertigen Brüdern und Schwestern gemacht.
Das vergeßt bitte nicht!

Arnoldo und Freunde und Familie

Brief einer paraguayischen Basisgemeinde
an europäische Christen

Der Herr, unser Gott, hat uns aus dem Sklavenhaus Ägypten befreit ...

Grundlinien einer Exodus-Spiritualität

Unsere lateinamerikanischen Länder befinden sich in einer Situation vielfältiger Gefangenschaft. Da sind gesellschaftspolitischer Totalitarismus, interner Kolonialismus, externer Neokolonialismus, kulturelles, soziales, politisches, rassisches und religiöses Randdasein. Vor diesem existentiellen Hintergrund haben wir Christen inzwischen in Theorie und Praxis die besondere Bedeutung des Exodus-Themas erkannt.

Die Heilsgeschichte ist nämlich nichts anderes als die Geschichte der Befreiung des Menschen durch Gott. Gott begann sein Befreiungswerk mit seinem Volk im Alten Testament. Aber Befreiung ist nicht nur die Heimführung Israels aus der Gefangenschaft, sondern auch und vor allem das Erlösungswerk Christi im Ostergeheimnis. Aus ihm geht das universale Gottesvolk hervor, dessen Mitglieder sich der Freiheit von Söhnen und Töchtern erfreuen.

Der dreifache Exodus in der Heilsgeschichte – Auszug aus Ägypten, Heimkehr aus der babylonischen Gefangenschaft und Ostergeheimnis Jesu Christi – ist eine Glaubensherausforderung, die den Christen zum Befreiungsengagement veranlaßt, damit hier und heute der Heilsplan und die befreiende Gegenwart Gottes Wirklichkeit werden können. Eine Beschreibung dieser drei Exodusbewegungen müßte zu erkennen geben, daß Gott zum einen in all diesen Geschehnissen anwesend und am Werk war und daß er zum anderen mit der Mitarbeit des Menschen rechnete.

Das biblische Thema des Exodus hat es uns ermöglicht, Gott in den Befreiungskämpfen, die ja heute allerorten in Gang sind, wahrzunehmen. Auch der Spiritualität des lateinamerikanischen Christentums hat es einen besonderen Akzent gegeben.

Vom Exodus ist in beinahe allen Büchern der Schrift die Rede. Die Tatsache, daß Jahwe das Volk aus Ägypten geholt, es befreit und in das verheißene Land geführt hat, ist das Grunddatum des Glaubens Israels. Deshalb kann es nicht verwundern, daß die Geschehnisse des Exodus unablässig in den biblischen Büchern genannt werden. Ganze Psalmen sind in der Form von Lobgebeten dem wunderbaren Werk der Befreiung Israels durch Gott gewidmet. Die alten religiösen Feste, die ursprünglich natürlichen Vorgängen im ländlich-landwirtschaftlichen Bereich galten, nehmen eine neue Bedeutung an und werden zu Feiern, die an die Ereignisse des Exodus erinnern sollen.

Auch im Neuen Testament spielt das Exodus-Thema eine große Rolle. Bei den Synoptikern bildet dieses Ereignis der Heilsgeschichte geradezu eine Hintergrundfolie, vor der Christus die Konturen des neuen Mose annimmt, der aus Ägypten kommt, durch die Wüste zieht und als der wahre Sohn Gottes - mit seiner Gemeinde als dem wahren Israel - zu erkennen ist. Auch bei Johannes klingen die verschiedenen Aspekte des Exodus unentwegt an: das Zelt, die Schlange, das Manna, das Wasser, das Licht. Paulus vergleicht das Leben des Christen insgesamt mit dem Exodus (vgl. 1 Kor 10,1-11). Er deutet die Geschehnisse des Auszugs aus Ägypten, indem er sie auf die Kirche anwendet - auf das neue Volk Gottes, das ebenfalls unterwegs ist. Der Verfasser des Hebräerbriefes sieht in dem Volk, das da aus dem Land seines Sklavendaseins aufbricht, das Bild der neuen Menschheit, die auf dem Weg in das eigentliche Land der Verheißung und der Ruhe ist (Hebr 4,1-9; 10,25-34). In der Offenbarung des Johannes wird die ganze Menschheitsgeschichte als Befreiung geschildert.

Drei Elemente beinhaltet jede der Exodus-Erzählungen: den *Aufbruch,* den *Einzug* und den *Weg* dazwischen von einem Punkt zum anderen, von einer Situation zu einer völlig anderen Situation.

Im *Aufbruch* stecken die Vorstellungen von Geburt und Wohnortänderung. Neue Perspektiven tun sich auf, zugleich aber entsteht auch Unsicherheit. Dieser Aufbruch ist etwas Konkretes: Gott holt die Menschen aus der Sklaverei heraus und führt sie in die Freiheit.

Der *Einzug* ist die Vollendung des Aufbruchs, der sonst ja nur ein Umherirren wäre. Die Menschen gelangen in das Land, das ihnen verheißen wurde und das ihr ungeschuldetes Erbe ist.

Der *Weg* ist als Zwischenphase eine Probezeit, auf die Gott nicht verzichtet. Er ist dadurch gekennzeichnet, daß das Volk immer wieder untreu wird, während Gott der Treue ist und den endgültigen Triumph erringt.

Im ersten Exodus bricht das Volk aus Ägypten auf, um in das verheißene Land zu finden; der Weg führt durch die Wüste. Israel verläßt die Sklaverei, um sich - nach einer Zeit der Prüfung - in den Dienst Gottes zu stellen.

Im zweiten Exodus ist Babylonien der Ausgangspunkt. Und der Weg, der auch in diesem Fall die zu einer festen Straße gewordene Wüste ist (vgl. Jes 43,14–20), führt in die Heimat zurück.

Im dritten Exodus verläßt Christus diese Welt, geht – als Prüfung – den Weg des Leidens und des Todes zurück zum Vater. Mit dem Exodus Jesu beginnt der letzte Aufbruch, das heißt die Befreiung des ganzen Volkes Gottes. Diese Befreiung ist keine Episode der Vergangenheit, sondern geschieht in der Gegenwart und wird in der Zukunft, in der Parusie vollendet.

Der geistige Reichtum des Exodus-Themas ist groß, und für das christliche Leben ergeben sich viele wichtige Impulse aus ihm. Da ist beispielsweise der Weg durch die Wüste im ersten Exodus. Jedermann wird sogleich einleuchten, daß wir es hier mit einer zentralen Realität im lateinamerikanischen Frömmigkeitsleben zu tun haben.

Schon in den Büchern der Bibel, die ja – als Selbstbekundungen Gottes und Mitteilungen seines Heilsplanes – inspirierte Reflexionen über die Abläufe der Heilsgeschichte sind, finden sich mancherlei Interpretationen vom Zug durch die Wüste.

In geschichtlichen Erzählungen, Ermahnungen, Betrachtungen und Gebeten bemühen sich die inspirierten Verfasser, die Bedeutung dieser entscheidenden Phase in der Geschichte Israels nachzuvollziehen. Ihre Erkenntnisse könnte man so zusammenfassen:

Die Zeit in der Wüste ist eine Zeit der *Prüfung*. Der Mensch muß sagen, was er denkt, sich zeigen, wie er ist, sich entscheiden für das, was ihm lieb ist, das heißt: er muß die göttlichen Gebote entweder befolgen oder aber nicht beachten. „Du sollst an den ganzen Weg denken, den der Herr, dein Gott, dich während dieser vierzig Jahre in der Wüste geführt hat, um dich gefügig zu machen und dich zu prüfen. Er wollte erkennen, wie du dich entscheiden würdest: ob du auf seine Gebote achtest oder nicht" (Dtn 8,2);

eine Zeit der *Bildung,* in der Gott sozusagen als Pädagoge am Werk ist, indem er sein Volk begleitet und es unterweist, wie Eltern ihre Kinder unterrichten (Ps 78,52–53; Dtn 8,4–5);

eine Zeit, die dem *Wohl des Volkes* gilt: „um dich gefügig zu machen, dich zu prüfen und dir zuletzt Gutes zu tun" (Dtn 8,16);

eine Zeit voll *äußerer und innerer Schwierigkeiten,* die im Widerspruch zum wahren Heil des Volkes stehen. Da sind Menschen und Dinge, die sich der Befreiungstat Gottes in den Weg stellen: der Pharao, der aus Gründen militärischer Sicherheit und ökonomischer Ausbeutung das Volk nicht ziehen lassen will (Ex 1,10–11; 14,5), die Weisen und Wahrsager der Ägypter, die ähnliche Zeichen vollbringen wie Mose (Ex 7,7–13), das Meer, das wie ein unüberwindliches Hindernis erscheint, und schließlich die Wüste mit all den ungastlichen Entbehrungen. Doch sind die äußeren Unbilden weder die einzigen noch die schrecklichsten. Schlimmer noch sind die inneren Schwierigkeiten. Die Befreiten murren ununterbrochen (Ex 16,2–3; 17,2–3). Ja, sie halten das Land ihrer Sklaverei für das Gelobte Land (Num 14,3) und sprechen vom Weg durch die Wüste als von einem Weg ins Unheil. Aus Gottes Lebensplan machen sie einen Todesplan (Num 14,2–4); die Wüste bietet täglich neue *Unsicherheiten*. Es gibt keinen sicheren Weg. Aber Gott führt sein Volk, geht ihm voran und ist sein Weggefährte (Ex 15,13; Ps 78,52).

Diese Lehren aus der Zeit der Wüstenwanderung zusammengenommen ergeben, was wir Spiritualität des Exodus nennen.

Die Spiritualität des Exodus besteht aus *Werten,* die sie als Erfahrung hervorhebt, und aus *Forderungen,* die sich daraus für die jeweilige Gegenwart des Volkes im Gegenüber zu Gott, der es rettet, ergeben.

Der erste Wert des Exodus ist der, daß Gott als ein Gott erfahren wird, der rettet und befreit: „Das Volk antwortete: Das sei uns fern, daß wir den Herrn verlassen und anderen Göttern dienen. Denn der Herr, unser Gott, war es, der uns und unsere Väter aus dem Sklavenhaus Ägypten herausgeführt hat. Er hat uns beschützt auf dem ganzen Weg, den wir gegangen sind ..." (Jos 24,16–17).

Dieser Gott rettet und befreit, weil er sich sein Volk allein nach seinen Kriterien *auswählt* und einen Bund mit ihm schließt. So gibt er sich als Vater, Hirt und König Israels zu erkennen (Dtn 7,7–10; Ex 19,4–6; Hos 11,1–4).

Dadurch, daß das Volk im Verlauf des Exodus zur Erkenntnis Gottes findet, wird es sich dessen bewußt, daß es eine Gemeinschaft ist. Gott führt und befreit keine Individuen, sondern ein Volk. Die Vorstellung von Solidarität, die damit gegeben ist, bildet die Grundlage der Gesetze, in denen es immer um den Nächsten geht (vgl. Ex 22,20).

Die unter die Haut gehende Erfahrung von Sklavesein und Befreiung aus der Sklaverei ermöglichte es dem Volk, zu verstehen, was es heißt, Gott zu dienen. Denn seine Befreiung war ja nichts anderes als der Schritt aus dem Sklavenhaus Ägypten in den frei vollzogenen Dienst an Gott (Ex 6,12–13; 5,3).

Diese Werte, die an einem konkreten Geschehen abzulesen sind, signalisieren eine bleibende Wirklichkeit: Gott ist immer der Gott, der rettet; der Nächste ist immer der Bruder bzw. die Schwester aus dem einen befreiten Volk. Gott dienen heißt immer Befreiung aus Sklavendasein und ist unerläßliche Bedingung dafür, daß Gott seinen Bund mit den Menschen schließt.

Aus all dem ergibt sich eine Fülle von Bedingungen, die die Grundlinien der Exodus-Spiritualität markieren.
Diese ist vor allem eine Spiritualität des konsequent praktizierten *Glaubens*. Es kommt darauf an, sich auf Gott zu verlassen – er ist ja der Fels! –, auch wenn einem alles unter den Füßen zu schwinden scheint. Alles zielt auf eine Antwort erneuerten und beharrlichen Glaubens ab: der Aufbruch aus Ägypten, der Aufenthalt in der Wüste, die Versuchungen und Prüfungen, die Kämpfe, die das Volk zu überstehen hat . . . alles.
Insbesondere handelt es sich auch um eine Spiritualität der *Hoffnung*. Der Weg durch die Wüste bedeutet ja gerade: mit leeren Händen dastehen, noch nichts in Händen haben. Aber das geht vorbei. Alles streckt sich nach dem endgültigen Ziel, nach dem verheißenen Land aus. Die Hoffnung überwindet die Spannung. Hoffnung ist dabei nicht nur geübte und tätige Beharrlichkeit, sondern auch ständige Erwartung, die sich vertrauensvoll auf das Erbarmen und auf die Treue Gottes stützt. Wenn die Menschen untreu werden, ändert Gott seine Pläne nicht.
Wüste – verstanden als Abbruch aller Beziehungen, als Einsamkeit – ermöglicht die Erfahrung, Gott innerlich zu begegnen. So ist die Exodus-Spiritualität weiterhin eine Spiritualität des *inneren Umgangs mit Gott*. Gerade aus diesem Grund beschreiben die Autoren der Bibel, allen voran die Propheten, den Wüstenaufenthalt als ein Ideal. Damals hatten die Beziehungen zwischen Gott und seinem Volk, die unter dem Bild des Ehebundes dargestellt werden, einen nie wieder erreichten Innerlichkeitsgrad.
Die Exodus-Spiritualität ist ferner eine *Gemeinschaftsspiritualität*. Als Teil des Volkes und im Rahmen dieser Gemeinschaft wird jeder einzelne in das verheißene Land gerufen. Mit dem Gesamt des Volkes und nicht mit einzelnen Menschen schließt Gott den Bund.
Schließlich ist die Exodus-Spiritualität eine *Befreiungsspiritualität*. Es geht darum, einer Lebensform abzusagen, um einen ganz anderen Lebensstil zu verwirklichen.
So kann man die Exodus-Spiritualität auch als *Spiritualität der Wüste* umschreiben. Die mehr geographischen Merkmale der Wüste wie Dürre, Einsamkeit, Ungastlichkeit und Entbehrung lassen einen sofort daran denken, daß der Mensch voller Angst, Mißtrauen und Unsicherheit reagiert. Nur der Glaube, die Hoffnung auf Gott und die tiefe Erfahrung sowohl seiner Gegenwart als auch die Solidarität mit den anderen machen aus diesen Mängeln und Gefahren eine Quelle geistigen Reichtums.
Im Engagement für die Befreiung der Unterdrückten machen wir Christen uns die Lehren des Exodus existentiell zu eigen und entwickeln aus ihnen

eine Spiritualität, die auf Gott, auf dem Glauben gründet. Wir stellen uns der Prüfung, der vermeintlichen Ferne, ja der Abwesenheit Gottes, der Dunkelheit ...

Die Spiritualität der Hoffnung, die Spiritualität des Exodus gibt uns mehr christlichen Realitätssinn. Mit naivem Optimismus, aber auch mit zerstörerischem Pessimismus haben wir nichts im Sinn. Bei allen Problemen, auch religiösen Problemen, die in einem dialektischen Prozeß der Erneuerung nun einmal auftauchen, tun wir unsere Pflicht, in der Hoffnung und im Vertrauen auf die Güte und die Treue Gottes.

Die Erfahrung des nahen Gottes, den wir in Einsatz und Kampf als unseren „Freund und Genossen"[1] kennengelernt haben, hat uns eine Form des inneren, persönlichen Umgangs mit ihm gelehrt.

Mit einem Wort: Die Spiritualität des Exodus nimmt im lateinamerikanischen Christentum Fleisch und Blut an und befähigt es, mit den inneren und äußeren Schwierigkeiten im Befreiungsprozeß realistisch umzugehen.

Hautnah erleben wir, was die Juden bei der Feier des Osterfestes sprechen: „Durch alle Jahrhunderte hindurch hat jeder einzelne von uns die Pflicht, zu denken, er sei selbst aus Ägypten herausgeführt worden ... Nicht nur unsere Väter, sondern auch wir sind befreit worden."

Camilo Maccise,
Mexiko

[1] Im Original: compañero.

Niemals werde ich bloß unter der Erde sein . . .

Sie haben ihn getötet, eines Morgens.
Aber seine Stimme hallt noch immer durch die Berge.
Und wir singen und träumen weiter,
leben weiter mit seinem Wort.

Gott ist die Liebe?
Was ich weiß, ist,
daß die Liebe Gott ist,
Genosse und Bruder.

Auch wenn sie uns töten,
kämpfen wir weiter.
Das Volk ist unsterblich.
Es lebt!

Wenn ich morgen sterbe,
sollt ihr mich nicht beweinen.
Niemals werde ich bloß unter der Erde sein,
ich bin der Wind der Freiheit.

Verse des kämpfenden Volkes

Tag des Indianers

Messe der unversehrten Erde

1. Eröffnung

Im Namen des Vaters aller Völker,
Maíra aller Dinge,
erhabener Tupã.

Im Namen des Sohnes,
der uns alle zu seinen Brüdern und Schwestern macht,
in seinem mit jedem menschlichen Blut gemischten Blut,
kraft des Bundes der Befreiung.

Im Namen des Lichtes jeder Kultur,
im Namen der Liebe, die in jeder Liebe steckt.

Im Namen der unversehrten Erde,
die wir verloren durch Gewinn, aber gewannen im Schmerz,
im Namen des besiegten Todes,
im Namen des Lebens,
Herr, singen wir dir.

2. Gedenken und Buße

Alle:
Als Erben eines Reiches der Vernichtung
und Kinder jahrhundertealter Unterdrückung
wollen wir unsere Sünden wiedergutmachen
und feiern unseren neuen Weg: die Auferstehung.
Im Mahl des Todes und des Lebens:
die alte verlorene Erinnerung;
im Tod vergangener Völker,
im Fest des erhofften Volkes: Auferstehung;
die Geschichte Gesamtamerikas

in diesem Befreiungsgedenken;
im Ostern des Auferstandenen
das amerindische Ostern,
das noch ohne Auferstehung ist.

Indianisches Solo:
Ich bin Amerika,
ich bin das Volk des Landes,
der unversehrten Erde,
das Volk der Anden,
das Volk der Urwälder,
das Volk der Pampas,
das Volk des Meeres.
Aus Colorado,
vom Tenochtitlan,
vom Machu-Pichu,
aus Patagonien,
vom Amazonas,
aus den Sieben Völkern
des Rio Grande . . .
Ich bin Apache
ich bin Azteke
ich bin Aymará
ich bin Arakaunier
ich bin Maya
ich bin Inka
ich bin Tupi
ich bin Tucano
ich bin Yanomani
ich bin Aymoré
ich bin Irantxe
ich bin Karajá
ich bin Terena
ich bin Xavante
ich bin Kaingang.
Ich bin Guarani.
Und mit Guarani-Gesang
stimmt jetzt der ganze übrige Erdteil,
alle Völker meines Volkes,
sein Klagelied an.

Brüder und Schwestern von außerhalb,
wenn ihr meine Brüder und Schwestern sein wollt,
dann hört mein Lied!

Alle:
Mit offenem Herzen und
der Hand des beladenen Gewissens
auf dem Altar der Brust
wollen wir dich hören,
wollen wir wiedergutmachen
die Geschichte dieses Landes
jahrhundertealten Massakers.

Solo:
Ich hatte eine Kultur von Jahrtausenden,
alt wie die Sonne,
wie die Berge und die Flüsse
der großen Mutter Erde.
Ich pflanzte Kinder und Worte, Mais und Maniok.
Ich sang mit der Sprache der Flöten.
Bekleidet mit Mondschein
und geschmückt mit Federn und Palmen,
feierte ich meine Tänze.
Ich war die Kultur in Einklang mit Mutter Natur.

Alle:
Mit unserer Übermacht
haben wir sie zerstört
und geraubt den verschiedenen Völkern,
die alle die eine Menschheitsfamilie sind,
ihre indianische Identität.

Solo:
Ich war der Friede mit mir und mit der Erde . . .

Alle:
Und wir haben ihn gebrochen
mit der Klinge des Schwerts
und verbrannt
mit dem Feuer der Hakenbüchse
deine Ruhe.

Solo:
Ich kannte das Gold, die Diamanten, das Silber
und das edle Holz der Wälder.
Alles aber war für mich der heilige Schmuck
des Körpers unsrer Mutter Erde.
Ich respektierte die Natur,
wie man seine eigene Gattin achtet.

Alle:
Mit gewinnträchtigen Karavellen
kamen wir dahergesegelt,
um das Land zu verkaufen,
um ausbeutend Profit zu machen.

Solo:
Ich lebte in lauterer Nacktheit:
Spiel, Aussaat, Liebe,
Zeugung, Geburt, Wachstum –
in lauterer Nacktheit des Lebens ...

Alle:
Und wir haben dich gesteckt
in böswillige Kleidung,
deine Töchter vergewaltigt.
Deine Moral sollte
unsere Scheinheiligkeit sein.

Solo:
Ich hatte meine Sünden
und führte meine Kriege.
Aber unbekannt waren mir
das Gesetz der Lüge und der Gott des Profits.

Alle:
Und wir haben dich gesteckt
in böswillige Kleidung.

Solo:
Ich war die Freiheit –
und nicht nur eine Statue.
Ich lebte in menschlichem Fleisch
lebendige Freiheit.
Ich war die Würde,
ohne Angst und Stolz,
die menschliche Würde.

Alle:
Wir haben dich versklavt,
im Dunkel der Bergwerke
begraben.
Deinen Körper haben wir gebeugt
auf den Zuckerrohrfeldern
und dich geworfen
gegen deine geliebten Bäume.
Um Holz zu fällen,
haben wir deinen Geist,
den Kern deines Volkes, zersägt.

Solo:
Meine Zeit war der Tag und auch die Nacht,
Sonne und Mond,
Regen und Wind.
Meine Zeit war die stundenlose Zeit.

Alle:
Und wir haben dich gefesselt
an die Zeit der Uhren,
an unsre verrückte Zeit
der Hast und der Interessen,
wo Zeit Konkurrenz bedeutet.

Solo:
Ich betete Gott an,
Maíra in allen Dingen,
Tupã in allen Gesten,
Grund aller Stunden.
Ich kannte die Wissenschaft
von Gut und Böse.
Das Leben war mein Gottesdienst,
der Tanz war mein Gottesdienst,
die Erde war mein Gottesdienst,
der Tod war mein Gottesdienst,
und ich selbst war lebendiger Gottesdienst.

Alle:
Dem Evangelium zuwider
missionierten wir dich
und rammten in dein Leben
das Schwert eines Kreuzes.

Glocken der Frohen Botschaft
mit Totengeläut!
Dem Evangelium
vom fleischgewordenen Wort zuwider
vermittelten wir dir als Botschaft
eine fremde Kultur.
Den Frieden deines Lebens,
ein ständiges Gebet,
schlugen wir mitten entzwei.

Solo:
Die Liebe des Vaters aller Menschen
taufte mich mit dem Wasser des Lebens und des Bewußtseins
und säte in mir die Gnade seines Wortes,
universales Samenkorn des Heils.

Alle:
Als wir dich brannten
mit der erzwungenen Taufe
– Zeichen menschlichen Viehs –,
war das eine Verhöhnung der Taufe,
Vergewaltigung der Gnade und
Verleugnung Christi.

Solo:
Ich war ein Volk von Millionen Lebewesen,
von Millionen und Abermillionen menschlicher Existenzen,
von Millionen lebendiger Abbilder des lebendigen Gottes.

Alle:
Als Träger des Todes
und Missionare des Nichts
dezimierten wir dich.

Solo:
Ich gab euch die Schönheit des Meeres und seiner Strände,
ich gab euch mein Land und seine Geheimnisse,
Vögel, Fische, freundliche und dienstbereite Tiere,
den Mais mit seinem geschlossenen und geteilten Kolben,
die großherzige Knolle des Maniok – des täglichen Brotes –,
den duftenden Guaraná[1] des Urwaldes,
den beruhigenden Matetrank des Südens,

die Heilkräuter der krankenpflegenden Erde,
das Einbaumboot, das durch die Wasser schießt,
das feurige Brasilholz,
das dem Herzen eures Landes seinen Namen gab ...

Alle:
Und wir haben dich zugrunde gerichtet,
deine Wälder entblößt,
deine Felder abgebrannt,
deine Flüsse und die Luft vergiftet.
Die großmütige Erde
haben wir in Stacheldrahtverschläge eingesperrt
und mit Zäunen
Menschen von Menschen getrennt,
um das Vieh
mit dem Hunger der Nation zu mästen
und um Soja anzubauen
für den versklavenden Export.

Solo:
Ich war die freie Erde,
das klare Wasser,
der reine Wind,
überfruchtbar
und voller Lieder.

Alle:
Und wir haben dich geteilt
mit Regeln und Grenzen.
Im Gewinnrausch
haben wir die Erde zerstückelt.
In die Pflanzungen sind wir eingefallen,
in die Indianerdörfer sind wir eingedrungen,
in die Menschen sind wir einmarschiert.

Solo:
Ich bahnte mir jedesmal neu meinen Weg.
Die Erde war mein Weg.
Der Weg war der Mensch selbst.

Alle:
Wir haben Trassen geschlagen
und Straßen der Lüge gebaut,
Straßen des Elends,
Straßen ohne Ausweg.
Und wegen des Gewinns
haben wir dem Volk des Landes
den Weg versperrt.

Solo:
Ich war die ganze Erde,
ich war der freie Mensch.

Alle:
Und wir haben dich erniedrigt
in Vitrinen und Reservaten,
in Zoos und verstaubten Archiven.

Solo:
Ich war die Gesundheit der wie Pfeile durchdringenden Augen,
der lauschenden Ohren,
der wohlgestalteten Muskeln,
der gelassenen Seele.

Alle:
Und wir haben dich übersät
mit Viren und Bazillen,
mit importierter Pest.
Dein Volk haben wir erniedrigt
zu einem Volk von Kranken,
zu einem Volk von Leichen.

Solo:
Ich lebte wie im Rausch der Freude.
Das Dorf war meine Freundschaftsrunde.
Meine Häuptlinge befahlen,
um dem Volk zu dienen
mit ihrer Weisheit und Achtung,
die sie auch den anderen entgegenbrachten.

Alle:
Und wir haben dich berauscht
mit Schnaps und Verachtung.

Wir haben dich zum Schauobjekt
eines gefährlichen Tourismus gemacht.
Aus deinen Völkern
haben wir Straßennamen-Schilder gemacht
und aus deiner alten Weisheit
Sicherheitsregeln für Kinder.
Deine Freiheit haben wir
in die Fesseln unserer Statuten gelegt.
Deine Sprache haben wir
in die Gruben des Schweigens geworfen
und die Überlebenden deiner Völker
an den Rand der Straßen,
an den Rand der Lebenden:
billige Arbeitskraft
auf Landgütern und in Bergwerken,
in Bordellen und Fabriken,
als Bettler in den Vorstädten
seelenloser Bevölkerungsagglomerationen,
Überbleibsel des Erdteils
der großen Mutter Erde.

Solo:
Ich war ganz Amerika,
ich bin noch Amerika,
und ich werde das neue Amerika sein.

Alle:
Und wir sind jetzt,
heute und für immer
Erbe deines Blutes,
Kinder deiner Toten,
Bündnis in deiner Sache.
Wiederbelebte Erinnerung
in österlichem Bündnis.

3. Alleluja

Alleluja, alleluja, alleluja.
Alle Völker der Erde,
der unversehrten, arglosen Erde,
lobt den Vater!

Das Evangelium ist das Wort
aller Kulturen.
Wort Gottes in der Sprache der Menschen!

Das Evangelium ist die Ankunft
aller Wege.
Gegenwart Gottes auf dem Weg der Menschen.

Das Evangelium ist das Ziel
der gesamten Geschichte.
Geschichte Gottes in der Geschichte der Menschen.

Alleluja, alleluja, alleluja.
Alle Völker der Erde,
der unversehrten, arglosen Erde,
lobt den Vater!

4. Gabenbereitung

Wir erheben in unseren Händen
das Gedächtnis der Jahrhunderte.
Im Fleisch des Brotes
versammeln wir
die Geschichte der Zeit
der Befreiung.

Wir übergeben dir
das regenumspülte Leben,
den erdgeernteten Mais,
die brotgeteilte Liebe.

Wir übergeben dir
die Hoffnung auf eine unversehrte Erde,
die Jagd, Nahrung in allen Mündern,
den Gottesdienst, Tanz in allen Nächten.

Wir übergeben dir
den Frieden in Fülle,
die Freiheit der Menschen,
das Leben gleicher Menschen.

Im Erbe des Maises,
im Teig des Brotes:
Ostern Jesu Christi
und unsre Einheit.

Im Los des Weines
im Kampf und im Tod:
Ostern Jesu Christi
und unsre Befreiung.

Wir erheben in unseren Händen
das Gedächtnis der Jahrhunderte.
Im Blut des Weines
versammeln wir die Geschichte einer Zeit
der Sklaverei.

In unseren Händen übergeben wir dir
die Asche geplünderter Dörfer,
das Blut zerstörter Städte,
die besiegte Legion der Unterdrückten.

In unseren Händen übergeben wir dir
die erschöpften Brüste der Minen,
die entweihten Wasser der Flüsse,
die Holzkreuze dieses Martyriums.

In unseren Händen übergeben wir dir
die offenen Adern Amerikas,
den verstummten Stein der Tempel,
das Klagen der Indioerinnerung.

Im Erbe des Maises . . .

5. *Friedensgruß*

Schalom,
Sauidi,
Frieden!

Der Friede Gottes im Frieden der Menschen,
Die Liebe des Vaters unter Brüdern und Schwestern.
Alle Völker in einem Volk.
Denn der Herr ist unser Friede.

Schalom, der alte Friede,
Sauidi, der verlorene Friede.
In Christus der neue Friede.

Schalom,
Sauidi,
Frieden!

6. Kommunion

In der Feier der Auferstehung des Herrn
besingen wir den Sieg
der ganzen Menschheit,
aller Stämme der Erde,
aller Völker jeglichen Alters.
Im Fleisch des Herrn lebt
jedes Fleisch wieder auf.
Deshalb kommunizieren wir mit jedem Kampf.
Deshalb kommunizieren wir mit jedem Blut.
Deshalb kommunizieren wir mit jedem Einsatz
für eine unversehrte Erde.

Befreit aus der ersten Gefangenschaft,
besingen wir den Hinübergang.

Singend durchschreiten wir
das neue Rote Meer deines Blutes.
Singend kommunizieren wir
das Brot der Freiheit.
Singend teilen wir
den Wein der Brüderlichkeit.
Singend sind wir unterwegs auf der Suche
nach einer unversehrten Erde.

In der Feier der Auferstehung des Herrn ...

7. Zum Schluß: Entschluß zum Engagement

Männliche Stimme:
Genährt mit dem Ostern des Herrn
und in der Hoffnung auf das verheißene Land,
werfen wir alle Ketten ab
und beginnen barfüßig auf diesem unserem Boden
erneut den Marsch der wiedererweckten Toten.

Weibliche Stimme:
Mit den leuchtenden Sternen der ausgerotteten Völker
erhellen wir den Weg des neuerlichen Exodus,
auf der Suche nach der unversehrten Erde.

Männliche Stimme:
Wie Brände inmitten der Nacht
führt das Gedenken der erloschenen Völker
die Schritte ihrer Kinder.

Alle:
Gedenken / Reue / Engagement!

Weibliche Stimme:
Für die wehrlosen geplünderten Tempel,
für alle zerstörten Städte,
für 90 Millionen massakrierte Indianer . . .

Alle:
Gedenken / Reue / Engagement!

Männliche Stimme:
Für die Ruinen des Sonnenreiches,
für die zerstörten Mayapaläste,
für das ganze versklavte Aztekenvolk,
für die Liquidierung der Sieben Völker . . .

Alle:
Gedenken / Reue / Engagement!

Weibliche Stimme:
Für das Verstummen der Flöten und Trommeln während der Nacht,
für den Tod der Seele dieses Volkes,
für die Resignation, die man den Sklaven predigte . . .

Alle:
Gedenken / Reue / Engagement!

Weibliche Stimme:
Für das Gemetzel von Expeditionen und Wildererzügen,
für die versklavten Knaben und vergewaltigten Mädchen,
für die Karawanen von Halbtoten nach São Paulo . . .

Alle:
Gedenken / Reue / Engagement!

Weibliche Stimme:
Für die Pest, die wir diesem reinen Blut brachten,
für die Lanzen, die bei der Demütigung zerbrachen,
für die Köpfe, die den Aymoré abgeschlagen wurden . . .

Alle:
Gedenken / Reue / Engagement!

Männliche Stimme:
Für die Stacheldrahtzäune der neuen Eroberer,
für den Integrationsschnaps in den Kehlen der Krieger,
für den Zucker, der am 11. Breitengrad mit Zyankali gereicht wurde,
für die Übermacht der Vormundschaft und den Sarkasmus der Emanzipation ...

Alle:
Gedenken / Reue / Engagement!

Weibliche Stimme:
Für das Kreuz auf den Schwertern der Plünderer,
für die verheerende Zivilisation, die sich als christlich ausgibt,
für die Kathedralen, die man mitten in den indianischen Tempeln errichtet hat,
für das Evangelium, das man zum Gefangenschaftsdekret gemacht hat ...

Alle:
Gedenken / Reue / Engagement!

Dunkelhäutige von Guadelupe[2],
Maria von Tepeyac,
führe alle Indianer zusammen,
im Stern deines Blicks
rufe die Völker Amerikas zusammen,
die auferstehen wollen.

Einzelstimmen:
Montezuma!
Atau Walpa!
Tupac Amaru!
Sepé Tiaraju!
Toríbio de Mogrovejo!
Rosa von Lima!
Bartolomé de las Casas!
José de Anchieta!
Roque![3]
João!
Afonso!
Rodolfo![4]
Simão Bororó!
João Bosco![5]

Männliche Stimme:
Und alle Patriarchen, Propheten und Märtyrer für die Sache der Indianer!

Alle:
Weiter!

Vereint im Gedenken
an die Auferstehung des Herrn,
gehen wir mit noch größerem Pflichtgefühl
in die Geschichte zurück.

Vereint im Gedenken
an das alte Sklavensystem,
beschwören wir den Sieg
über die neue Sklaverei.

Amerindisches Amerika,
dein Leiden ist noch immer nicht zu Ende,
eines Tages wird dein Tod
Auferstehung erfahren.

Ostern, das wir essen,
nährt uns mit Zukunft.
In deinen Völkern werden wir
das kommende Volk sein.

Als die Armen dieser Erde
wollen wir sehen
jene unversehrt-arglose Erde,
die jeden Morgen anbricht.

Uirás immer auf der Suche
der Erde, die kommen wird,
Maíra - am Anfang.
Am Ende - Maràna tha!

Martinho Coplas, Pedro Casaldáliga, Pedro Tierra

[1] *Guaraná:* Liane des Amazonasurwaldes (Paullinia cupana), aus deren Samen ein anregendes, alkoholfreies, in Brasilien sehr populäres Getränk hergestellt wird.

[2] Vgl. 12. Dezember.

[3] *Roque:* Seliger Roque González de Santa Cruz (1576–1628), Apostel der Indianer und Gründer zahlreicher Reduktionen der Jesuiten in Paraguay.

[4] *Rodolfo:* Pater Rudolf Lunkenbein, der am 15. Juli 1976 zusammen mit dem Indianer Simão Bororó in Merure von Großgrundbesitzern erschossen wurde, weil er die Bororó-Indianer vor Landraub beschützte. Vgl. 15. Juli.

[5] *João Bosco:* Pater João Bosco Burnier, der am 12. Oktober 1976 in Ribeirão Bonito von der Polizei erschossen wurde, als er - auf der Rückreise von einer Konferenz über Indianerfragen - auf der Polizeistation des Dorfes gegen die Folterung zweier ungerecht inhaftierter Frauen protestierte.

Maria Befreiung

Maria Befreiung,
Tochter des Volkes
der ersten Versklavung,
Tochter des Volkes
neuer Bedrückung.

Tochter des Vaters
Abraham, des Suchenden
– tastend immer und spürend –
nach neuer Verheißung.

Wohnung Gottes, ohne Bleibe,
zwischen Krippe und Kreuz.
An den Rand des Gesetzes gedrängt.
Umherziehend und verbannt,
verfolgt und verhöhnt
Jesu wegen, ihres Sohnes.

Gevatterin aus Nazaret,
Gefährtin des Josef,
des Arbeiters ohn' ausreichenden Lohn,
des Kleinbauern ohn' sicheres Land,
der Bewohner von Elendsquartieren,
ohne Tisch und ohne Brot.
Gar so vielen Arbeitern gleich und
gar so vielen Kleinbauern ähnlich.
Gefährtin unserer Schmerzen,
Rose in unsrem Rosenkranz.

Wander- und Gastarbeiter,
Arme und Angeklagte,

Maria, wir alle suchen in deiner Liebe
das Haus und den Frieden des Herrn,
den Tisch mit Brot und den Krug mit Wein,
geboren aus deinem Schoße,
sichres Land im verheißnen Land und
die neue Erde des Himmels.

Pedro Casaldáliga

Wehe euch

Verflucht seien die Satten
die weder Hunger haben noch Durst nach Gerechtigkeit
die das Brot der Hungernden essen, Tag für Tag
wie der Ochs, der in das Maisfeld des Tagelöhners einfällt.
Sie sollen zu Hungerstreik verurteilt werden.

Verflucht seien die Richter
die das Gesetz übergehen für einen Judaslohn
dieses Gesetz, das so schwach ist
als wäre es die Tochter einer armen Dirne
ausgesetzt im Justizpalast.
Sie sollen als Gesetzlose verurteilt werden
in letzter Instanz
entthront mit einem sicheren Streich.

Verflucht seien die Landerschleicher
die den Sanftmütigen Grund und Boden rauben.
Man wird sie erschießen lassen
durch ihre eigenen Kopfgeldjäger;
ein einziger Schuß wird sie
in das reinigende Feuer des Vergessens stoßen.
Die Aasgeier erwarten sie schon
an dem ihnen zugemessenen Grab.

Verflucht seien die Reichen
die von fremden Gütern leben.
Ihre Villen werden zu Hütten zerfallen
ihre Gärten zu Wüsten;
ihr Ausruhn wird qualvoll sein
durch endlose Alpträume.

Verflucht seien die Lügner
und ihre Erklärungen an der Wertpapierbörse.
Im Feuerofen der Wahrheit
werden sie ihre Strafe erleiden;
der Wind wird ihre Asche zum Meer verwehen.

Wehe euch
die ihr zuwartet, uneins und mit verschränkten Armen;
die ihr erwartet das Brot vom Arbeitgeber
der euch ausbeutet:
die ihr die Gerechtigkeit erwartet von bestellten Gerichtshöfen;
die ihr erwartet das Überleben als Gnade von Feindeshand
das Glück als Schicksalswurf
und das Leben erst nach dem Tode.

Paulo Suess

Von der Hoffnung leben wir

Liebe Brüder und Genossen in Jesus!
Ich schreibe Euch diesen Brief, weil ich einen sicheren Überbringer habe. Aber ich schreibe Euch ständig, wenn auch ohne Worte. Der Geist besiegelt – so glaube ich – all die vielen Briefe, die ich Euch schicke. Jeden Tag denk' ich an Euch in Mittelamerika, denn jeden Tag bete ich für dieses durchbohrte Herz unseres Amerika.
Ich hätte Euch unendlich viel zu sagen. Aber je mehr man zu sagen hat, desto knapper werden die Worte, zumal wenn man sie zu Papier bringt. Jedoch: In Jesus dem Wort und im bezeugenden Wort des Dienstes an seinem Reich sind wir ständig im Gespräch miteinander.
Der Besuch des Papstes, der Lateinamerikanische Bischofsrat CELAM wie auch die zahllosen gewichtigen (politischen, kirchlichen und kriegerischen) Ereignisse reißen uns hin und her. Die gegenwärtige Lage ist nicht leicht, und die Zukunft – die, wie Ihr in Mittelamerika immer wieder predigt, die Frucht der Menschen in der Kraft Gottes ist – ist heute mehr als je zuvor ein Geheimnis des Todeskampfes. Und dennoch: Sie ist Zukunft und wird Leben sein. Sie ist Ostern. Es kommt darauf an, *die Hoffnung zu organisieren,* und zwar *über den ganzen Erdteil hin.* Um Hoffnung geht es, von der Hoffnung leben wir.
Dank Euch für Euer Zeugnis, für Eure Reflexionen, für Eure Schriften! Bleibt treue, dienstbereite Menschen! Grüßt und umarmt die gemeinsamen, bekannten und unbekannten Freunde in ganz Mittelamerika! Sagt den Christen, daß es um das Reich Gottes hier geht und daß es kommen wird. Sagt ihnen, daß Jesus und viele Brüder und Schwestern bei ihnen sind; daß wir die Kirche als das ansehen, was sie ist: Zeichen nur und Werkzeug, mit all ihren Möglichkeiten in der Kraft Jesu, dessen Geist Leben spendet, und mit all ihren Sünden aufgrund von uns Menschen, die wir sie bilden. Sagt den Nichtchristen (ob sie wirklich wohl Nichtchristen sind?), daß wir, was die Leidenschaft für die Gerechtigkeit angeht, die Liebe zur

Freiheit und den Wunsch nach Frieden für all die Entrechteten, . . . daß wir da auf ihrer Seite stehen. Sagt allen, daß ihre Toten leben! Sagt ihnen, daß von Mittelamerika kurz- und mittelfristig die Zukunft ganz Lateinamerikas abhängt. Wir begleiten Euch mit unsäglicher Zärtlichkeit im Gebet, im Mitleiden und in der Hoffnung.

Zum Schluß, liebe Brüder, bis auf immer und auf jeden Tag!

In Jesus, im Volk, im Reich Gottes!

Habt Ihr schon gehört? Sankt Romero ist bereits „Prophet und Märtyrer". Auch der Papst hat's gesagt.

Mit einer herzlichen Umarmung
Euer Bruder
Pedro

Brief des brasilianischen Bischofs Pedro Casaldáliga an priesterliche Freunde in Mittelamerika, 15. Mai 1983

Seid fest verankert in den Gründen unserer Hoffnung auf Christus . . .

Das Hauptziel des Besuches der Apostelnachfolger beim Nachfolger Petri besteht darin, die Bande der gegenseitigen Liebe zu stärken, die sie miteinander verbinden und die den Liebesstrom in Richtung auf das Volk der Gläubigen intensivieren. Dieses findet in Christus als dem Gründer und Heilsprinzip der Kirche die Grundlage der Einheit von Geist und Herz aller, die ihm nachfolgen . . .
Viele Male habe ich – vor und nach meinem Pastoralbesuch in Nikaragua (am 6. März 1983) – an eure Kirchen gedacht, an ihre Probleme, Schwierigkeiten, Leiden und Hoffnungen. Viele Male habe ich für sie gebetet und Gott gedankt für ihr Bemühen, ihrer Berufung immer treu zu bleiben.
Wenn mein Ziel bei dem Besuch in den Ländern Mittelamerikas darin bestand, ihren christlichen Glauben zu verlebendigen, ihnen näher zu kommen, den Schmerz ihrer Völker zu teilen und zu versuchen, durch die notwendige Veränderung innerer Haltungen und ungerechter Verhaltensweisen ein wenig Hoffnung zu wecken, dann haben mich die verschiedenen Erfahrungen in eurem Land euren Gläubigen und eurem Vaterland noch näher gebracht. Die Gebete haben nicht aufgehört, daß sich die Kirche Nikaraguas in Tröstungen und Versuchungen immer mehr konsolidiert und daß die Leiden dieses gläubigen und würdigen Volkes endlich aufhören – dieses Volkes, das sich vom Atlantik bis zum Pazifik, von den Grenzen im Norden bis zu denen im Süden danach sehnt, in Ruhe und Frieden seine eigenen Werte zu leben. Mit seinem tiefen sozialen Gespür will es den notwendigen Fortschritt auf Erden, ohne den Blick vom gemeinsamen Vater abzuwenden, vom Vater der Liebe und der Gerechtigkeit, der uns zu einem Leben in moralischer Aufrichtigkeit und in Liebe gegen alle ruft, der auf jeden einzelnen wartet und der das Ziel aller Menschen ist . . .
Ihr seid die Hirten eines tief religiösen Volkes, das seit langem an Ungerechtigkeiten, an sich fortwährend wiederholenden Verletzungen seiner Rechte, an Spannungen und an Bruderkämpfen leidet. Diese verursachen

unsäglichen Schmerz, raffen zahllose junge Leben dahin, stürzen unendlich viele Familien in Trauer und reißen unzählige tragische Lücken in den Herzen von Verwandten, Freunden und der Gesellschaft auf.
Nach dem Vorbild Christi erneuert stets in euch den Geist des guten Hirten, der jedem nachgeht, welcher sich möglicherweise von der Herde entfernt, um ihm wieder auf den Weg zu helfen und um ihm die Freude zu geben, zu den Lehren Jesu und zu den persönlichen und gemeinschaftsbezogenen Forderungen der christlichen Berufung zurückzufinden und ihnen immer treu nachzukommen!
Dieser brüderliche Geist, der die Willen verbindet und Vorsätze inspiriert, wird euch ermutigen, eure Herde zur Treue gegen alle wirklich menschlichen und christlichen Ziele sowie gegen eine zunehmende soziale Gerechtigkeit zu bewegen. Dies alles erfordert ein unablässiges Bemühen um das Wohl aller. Dieses Wohl aber achtet die Rechte eines jeden einzelnen und bewahrt jederzeit die religiösen und moralischen Werte, welche die Identität eurer Gläubigen ausmachen.
Dabei handelt es sich um eine Arbeit, die eine weite Sicht und ein tiefes Engagement erfordert. Hierfür werdet ihr des wertvollen und unersetzbaren Beitrags eurer Priester, Ordensmänner, Ordensfrauen und engagierten Laien bedürfen. Lebt deshalb in großer Nähe zu ihnen und achtet in liebevoller Präsenz darauf, daß sie ihren verantwortlichen Beitrag zu dieser ständigen inneren Erneuerung leisten, die zu freudiger Hingabe und zur Verlebendigung der Gemeinde führt. Auch wenn es Anstrengung kostet, seid fest verankert in den Gründen unserer Hoffnung auf Christus, „damit ihr bei der Offenbarung seiner Herrlichkeit voll Freude jubeln könnt" (1 Petr 4,13) . . .

Aus der Ansprache Papst Johannes Pauls II. an die Bischöfe von Nikaragua anläßlich ihres Rombesuches am 16. Mai 1983

Mutter des Befreiers

Litanei zur Jungfrau Maria

Herr, erbarme dich unser!
    Herr, erbarme dich unser!
Christus, erbarme dich unser!
    Christus, erbarme dich unser!
Herr, erbarme dich unser!
    Herr, erbarme dich unser!
Christus, höre uns!
    Christus, erhöre uns!
Gott Vater im Himmel!
    Erbarme dich unser!
Gott Sohn, Erlöser der Welt!
Gott Heiliger Geist
Heilige Dreifaltigkeit, ein einiger Gott
Heilige Maria!
    Bitte für uns!
Heilige Mutter Gottes
Mutter des Erlösers
Mutter des Befreiers
Mutter des Gekreuzigten
Mutter des Auferstandenen
Mutter der Kirche
Mutter aller, die glauben
Mutter der Hungernden
Mutter der Vertriebenen
Mutter der Wanderarbeiter
Mutter der Armen
Mutter der Unterdrückten
Mutter der Verfolgten
Mutter derer, die für Gerechtigkeit kämpfen

Mutter der Arbeiter
Mutter der Landarbeiter
Mutter der Saisonarbeiter
Mutter der Gelegenheitsarbeiter
Mutter der Arbeitslosen
Mutter der Schwachen
Mutter der Witwen
Mutter der verlassenen Kinder
Königin der Liebe
Königin der Hoffnung
Königin des Friedens
Lamm Gottes, du nimmst hinweg die Sünde der Welt
Erbarme dich unser!
Lamm Gottes, du nimmst hinweg die Sünde der Welt
Erbarme dich unser!
Lamm Gottes, du nimmst hinweg die Sünde der Welt
Gib uns den Frieden!
Bitte für uns, heilige Gottesmutter,
Damit wir würdig werden der Verheißungen Christi. Amen.

Aus der Erzdiözese Paraíba, Nordostbrasilien

Marias herrliche Danksagung

Maria, Mutter Christi und Mutter der Kirche!
Wenn wir uns für die Ausführung des Evangelisierungsauftrages rüsten, den wir fortzuführen, auszuweiten und zu intensivieren haben, dann denken wir an dich.
Insbesondere aber denken wir an dich, weil du eine so herrliche Danksagung gesprochen,
ein so wunderbares Lied gesungen hast,
als deine Kusine Elisabet, die Mutter Johannes des Täufers, dich öffentlich als die Glücklichste aller Frauen pries.
Aber du hast dich auf deinem Glück nicht ausgeruht,
sondern hast an die ganze Menschheit gedacht.
An alle hast du gedacht.
Dabei hast du dich eindeutig für die Armen entschieden,
wie es später auch dein Sohn tat.
Was ist das an dir, in deinen Worten und in deiner Stimme,
daß du im Magnifikat verkünden kannst
die Entmachtung der Mächtigen
und die Erhöhung der Demütigen,
die Sättigung der Hungrigen
und die Entleerung der Reichen
und daß es niemand wagt, dich als subversiv zu beurteilen
oder mit mißtrauischen Augen zu betrachten?
Leih uns deine Stimme, sing mit uns!
Bitte deinen Sohn, daß sich in uns allen die Pläne des Vaters voll verwirklichen.

Hélder Câmara

Wie sollen wir singen in fremdem Land?

Psalm 137 in Amazonien

An den Flußufern Amazoniens
saßen wir weinend
eingedenk unserer verlorenen Erde.
Heute fordern die Eindringlinge Unterwerfung
die uns verschleppten verlangen Lieder und Tänze:
Singt uns einen Gesang aus eurer Heimat!
Zeigt uns einen Tanz aus eurem Dorfe!

Wir aber hängten mit verschlossenem Mund
unsere Flöten an die Palmen des Rio Negro.[1]
Wie sollen wir fremde Gitarren schlagen
mit Saiten aus Stacheldraht?
Wie sollen wir singen in fremdem Land
und tanzen auf der Straße des Unterdrückers?
Schweigen und Klage sind das Lied der Verbannung.
Unser Tanz ist ein Ritual für die Toten.

Gegen die Söhne der Eroberer
sei eingedenk, Tupã
erinnere dich der Tage als die Wellen
der merkantilen Sintflut
unser Land überschwemmten
als sie uns im Tausch gegen unsere gemeinschaftlichen Großhütten
mit ihren zivilisierten Slums beschenkten
und unsere religiösen Vorstellungen
auf ihren Geschäftsmessianismus
zurechtschnitten.

In einem Kontinent getauft
mit dem Feuer der Kanonen

und den Wassern der Habgier
ist unser Heidentum Gottestreue;
hinter der Maske des Initiierten
läßt es die katechetische Heimholungstruppe
ins Leere laufen.

Tochter Amazoniens, verwüstete Verwüsterin!
Wohl dem der sich deiner Söhne bemächtigt
um sie dort wo sich die Wasser begegnen
unterzutauchen in einem Taufritus des Ajuricaba[1].
Wohl dem der austrocknet
deine reißenden Wasser
und die tiefen Flüsse unserer Tränen.

Paulo Suess

[1] *Rio Negro – Ajuricaba:* Ajuricaba, Häuptling der Manaú, Indianervolk im Rio Negro-Tal, heute ausgerottet. Ajuricaba organisierte den indianischen Widerstand gegen die portugiesischen Eroberer. Als er im Jahr 1728 gefangen zur Verurteilung nach Belém gebracht werden sollte, stürzte er sich in den Amazonas. Er lebt weiter im Volksglauben des Amazonasgebietes.

Jesu Abschied und neue Gegenwart

Seid nicht traurig, wenn ich hin zum Vater gehe!
Eine Wohnung will ich euch bereiten,
und vom Himmel komme ich zurück.

Als von Scheiden wir betroffen sprachen,
war die Trauer abgrundtief.
Schwach ist die Natur des Menschen,
aber stark wird sie einst werden.

Gut ist es für euch und alle,
daß die Erde heute ich verlasse.
Führ' ich nicht hinauf zum Himmel,
bliebe Gottes Geist euch immer fern.

Wenn der Geist dann zu euch kommt,
wird die Weisheit euch erfüllen.
Friede, Freude und Gerechtigkeit
schenkt in Fülle er den Sündern.

Endlich werd' ich selbst euch wiederkommen,
volle Freiheit, Kraft und Wahrheit bringen.
Weltgericht will ich dann ehrlich halten.
Alles soll in meiner Liebe glühen.

Lied aus den
brasilianischen Basisgemeinden

Die Liebe verbietet zu schweigen . . .

Liebe Brüder und Schwestern!
Der kommende 29. Mai ist der erste Jahrestag jenes brutalen Ereignisses, bei dem in der Stadt Panzós 119 unserer Brüder und Schwestern hingemetzelt, zahlreiche Menschen verletzt und ebenso viele Familien zerstört wurden. Ich möchte Sie einladen, aus dem Glauben heraus über das Massaker nachzudenken . . .
Es ist nicht schwer herauszufinden, daß die wesentliche Ursache für so viele Bluttaten wie die in Panzós im Egoismus des menschlichen Herzens besteht. Dieser führt zu einer grenzenlosen Hab-, Macht-, Lust- und Herrschgier. Das ist die wichtigste Ursache für die vielen schweren Ungerechtigkeiten, für das Anhäufen der Güter, die Gott für alle seine Kinder geschaffen hat, in der Hand einiger weniger und für die ungerechten Strukturen, die bewirken, daß wir in Guatemala wie in vielen anderen Ländern in einer fortdauernden „Situation der Sünde" leben müssen.
Als Christen gehen wir nicht davon aus, daß sich solch eine Lage mit der Gewalt mörderischer Kugeln regeln läßt. Maschinengewehre sind in der Tat außerstande, ein Volk zum Schweigen zu bringen, das immer vernehmlicher um Brot, Gerechtigkeit und Freiheit nachsucht. Ebensowenig vermögen sie, die ungerechten Strukturen zu verändern oder die großen Macht- und Unterdrückungszentren abzureißen. Als Christen glauben wir vielmehr an die Macht der Liebe und an die verändernde Kraft, die uns von Christus her zukommt. Aber Liebe bedeutet weder Schwäche noch falsche Nachgiebigkeit, sondern ist die Kraft Gottes. Die christliche Liebe muß uns bewegen, starke Gemeinden zu bilden, in denen wir uns gegenseitig dazu ermutigen, unsere Pflicht zu tun, unsere Rechte zu verteidigen und gerechte Gesetze zu fordern. Die christliche Liebe läßt uns auch die Schmerzen, Ängste und Demütigungen all der Armen – ohne irgendeine Ausnahme – wie die eigenen spüren und zu den uns zur Verfügung stehenden gerechten und angemessenen Mitteln greifen, um soweit wie möglich

menschliches Leid zu verhindern. Die christliche Liebe verbietet es uns, angesichts der Gewalt, der Ungerechtigkeit und der Unterdrückung, die seit Jahrhunderten unser Volk belasten, noch länger zu schweigen ... Erst wenn wir es gelernt haben, von unseren kleinkarierten und egoistischen Eigeninteressen abzusehen, und uns überzeugen, daß jeder Mensch unser Bruder, unsere Schwester ist und daß Gott die Güter für alle seine Kinder geschaffen hat, werden wir den Weg zu einem gerechteren und damit menschlicheren und christlicheren Zusammenleben finden ...

Cobán, im Mai 1979

Gerardo Flores Reyes,
Bischof von Verapaz, Guatemala,
Mitteilung zum ersten Jahrestag des Massakers von Panzós
am 29. Mai 1978

Heiliger Geist – Neues Land

Alle verharrten in einmütigem Beten,
die zwölf Apostel mit Maria und Jesu Jüngern,
bis an Pfingsten ein Donnern erscholl
und Heiliger Geist sie alle erfüllte.

Wir sind nicht voll des Weines,
der Grund unsrer Freude ist ein andrer.
Was Joel der Prophet gekündet,
was geschehen solle in den letzten Tagen,
das geschah in diesen letzten Tagen.
Die Zeit ist reif, der Himmel steht offen.
In Erfüllung gegangen sind nun
des Propheten Ezechiel verheißende Worte.

Ich werde euch holen aus allen Ländern,
aus allen Völkern führ' ich euch heim.
Vereint und geschlossen bring' ich euch dann
ins heil'ge Land meiner treuen Verheißung.
Im heil'gen Land meiner treuen Verheißung,
dort werd' ich euch waschen
mit klarem Wasser von allem Schmutz.
Von aller Täuschung werdet ihr rein.

Ich werde euch geben ein neues Herz,
einen neuen Geist will ich gießen in euch.
Euer Herz wird nicht sein mehr aus Stein,
aus Fleisch soll es werden voll Leben,
aus Fleisch soll es werden voll Leben.
Und meinen Geist werd in euer Inn'res ich legen,
auf daß ihr wandelt in meinem Gesetz
und liebet ganz ehrlich mein Gebot!

Dann werdet ihr wohnen in neuem Land,
einem Land, das euren Vätern ich versprochen.
So werdet ihr sein mein Volk auf immer,
und ich will sein euer Gott in Treue,
und ich will sein euer Gott in Treue.
Die Früchte der Erde sollt ihr bekommen,
am Brot des Lebens wird es nicht mangeln.
Der Hunger wird niemanden fortan mehr töten.

Und wenn ich dann von allem Bösen
werde euch gereinigt haben,
werden grünen und sprießen die Wüsten
und eure Städte Oasen ähnlich sein,
und eure Städte Oasen ähnlich sein.
Auf euren Feldern wiegen sich die Ähren,
und trockenes Land wird reicher Garten.
Ihr Völker alle, lobt den Herrn ohne Ende!

Lied aus den
brasilianischen Basisgemeinden

Litanei zum Heiligen Geist

Der Gaben sind viele – einer ist der Herr!
Die Dienste sind verschieden – einer ist der Herr!
Unser Tun ist vielfältig – einer ist der Herr!
Geführt werden wir alle vom Geist – zu dem einen Herrn.

Niemand bekommt die Gabe – allein für sich.
Jedermann denke – daran, zu teilen.
Dann setzen wir Zeichen – zum Aufbau des Reiches.
Das Reich der Gerechtigkeit – beginnt dann hier.

Friede, Freude und Glauben – sind Gottes Gaben.
Heilung und Weisheit – für seine Kinder,
Unterscheidungsvermögen und Liebe – bereit, zu geben,
Güte und Milde – hat er uns gegeben.

Die Gabe der Prophetie – um zu verkünden,
alle Sklavenhaltung – an den Pranger zu bringen.
Die Gabe der Freiheit – läßt uns bezeugen,
daß des Gesetzes Knechtschaft – beendigt werden kann.

In unserem Schmerz – erbitten wir Kraft,
Wahrheit, Leben und Licht – zur Orientierung,
Erforschung des Herzens – zur Erkenntnis der Dinge.
Herrliche Träume von Gott – brauchen wir sehr.

Wie ein starker Wind – der zerstört
alle Unterdrückung – die nur Schmerz uns bringt,
so öffnet der Geist uns neue Wege – mit seiner Liebe.
Aller Jammer des Leidens – wird zu Ende geh'n.

Erneure die Welt – in Gleichheit.
Niemand beherrsch' den andern – in Überheblichkeit.

Der Geist lehrt die Kleinen - die Fähigkeit,
alle zu lehren - Brüderlichkeit.

Unsere Gemeinde - allmählich erwacht
zu tätigem Einsatz - und Engagement
gegen Ausbeutung bei der Arbeit - und ungerechten Lohn,
der unsern Kindern zu Hause - das Brot nicht verschafft.

Vereint sind wir stark - das glauben wir.
Im Glauben an die Kleinen - geben wir uns die Hand.
Seine Gegenwart unter uns - läßt uns kämpfen
für eine bess're Welt - die wir alle uns wünschen.

Voll des Heiligen Geistes - wollen wir beten.
Daß Gott wir Vater nennen - erfreut uns sehr.
Sein Geist ist unser Führer - auf allen Wegen,
damit zur brüderlichen Welt - wir finden.

Wir loben unsren Vater - Gott den Schöpfer.
Wir singen seinem Sohn - dem Befreier.
Geeint im Heiligen Geist - dem Tröster,
laßt uns gemeinsam leben - in seiner Liebe

Aus den brasilianischen Basisgemeinden

Maria und Pfingsten

Maria und Pfingsten,
als die Kirche noch
arm war und frei,
gleich des Geistes Wind.

Maria und Pfingsten,
als das Feuer des Geistes
Gesetz der jungen Kirche war.

Maria und Pfingsten,
als die Zwölf nur
die Macht ihres Zeugnisses hatten.

Maria und Pfingsten,
als die ganze Kirche
Mund des Auferstandenen war.

Pedro Casaldáliga

Gebet zum Heiligen Geist

Wind, der in der ganzen Welt weht,
ich bitte dich:
Wehe auch auf unserem Erdteil, in Lateinamerika.
Ich bitte dich, daß du mit Kraft
in den Räumen und Köpfen der Großen und Mächtigen wehst,
damit ihnen ihr sicheres Dach davonfliegt,
damit sie beginnen, sich zu bewegen
unter diesem Wind bis zu ihrem letzten Haar.
Ich bitte dich für die Basisgemeinden
von Santiago de Pupuja, daß du uns die Kraft des Feuers schickst,
damit wir allen Abfall verbrennen können.
Für mich bitte ich dich,
weh' stark, weh' stark,
daß nie in mir das Feuer erlischt,
das bei meiner Taufe in mir entzündet wurde,
daß ich immer brenne für meine Brüder und Schwestern,
ohne Angst vor der Glut,
bis all das leere Stroh in mir verbrannt ist.
Amen.

Indio-Campesino
aus Santiago de Pupuja,
Südperu

Bemüht euch immer, allen Gutes zu tun!

Zur Spiritualität des neuen Menschen in Lateinamerika

Was sind die Hauptlinien einer Spiritualität des neuen Menschen?

1. Vor allem Umkehr

Wir müssen erkennen, daß Umkehr eine Lebensnotwendigkeit ist. Der neue Mensch entsteht auf sakramentale Weise durch den „Übergang" – das heißt durch das österliche Pascha – von der Finsternis ins Licht, vom Tod zum Leben, von der Sünde zur Gnade. Das geschah mit uns in der Taufe. Diese befreite uns aus der Macht der Finsternis und brachte uns in das Reich des Sohnes seiner Liebe (Kol 1,13).

Grundsätzlich wenden wir uns dem Vater zu („durch das Wasser und durch den Geist" werden wir in ihm geboren) und wissen uns als Brüder und Schwestern (denn in alle wurde ja ein und derselbe Same Gottes gelegt; 1 Joh 3,9).

So waren wir wirklich „neue Menschen": freie Brüder und Schwestern untereinander und Herren der Welt. Ungetrübt spiegelte sich in uns das „Abbild Gottes" wider. Um uns herum herrschte allseits Gerechtigkeit.

Aber diese Harmonie wurde durch die Sünde zunichte gemacht. Wir haben die Liebe des Vaters abgewiesen und das Blut des Bruders verspritzt. Seitdem sperren sich die Menschen und sind mißtrauisch geworden. Ungerechtigkeit und Unterdrückung greifen um sich. So kam das Drama in Gang, daß ein Mensch den anderen Menschen und daß ein Volk das andere Volk unterdrückt. Die Gemeinschaft, die unser aller Glück bedeutete, ist dahin. Traurigkeit, Verzweiflung und Tod haben sich in der Welt eingenistet.

Das „Neusein" in Christus fordert eine tiefgreifende Umkehr von uns. Dazu müssen wir freilich einsehen, daß etwas nicht stimmt und sich ändern muß. Außerdem müssen wir erfahren, daß Gott Vater ist und auf uns wartet. Aber Gott ist es, der die Veränderung in uns bewirkt: „Ich schenke euch ein neues Herz und lege einen neuen Geist in euch ... Meinen Geist lege ich in euch" (Ez 36,26–27). Umkehr ist darüber hinaus eine gemeinschaftliche Antwort auf den Anruf, auf den dringlichen Anruf des Herrn: „Kehrt um zu mir von ganzem Herzen mit Fasten, Weinen und Klagen. Zerreißt eure Herzen, nicht eure Kleider, und kehrt um zum Herrn, eurem Gott! Denn er ist gnädig und barmherzig, langmütig und reich an Güte" (Joel 2,12–13).

2. Ermutigung und Führung durch den Heiligen Geist

Das „neue Leben" (vgl. Röm 6,4) des Menschen ist immer verbunden mit dem Wirken des Heiligen Geistes. Er macht uns zu „Söhnen und Töchtern" und geht uns als Führer voran (Röm 9,14). Er verinnerlicht uns und ruft „mit Seufzen, das wir nicht in Worte fassen können" (Röm 8,26), in uns zum Vater. Er ist der Geist der Innerlichkeit, des Gebetes und der Betrachtung.
Der Heilige Geist macht uns „solidarisch" und läßt uns untereinander „Brüder und Schwestern" sein. Er verteilt seine Gaben und Charismen und gibt uns allen ihren Auftrag, damit ein Leib, ein Volk und ein Tempel entsteht. „Wir alle wurden mit dem einen Geist getränkt" (1 Kor 12,13).
„Im Geist leben" heißt in kontemplativer Tiefe leben – und heißt zugleich auch, daß die Hoffnung uns begleitet.
Der Geist macht uns „frei" in Christus. Denn wir haben keinen Geist der Knechtschaft, sondern einen Geist, der uns zu Söhnen und Töchtern macht, so daß wir rufen können: Abba, Vater! (Röm 8,15). Ihrem ganzen Wesen nach ist die Freiheit Frucht des Geistes. Es wird der Tag kommen, an dem wir vollendet frei sein werden: Der Geist, der Jesus von den Toten auferweckt hat, wird auch unseren sterblichen Leibern Leben geben (Röm 8,11), und wir werden definitiv „Herren" der Schöpfung sein.
Bis dahin vertieft der Heilige Geist, der uns führt, das Bild Christi – des neuen Menschen – in uns und befähigt uns zu den Grundhaltungen: Liebe, Freude und Frieden (Gal 5,22).

3. Gebet, Kreuz, Freude

Der neue Mensch wird vom Geist ermutigt und geführt. Deshalb ist er ein Mensch der Innerlichkeit und der Betrachtung, der Selbstverleugnung und des Kreuzes, der Freude und der Hoffnung in der Liebe.
Wir müssen noch einmal auf das Gebet zurückkommen, das ja eine persönliche und lebendige Begegnung mit dem Herrn ist.
Eine erste Voraussetzung für den neuen Menschen ist, daß er mit sich selbst eins ist. Das aber geht nicht ohne Innerlichkeit, Reflexion und *tiefe*

Offenheit für Gott. Nur wer diese Bedingung erfüllt, wird sich für den Mitmenschen öffnen können.
Der Geist der Wahrheit ist in uns in einem doppelten Sinn am Werk: Er führt uns in die Wahrheit ein, die ja Christus ist (so daß wir ihn von innen her kosten und assimilieren können), und er läßt uns die Schritte des Herrn in der Geschichte erkennen.
Wenn wir von Betrachtung sprechen, dann denken wir nicht an Flucht, sondern an Anteilnahme, Aktivität und Engagement.
Der neue Mensch ist der Mensch des Dialogs, der Prophetie und des Dienstes. Wirklich fähig zum Dialog ist allein der Kontemplative (das heißt, wer daran gewöhnt ist, das Wort zu empfangen und in die Tat umzusetzen, Lk 11,27). Nur der Mensch kann den anderen dienen, der durch Schweigen zum inneren Gleichgewicht gefunden hat. Nur der Mensch kann sprechen und anderen das Heil vermitteln, der daran gewöhnt ist, zu beten.
Heute ist häufig von „Kampf" die Rede. Auch Christus hatte seine „Agonie", in der er freilich gelassen das Kreuz annahm und betend dem Vater begegnete. Der neue Mensch, der Christus war, betete mit heiterer Inständigkeit (Lk 22,44) und gab so sein Leben für seine Freunde (Joh 15,13).
Vielleicht müssen wir das Beten wieder neu lernen oder auch einfach erst lernen. Wie sollte jemand beten können, wenn er keine Erfahrung mit der Vaterschaft Gottes und auch kein radikales Bewußtsein von Armut hat. Immer betet der neue Mensch: „Herr, lehre uns beten" (Lk 11,1).
Beten heißt einfach: Gemeinschaft mit dem Willen des Vaters aufnehmen. Deshalb kann niemand beten, der nicht tief in seinem Innern um seine Grenzen weiß, die Nähe Gottes, der ja Liebe ist, nie erfahren hat oder der dem Plan des Vaters Widerstand entgegensetzt. In einer neuen Art und Weise beten bedeutet nicht neue Formeln erfinden, sondern heißt: sich bemühen, das Neue an den Menschen zu entdecken, sich von der Gabe des Geistes durchdringen zu lassen und in Hoffnung und brüderlicher Liebe zu beten.
Der neue, österliche Mensch realisiert in Christus die *Kenosis*. Nur wer sich total entäußert, ist fähig, sich voll den Mitmenschen zuzuwenden und eventuell sogar für sie zu sterben. Ohne die eigene Identität zu verlieren, sondern im Gegenteil um sie zu festigen und zu manifestieren, muß er „wie ein Sklave" (Phil 2,7), „allen alles" (1 Kor 9,22) und „ein Mann voller Schmerzen, mit Krankheit vertraut" (Jes 53,3), werden. Der neue Mensch ist ein brüderlicher Mensch, der „sich mit den Fröhlichen freuen und mit den Weinenden weinen" (Röm 12,15) kann.
Ein wichtiger Aspekt bei der Bildung zum neuen Menschen ist auch die Stärke. Immer wieder gilt es, Hindernisse zu überwinden, vielfältige Schmerzen auf sich zu nehmen und dem Tod ins Auge zu sehen.

Der neue Mensch wird jeden Tag aus der gelassenen Fruchtbarkeit des Todes wiedergeboren (Joh 12,24). Ressentiments, Trauer, Bitterkeit, Pessimismus und Aggressivität sind ihm fern. Vielmehr ist er von tiefer Osterfreude geprägt. Zerstören und Töten sind ihm fremd. Wohl aber strahlt er unentwegt etwas vom auferweckten Leben aus. Mit Haß und Streit hat er nichts zu tun. Stattdessen liebt er, stiftet Einheit und Frieden. Dunkle Wege kennt er nicht, sondern wird jeden Tag in neuem Licht wiedergeboren. Jeden Tag aufs neue führt ihn der Geist zum fruchtbringenden Osterkreuz. Denn auch Christus gelangt zum neuen Menschsein durch sein Blut am Kreuz (Eph 2,16).

Wir sprechen ständig davon, „das Leben hinzugeben". Im Tod ist das verhältnismäßig leicht. Schwierig aber ist es im Leben: konsequent Liebe praktizieren, das Kreuz auf sich nehmen und es beim Dienen nicht an Heiterkeit fehlen lassen.

Deshalb verkostet der neue Mensch in all dem die Fruchtbarkeit des Kreuzes und ruft mit Paulus: „Ich will mich allein des Kreuzes Christi, unseres Herrn, rühmen, durch das mir die Welt gekreuzigt ist und ich der Welt" (Gal 6,14). Und im Kolosserbrief heißt es: „Ich freue mich in den Leiden, die ich für euch ertrage" (1,24).

Der neue Mensch ist unbedingt auch ein froher Mensch. Die *Freude* ist eine der christlichen Realitäten, die aus unserer „säkularisierten" und „vergnügten" Welt verschwunden sind. Vielleicht, weil wir alles „banalisiert" und dem Christentum das Kreuz genommen haben. Grundsätzlich jedoch, weil wir „die Liebe" geleugnet und den „Heiligen Geist" vergessen haben. Denn die Freude ist die Frucht der Liebe, die uns der Heilige Geist als Geschenk ins Herz gegeben hat (Röm 5,5; Gal 5,22).

Deshalb gilt es vor allem, „an die Liebe zu glauben" (1 Joh 4,16). Das heißt: sich dessen sicher werden und die Erfahrung machen, daß „Gott Liebe ist". Wenn wir Christen es verlernt haben, uns zu freuen, müßten wir uns eigentlich fragen, ob uns nicht auch der wahre Begriff von Gott abhanden gekommen ist: daß er Vater ist, daß er Liebe ist, daß er uns nahe, ja geradezu mit uns intim ist und daß er Gemeinschaft mit uns pflegt.

Die Freude hat es auch mit der Hoffnung zu tun: „froh in der Hoffnung" (Röm 12,12), wie sie auch nicht ohne aufrichtige Liebe sein kann: „Eure Liebe sei ohne Heuchelei!" Allerdings muß die Liebe in geradezu heldenhafter Weise universal sein: „Liebt, die euch Böses tun!" – und: „Liebt und vergeltet nicht Böses mit Bösem!" Schließlich darf praktizierte Solidarität mit denen, die entweder weinen oder lachen, nicht fehlen (Röm 12,9–15).

Die Freude besteht in der Gewißheit, daß Jesus kommt und bereits nahe ist (Phil 4,5). Deshalb freuen wir uns über seine Anwesenheit und seine Wiederkunft wie auch über das Reich Gottes, das schon angebrochen ist und bald vollendet und dem Vater übergeben werden wird (1 Kor 15,23–24).

Die Freude des Christen hat nichts mit einem Nein zum Kreuz zu tun. Im Gegenteil: Wenn sie tief und echt ist, entspringt sie dem Kreuz. Ebensowenig ist sie eine bequeme und oberflächliche Flucht vor der Wirklichkeit, die hart und verletzend ist. Vielmehr gründet sie in der festen und unerschütterlichen Überzeugung, daß das Heil da ist. Deshalb bedeutet die Ansage des Heils in der Bibel (vgl. die Propheten, die Verkündigungsszene, die Geburt und die Auferstehung) eine Einladung zur Freude: „Freu' dich, Begnadete!" (Lk 1,28).

Wer immerzu traurig ist, hat den Horizont des Heils aus dem Blick verloren. Und es schmerzt, wenn sich die Traurigkeit in der Form des Todes auch auf die anderen legt. Das geschah den mutlosen Jüngern von Emmaus, ehe sie am Abend des Auferstehungstages den Herrn erkannten (Lk 24,13–35).

Ein trauriger Mensch ist ein verschlossener Mensch, der sich nicht um die anderen kümmert. Schlimm daran ist, daß er nicht spürt, daß Gott auch für ihn da ist.

Ein trauriger Mensch schert sich nicht um seine göttliche Berufung. Der positive Aufbau der Geschichte – so denkt er – gehe ihn nichts an, wobei er sich vielleicht selbst schuldhaft aus dem Spiel gebracht hat. In seiner Hoffnungslosigkeit und Angst wird er aggressiv und meint schließlich, nur mit Gewalt ließen sich die Dinge noch verändern. Keinem Menschen kann er mehr trauen, und vielleicht hat er auch den Glauben an die innere Wirkkraft des Evangeliums verloren. Leicht wird er zu einem dieser tragischen „Unheilspropheten", die sich für Hoffnung, Heil und Reich Gottes verschließen.

Deshalb lautet ein schlichter Rat im Jakobusbrief: „Wer traurig ist, soll beten" (5,13). Besonders wirksam ist das Gebet, wenn man es mit der ganzen Gemeinde verrichtet. Denn ein trauriger Mensch ist kaum fähig, allein zu beten.

In der Tat: Der neue Mensch braucht immer auch den Kontext einer echten, lebendigen christlichen Gemeinde, die sich vom unauslöschlichen Geist des treuen Gottes führen läßt, in der aufrichtige Liebe herrscht, die sich vom Gebet her aufbaut und in der schlichte Freude umgeht.

Deshalb schreibt Paulus zum Ende seines ersten Briefes an die Thessalonicher: „Haltet Frieden untereinander! . . . Seht zu, daß keiner dem anderen

Böses mit Bösem vergilt, sondern bemüht euch immer, einander und allen Gutes zu tun. Freut euch zu jeder Zeit! Betet ohne Unterlaß! Dankt für alles; denn das will Gott von euch, die ihr Christus Jesus gehört. Löscht den Geist nicht aus!" (1 Thess 5,12–19).

Eduardo F. Pironio

Ursprung von Wärme und Licht

Geheimnis, unergründlich
und tief, das alles durchhellt –
wo ist der Weg, der uns Menschen
vor sein gütiges Antlitz führt?

Geheimnis, das uns im Sein hält
und uns von jeher umgreift,
das unser Dasein in Bann schlägt,
unser Auge öffnet dem Licht.

Vater heißt das Geheimnis,
Ursprung von Wärme und Licht.
Zwei Gesandte kamen von ihm:
der Geist und der heilige Christ.

Christus ist Licht, das uns leitet,
Wärme der Heilige Geist.
Wärme und Licht sind der Weg,
der zurück zum Vater uns führt.

Wir sehen das Antlitz des Vaters
voll Güte und Glut – dank den beiden:
dem Geist, der wohnt in Maria,
dem Sohn, der Fleisch ward in Jesus.

Leonardo Boff

Das Brot wird reichen für alle

Vertriebener Umherziehender, wer bist du?

Ich war der Herr des Landes,
ich hatte ein Stück Land, das mir gehörte.
ich wollte säen, ernten und war ein Mensch.
Aber die mächtigen Männer des Fortschritts
mit ihren Viehherden und ihren Maschinen
nahmen mir mein Stück Land,
stahlen mir das Brot, das ich verdient hatte,
töteten meine Hoffnung,
und stürzten mich mit meiner Familie
ins ungewisse Schicksal.

Vertriebener Umherziehender, wer bist du?

Ich bin der Mann, der in die Stadt ging,
hungrig, arm, verängstigt,
der nach Arbeit herumlief,
kämpfte wie ein Verdammter,
der die Hochstraßen, die schäbigen Hütten und
die Slums kennenlernte und der immer
und von jedermann ausgebeutet wird.
Ich bin eine billige Arbeitskraft,
ein Mädchen für alles.
Die Stadt spuckt auf meine Würde.
Ich bin ein erbärmlicher, ein gebrochener Mann.

Aber ich bin ein Armer Gottes,
ich habe meinen Glauben und eine Hoffnung.
Wir werden wieder über unser Land gehen.
Denn Gott läßt die, die leiden, nicht im Stich.

Er steht auf der Seite der Unterdrückten.
Mit ihm werden wir für menschliches Leben kämpfen.
Dort werden wir an einem Tisch sitzen,
und das Brot wird reichen für alle.

*Gebet auf dem Eucharistischen Kongreß 1980
in Fortaleza, Brasilien*

Vaterunser einer Zweifelnden

Vater unser! Wenn du im Himmel bist
und dein Name heilig ist,
warum geschieht dann nicht dein Wille,
auf der Erde wie im Himmel?

Warum gibst du nicht allen
ihr tägliches Brot?

Warum vergibst du uns nicht unsere Fehler,
damit wir unsere Klagen vergessen?
Warum fallen wir noch in die Versuchung, zu hassen?

Wenn du im Himmel bist, unser Vater,
warum befreist du uns nicht von dem Bösen,
damit wir dann sagen: Amen?

Marialzira Perestrello

Dein Wille geschehe . . .

. . . Und die Frau, die ich seit Jahren kannte, rief
mich beiseite und sagte in einem geheimnisvollen Ton:
„Herr Pfarrer, ich möchte Ihnen ein Geheimnis zeigen.
Kommen Sie!"
Wir gingen in das Zimmer.
Im Bett ihr Kind. Ein Monstrum.
Der Kopf so groß wie der eines Erwachsenen . . .
Der Körper so klein wie der eines Säuglings.
Der Blick haftete an der Zimmerdecke.
Die Zunge streckte es heraus und zog sie ein wie eine Schlange.
„Mein Gott!" rief ich und stöhnte.
„Herr Pfarrer", sagte die Frau, „ich pflege meinen
Jungen schon seit acht Jahren. Er kennt nur mich.
Ich hab' ihn sehr lieb. Fast niemand weiß von ihm."
Ungestüm sagte sie: „Gott ist gut. Gott ist Vater . . ."
Und beruhigt sah sie nach oben:
„Dein Wille geschehe, wie im Himmel, so auf Erden."
Nur das sagte sie. Und sie sagte damit alles.
Ich ging, ohne ein Wort zu sagen. Betroffen.
Niedergeschlagen wegen des Jungen, beeindruckt wegen der Mutter.
Nur ein Wort kam mir in den Sinn:
„Frau, du hast einen großen Glauben" (Mt 15,28).

Leonardo Boff

Dein Reich komme . . .

Die Erfahrung hat uns gelehrt, daß es nicht darauf ankommt, Herr, Herr zu sagen, um Gutes zu tun und ins Reich zu kommen.
In unserer konkreten Arbeit in der Fabrik und in den verschiedenen Stadtteilen sind wir auf Beispiele bedingungsloser und selbstloser Hingabe von Menschen gestoßen, die nicht nur Herr, Herr sagen. Diese Menschen sind bereit, ihre Arbeit, ihre Familie und sich selbst für das Wohl aller zu opfern. In ihnen lebt das Evangelium und verwirklicht sich der Geist.
Wir haben gelernt, die Menschen nach dem zu beurteilen, was sie sind und tun, und nicht nach der Institution, zu der sie gehören, oder nach der Lehre, die sie vertreten.
Wir möchten alle einladen, dasselbe zu tun, wenn sie verstehen wollen, was schon der Prophet Amos verstand, als er sich gegen die besondere Erwählung Israels durch Jahwe wandte und im Tun der Gerechtigkeit die einzige Quelle des Heils sah.
So verstehen wir unseren Kampf und unseren Glauben. Wir glauben, daß wir am Aufbau des Reiches mitwirken. Wir von der Arbeiterpastoral und alle, die zusammen mit uns kämpfen. Wir unterscheiden nicht zwischen Dingen und Menschen. Wir sind nicht der Ansicht, wir seien die Besten. Wir arbeiten mit allen in Gleichheit zusammen.
Alle, die für den Aufbau des Reiches kämpfen, werden auch in ihm wohnen. Es wird keine Privilegien mehr geben. Die Gerechtigkeit wird auf den Taten gründen, und diejenigen, die nach Dogmen urteilen, werden verworfen werden. Es wird keinen Platz geben für jene, die im Namen einer Lehre ihre Brüder und Schwestern abweisen, wie auch für diejenigen, die sich durch ihr Erbe sicher glauben.
Alle werden ihre Häuser bauen und in ihnen wohnen, alle werden säen und die Früchte ihrer Arbeit ernten.

Kirchliche Basisgemeinde Santa Margarida am Stadtrand von São Paulo

Unser tägliches Brot gib uns heute ...

Es ist früh, wie jeden Morgen,
Kinder streiten sich mit Hunden
um Mülltonnen.
Alles wird durchgewühlt,
'rein und 'raus,
Speisereste aus dem Müll,
sie teilen sich mit Hunden
das verfaulte Brot aus dem Müll.
Eine Hundewelt
ohne Herz.
Das ist die Art und Weise, die Gott gefunden hat,
das Gebet
dieser armen hungrigen Kinder:
„Unser täglich Brot gib uns heute"
aufzunehmen.

An diesem Tag, nein,
in dieser Woche
war das Brot auf unserem Tisch
nicht mehr das alte.
Bitter war das Brot,
voller Lästerungen der Armen,
die für Gott Bitten sind.
Und erst dann wurde es süß und gut,
als es geteilt wurde
mit den hungernden
Kindern und Hunden.

Leonardo Boff

Vergib uns unsere Schuld ...

Herr,
wenn du auf die blickst, die uns einsperren,
auf die, die uns zur Folter schleppen,
wenn du die Taten unserer Gefängniswärter wägst
und die harten Urteile unserer Richter,
wenn du das Leben derer richtest, die uns demütigen,
und das Gewissen derer, die uns zurückstoßen,
dann, Herr, vergiß das Böse, das sie vielleicht tun.

Vielmehr denke daran, daß wir durch dieses Opfer
deinem gekreuzigten Sohn nähergekommen sind.
Durch die Folter haben wir seine Wunden angenommen,
durch die Gitter seine Freiheit des Geistes,
durch die Strafen die Hoffnung auf sein Reich und
durch die Demütigungen die Freude, seine Söhne zu sein.

Erinnere dich, Herr, daran, daß aus diesem Leiden
in uns – wie aus dem zertretenen Samenkorn der Keim wächst –
die Frucht der Gerechtigkeit und des Friedens erwuchs,
die Blüte des Lichtes und der Liebe.

Vor allem aber wisse, Herr,
daß wir niemals wie sie werden wollen,
daß wir niemals das tun wollen, was sie taten,
den Nächsten niemals das zufügen wollen,
was sie uns zufügten.

Frei Fernando, Frei Ivo, Frei Betto

Am 9. Juni 1971 wurde Héctor Gallego, kolumbianischer Priester, in Panama entführt. Er blieb seither spurlos verschwunden.

Ballade von Héctor Gallego

In der Nacht am 9. Juni
tauchten sie auf,
jene gefürchteten Schatten.
Man hörte Schreie.
Wieder verschwand ein Opfer,
ein Unschuldiger,
der für dieses Land gelebt
und gelitten hat.

Die Bäume weinten
und suchten Trost im Wind.
Und der Wind fragte:
Wo bist du, Héctor Gallego?
Und der Wind klagte:
Wo bist du, Héctor Gallego?

Campesinos von Santa Fé,
unser Bruder, Héctor Gallego,
hat Hoffnung gesät,
und eines Tages wird man
die Ernte einholen.

Wir trauern um Héctor Gallego.
Aber wir hören auch die Worte,
die er eingebrannt hat
in unsere Herzen:
Gerechtigkeit und Liebe.

Olivia Molina

Fest des in Lateinamerika sehr verehrten heiligen Antonius von Padua (1195–1231)

Heiliger Antonius von der Gerechtigkeit

Der Herr umgibt dich, den Reichen dieser Welt, mit Armut, Fieber und Kälte, mit Hitze und Dürre, mit verdorbener Luft und mit Rost. Und er verfolgt dich, bis du zugrunde gehst.
Der Herr verletzt dich mit Armut, insofern du immer Entbehrung leidest;
er verletzt dich mit Fieber – dadurch, daß er dir mit fremdem Glück Schmerz zufügt und dich quält;
mit Kälte, die in der Angst besteht, das Erworbene zu verlieren:
mit Hitze, um noch dazu zu bekommen, was du nicht besitzt;
mit der Dürre der Völlerei;
mit der verdorbenen Luft des schlechten Rufes und
mit dem Rost der Zügellosigkeit.
So bricht das Haus Sauls zusammen. Davids Haus indessen, des armen Bettlers David, wächst im Land seiner Armut von Tugend zu Tugend.
Selig, wer sich sein Herz aus Stein aus der Brust reißt und sich ein Herz aus Fleisch einpflanzt, das imstande ist, mit dem Elend der Armen Schmerz zu empfinden und mitzuleiden, so daß ihm das Mitempfinden zum Trost gereicht und dieser Trost den Geiz vertreibt.
Wenn jemand in seinem Garten einen Baum hat, der keine Früchte mehr trägt, haut er ihn dann nicht um und pflanzt an der Stelle einen anderen, von dem er etwas hat? Der nutzlose Baum ist der Geiz. Weshalb sollte ein solcher Baum ihm den Platz nehmen (Lk 13,7)?
Weg damit, mit Stumpf und Stiel! Und an seiner Stelle pflanzen wir das Almosen. Das bringt dir die Frucht des ewigen Lebens.

Antonius von Padua,
aus Predigten zum Sonntag in der
Weihnachtsoktav und zum ersten Ostertag

Fest Johannes des Täufers

Heiliger des Volkes und großer Prophet

Vorabend des Johannisfestes! Wie in ganz Brasilien werden gleich auch in unserer Stadt, vor allem auf den Höhen und Hügeln, überall Johannisfeuer angezündet ... Ballons steigen in den Himmel auf. Die einfachen Leute - sofern sie es können - essen geröstete Maiskolben und, wer weiß, vielleicht sogar ihren Maispudding ... „Schleppfuß" wird getanzt, und wo man auf Tradition Wert legt, werden die alten Ratespiele nicht fehlen, die sagen sollen, ob heiratslustige Mädchen eine Chance haben oder nicht ...

Aber sehen wir einmal von den volkstümlichen Johannisbräuchen ab und fragen uns ein wenig genauer, wer denn Johannes der Täufer in der Heiligen Schrift war ...

Er hatte den ehrenvollen Auftrag, Christus den Weg zu bereiten. Und er führte seine Mission gewissenhaft aus. Zweimal stand er im Mittelpunkt des Interesses. Von weither kamen die Menschenmassen zu ihm an den Jordan, um von ihm die Bußtaufe zu empfangen. Was er sagte, war deutlich. Fehler ließ er nicht gelten. Und er forderte die Menschen auf, die Wege des Herrn vorzubereiten. Je eindringlicher er predigte, desto mehr Menschen kamen, um ihn zu hören. Man achtete ihn und folgte ihm, und zwar nicht so sehr, weil er mit Worten, sondern weil er mit seinem Beispiel und Leben predigte.

Als Christus zu ihm kam und von ihm getauft werden wollte, wurde er vom Geist Gottes erleuchtet, der ihm offenbarte, der Messias, dessen Kommen er angesagt hatte, stehe vor ihm ... Nicht einen Augenblick zögerte er da zu sagen: „Das ist das Lamm Gottes! Das ist der Messias! Ich bin nicht würdig, ihm die Riemen seiner Sandalen zu öffnen" ... Von da an wußte er, daß er seinen Auftrag, dem Herrn den Weg zu bereiten, erfüllt hatte. Nun war der gekommen, dessen Weg zu bereiten er gekommen war. So befahl er denn seinen besten Schülern, sich von ihm zu verabschieden und dem Meister zu folgen.

Eine mutige Tat! Zu seinen Jüngern zählte auch Simon, den Jesus lieber Petrus nannte. Weiter gehörte zu seinem Jüngerkreis Johannes, der zum Lieblingsjünger Jesu wurde und den manche für den Evangelisten Johannes halten.
Wann werden wir unser Volk lehren, daß wir - unabhängig von allen volkstümlichen Johannisbräuchen - genau den gleichen Auftrag haben wie Johannes der Täufer: den Weg Christi zu bereiten? ...
Mehr denn je zuvor kommt es darauf an, daß jeder Christ Missionar und Apostel ist und das Kommen des Erlösers verkünden muß, und zwar vor allem mit seinem Beispiel und Leben!
Wenn wir also am Vorabend des Johannisfestes zu Ehren des großen Heiligen überall die Feuer brennen sehen, die Böller knallen hören und die Ballons am Himmel entschwinden sehen, dann wollen wir Gott um die Gnade bitten, Johannes dem Täufer nachfolgen, dem Herrn den Weg bereiten und damit unseren Brüdern und Schwestern helfen zu können, Jesus Christus zu begegnen. Ermessen Sie, was es heißt, Christus wirklich und für immer zu begegnen?

Hélder Câmara,
Fünf-Minuten-Predigt über
Radio Olinda

Ich verstehe dich, Christus

Der bewaffnete Hofstaat verspottete
das dornengekrönte Haupt.

Seine Lumpen zogen sie ihm aus und
schlugen ihn mit einem Stock auf den Kopf.
Aggressive Münder spuckten in sein von langen Haaren gerahmtes
Gesicht,
mit rebellischen Augen und wirrem Bart.

So starb, von Soldaten geschmäht,
und mit gequältem Körper
ein Mensch in seinem Blut –
unter den Augen der Hohenpriester.
Hohe Heuchelei, hohe Gemeinheit, hohe Gewinnsucht!

Heute denk' ich an dich, Christus der befreienden Liebe,
der du durch Raum und Zeit herumvagabundierst.
Warst du, Bruder des Spartakus,
Zeitgenosse des Sklaven oder Arbeitskollege von mir?

Wenn du auf dieser Erde lebst, Bruder Christus,
was bedeuten dann Fesseln, Feudalismus und Hungerlohn,
in Nazaret zu sein oder in Chacabuco?
Sohn mit schmutzigem Gesicht und schwieligen Händen,
mit Fleisch und Blut des armen Volkes, Herr der Geschichte;
zu Hause mit Hobel und Hammer
ein fähiger Tischler –
oder mit Schippe, Spitzhacke und Bohrer
ein edler Straßenbauarbeiter . . .
Ewiger Bewohner unserer armen und elenden Hütten
mit Wellblechdach oder freiem Himmel,

mit Fußboden aus Sand oder gestampftem Lehm,
mit dünnen Wänden oder Gefängnismauern.
Du wohnst nicht in unterdrückerischen Villen,
in Räuberhöhlen oder Cäsarenpalästen.

Fromme Gläubige beschwören naiv,
sie begegneten dir in festen und oberflächlichen Riten,
in vergoldeten Kelchen und in den kitschigen Andachten
derer, die da rufen „Herr, Herr!",
mit solchen Gesten es dann aber bewenden lassen.

Da ist mir der barmherzige Samariter schon lieber,
der nicht den Himmel predigt,
sondern sich um ein Paradies auf Erden bemüht,
kein ewiges Kalvaria - Hölle des unwissenden Armen.

Ja, mir ist lieber das Zeugnis
dessen, der umherirrt, leidet und liebt,
dessen, der singt, weint und liebt,
dessen, der kämpft, stirbt und liebt.

Ich versteh' dich, Christus,
denn ich weiß, was Verrat und Lanze sind,
denn wie du sage ich:
Ich bin König und will meine Krone.

Ich will Monarch meines Schicksals sein
und Vater aller Kinder.
Ich will Emanzipation für mich und meine Brüder.

Ich fordere ein Zepter für ein armes irdisches Reich,
in dem jedoch Würde und Freiheit herrschen,
das gründet auf der Brüderlichkeit schöpferischer Hände,
in einer Gemeinschaft von Gleichheit und geschichtlicher Prophetie.

Dieses Zepter ist mein, und heute fordere ich es ein;
denn worauf es mir ankommt,
ist größer als das Kreuz, das ich trage,
denn meine Wangen haben genug von den Schlägen der Heuchler,
und mein Arm will selbst zur Peitsche greifen.

Und wenn das Sausen meiner Peitsche verstummt
und der Tempel von den Händlern gesäubert sein wird,
dann werden die Dornen, der Haß und der Essig,

zu Willkommensgrüßen für den reumütigen Zenturio,
zu Güte, Poesie und Arbeit;
denn der zu neuem Leben erweckte Mensch
wird in seinen Kindern stets aufs neue Fleisch,
und christliche Hoffnung ist wie das Gesicht eines Kindes.

Gedicht eines politischen Häftlings
im Konzentrationslager Chacabuco, Chile, 1974

Ich habe nichts als die Wiege der Zeit

Ich habe nichts als die Wiege der Zeit,
um seine Ankunft würdig zu betten.

Ich habe nichts als diese meine Augen,
um in deinem Gesicht
das unbedachte Bildnis Gottes zu sehen.

Ich habe nichts als diesen meinen Mund,
um dein Wort zu schreien.

Ich habe nichts als diese meine Arme,
um Tag für Tag mit groben Steinen
am Reich Gottes zu bauen.

Ich habe nichts als den Lehm meines Fleisches,
um Heiligen Geist zu trinken.

Ich habe nichts als diese meine Schritte,
um in ständigem Hoffen
der unbestimmten Begegnung mit Gott entgegenzueilen.

Pedro Casaldáliga

Sinnenhafter Glaube

Seit beinahe fünf Jahren werden weite Regionen Nordostbrasiliens von einer schrecklichen Dürre heimgesucht. Canindé ist ein beliebter Wallfahrtsort zu Ehren des heiligen Franziskus. In der Versammlungshalle standen mehrere Mandacarus (riesige, für die Gegend typische Kakteenbäume), die auch bei der schlimmsten Trockenheit immer noch grün sind. Eine Inschrift besagt: „Nur Mandacarus halten soviel Leid aus." Die Mandacaru-Kaktee ist das Sinnbild für den Glauben und für die Hoffnung unserer Brüder und Schwestern aus dem Nordosten wie auch von uns allen, die wir unter der Sünde von Unterdrückung und sozialer Ungerechtigkeit zu leiden haben ...
Am Ende des zweiten Tages hielten wir eine großartige Feier des Erbarmens und der Vergebung Gottes. Die Leitung hatte unser Bruder Bischof Pedro Casaldáglia. Es war beeindruckend, wie Schwarze, Frauen und Männer, Industrie- und Landarbeiter stehend ihrem jeweiligen Nachbarn die Hände auflegten und so symbolisch darstellten, wie ihnen die Gnade Gottes mitgeteilt wurde. Dann knieten sich die Bischöfe vor die Versammlung nieder und baten um Vergebung. Danach gaben sie uns im Namen Gottes und der Kirche die göttliche Verzeihung. Ergriffen umarmten wir uns alle, denn wir spürten den Frieden und die Liebe des Vaters in unseren Herzen und in den Gesichtern unserer Brüder und Schwestern ...
Am Abend des dritten Tages feierten wir vor der Wallfahrtskirche einen großen Gottesdienst. Während der Gabenbereitung machte ein Bruder eine sehr beeindruckende Geste: Mit der Hand brach er einen Käfig auf, in dem sich eine Taube befand. Damit wollte er versinnbilden, wie die Ketten, welche die Armen versklaven, zerbrochen werden. Die Taube war befreit, flog gücklich und frei davon und ließ sich auf dem Turm der Kirche nieder. Die Feier schloß mit Gebeten, wie sie mit Gebeten begonnen hatte. Noch einmal hielten wir die Prozession, mit der das Treffen begonnen hatte: Das Licht Christi – dargestellt in der Osterkerze – ging voran. Es

folgte, gemalt auf einem Plakat, dic Lokomotive der Hoffnung. Sodann kamen vier Plakate, auf denen jeweils ein Eisenbahnwagen zu sehen war und die unsere bisherigen vier Treffen symbolisieren sollten. In Canindé machten wir einen Halt von vier Tagen. Aber die Fahrt geht weiter. Jetzt hat der Zug einen weiteren Wagen. Brüder und Schwestern, bleibt vereint im selben Leib Christi, voll seiner Gnade, seiner Kraft und seiner Hoffnung auf eine neue Gesellschaft!

Aus einem Bericht vom Fünften Interekklesialen Treffen brasilianischer Basisgemeinden vom 4. bis 8. Juli 1983 in Canindé-Ceará

Weinen mit denen, die weinen

Herr, du hast uns gelehrt,
Bruder unter Brüdern
und Schwester unter Schwestern zu sein.

Du hast uns geboten,
zu leiden mit denen, die leiden,
zu lachen mit denen, die lachen,
zu weinen mit denen, die weinen.

Heute bitten wir dich,
laß uns dein Wort nie vergessen.
Gib, daß wir die anderen nie allein lassen.
Gib, daß sie durch uns erfahren,
daß du da bist.

Laß sie es erfahren durch unser Leben,
durch unser Gebet, durch unsere Umkehr,
durch unsere Bereitschaft zum Teilen,
heute und an allen Tagen und in Ewigkeit.

Amen.

Aus Argentinien

Christus, ich liebe dich

Christus, ich liebe dich,
nicht weil du von einem Stern herabgekommen wärest,
sondern weil du mich entdeckt hast
und weißt, daß ich ein Mensch von Fleisch und Blut bin,
daß ich Tränen weine und
Angst habe,
aber auch Schlüssel
und Werkzeuge besitze,
um dem Licht verschlossene Türen zu öffnen.
Ja, du hast uns gelehrt, daß der Mensch Gott ist . . .
ein armer, wie du gekreuzigter Gott.
Und auch der zu deiner Seite auf Golgota,
der böse Räuber,
auch er ist Gott!

León Felipe

Fest des heiligen Franziskus Solanus (1549–1610)

Ich darf kein ruhig Blut bewahren . . .

Als Christen dürfen wir heute nur dann das Vaterunser beten, wenn wir uns wirksam dafür einsetzen, daß die Sterblichkeitsrate, die in unserem Land von Tag zu Tag steigt, endlich abnimmt. Dasselbe gilt für die Folter. Wer im Rahmen seiner Möglichkeiten nichts dafür tut, daß das Foltern aufhört, wird zum Mitfolterer seiner Brüder und Schwestern.
Angesichts der Alternative „Gewalt oder Gewaltfreiheit" kann nur ein Entarteter für Gewalt optieren. Das Problem ist, daß in Anbetracht einer Situation schrecklicher institutionalisierter Gewalt, in der ich lebe, ich kein ruhig Blut bewahren und mich auch nicht passiv verhalten darf. Anderenfalls würde ich zum Mörder meines Volkes, das am Verhungern ist.
Als Christen sind wir dazu aufgerufen, Zeugnis von der Wahrheit zu geben und mit all unseren Kräften gegen die Ungerechtigkeit zu kämpfen, auch wenn die Folgen Gefängnis, Folter, Entführung und möglicherweise sogar der Tod sind.

Carlos Mugica,
Priester, am 11. Mai 1974 vor der Kirche St. Franziskus Solanus in einem Armenviertel von Buenos Aires erschossen

Sie stehen als Hoffnung und Sieg wieder auf …

Brüder und Schwestern!
Wir stehen vor einem Ereignis, das in meinen Augen die Verlängerung des Wortes Gottes ist. Denn Gott schreibt nicht mit toten, sondern mit lebendigen Buchstaben; und das sind wir. Das Wort Gottes in der Bibel ist nichts anderes als das Ereignis des Marsches, bei dem Gott auf die Suche nach den Menschen geht. So stehen wir also, wenn es um das Geschehen im Dorf Merure geht, bei dem Pater Rudolf Lunkenbein und der Indianer Simão Bororó ermordet wurden, vor dem Wort des Herren.
Wenn wir jetzt zur Feier der Eucharistie zusammengekommen sind und gemeinsam das Brot des Wortes essen, können wir uns in dieses Wort ein wenig vertiefen und überlegen, was uns Gott in diesem Ereignis, in diesem Zeichen unserer Zeit sagen will. In der Tat: Dadurch daß der Indianer Simão Bororó stirbt, wie er starb, wird er sozusagen zum Wort Gottes. Uns kommt es zu, auf dieses Wort zu hören. Es steht, Brüder und Schwestern, in Verbindung mit der Lesung aus dem Exodus, in der es heißt: „Gott hat das Schreien seines Volkes gehört." Simãos Blut, das zusammen mit dem Blut von Pater Rudolf Lunkenbein den Dorfplatz von Merure benetzt, ist der treffendste Ausdruck eines Schreis, der in unserem Land, in unserer Region und seit langem auch in unserer Geschichte unentwegt zu Gott emporsteigt. Unsere ganze Geschichte besteht aus „Tränen, die die Flüsse füllen", wie der Indianer Txibae Ewororo sagt, der bei der Schießerei auch verletzt wurde. Mit geradezu dichterischen Worten erzählt er das Ende eines Dramas, das uns als das Wort Gottes begegnet …
Die Kirche erfährt gegenwärtig die Impulse des Zweiten Vatikanischen Konzils. Beim Bußakt zu Beginn dieser Messe haben wir um Vergebung für alles gebeten, was die Kirche unterlassen und was sie getan hat, dafür, daß sie in der Vergangenheit mit den Eroberern eine Sache gemacht hat, damit diese sich des Landes bemächtigten. Heute gibt es das nicht mehr

oder zumindest immer weniger ... Wir dürfen diese Zeichen der Zeit nicht übersehen.
Der Schrei des Blutes ist auch ein Hoffnungsschrei. Der Todesschrei, der zum Himmel steigt, ist Auferstehung, ist Auferstehung in Christus und Auferstehung auch im Indianer. Und das wirkt bis in unser Leben hinein. Diese Auferstehung ist nicht etwas, das uns in eine entfremdete Zukunft, in die Ungewißheit oder in die Grenzenlosigkeit verweist. Diese Auferstehung heißt: hier und heute neugeboren werden. So erstehen Simão und Pater Rudolf in gewisser Weise wieder auf. Ermordet auf den Feldern von Barra do Garças, stehen sie als Hoffnung und Sieg wieder auf. Beides schöpft aus der Hoffnung auf ein neues Leben, die Christus uns vermittelt hat, die in dieser Welt am Werk ist und die unsere alten Strukturen in Ordnung bringen soll. Die gegenwärtigen Strukturen müssen beseitigt und total verändert werden, damit endlich Brüderlichkeit, Einheit, Frieden, Freiheit, Gerechtigkeit und Wahrheit bei uns einziehen können.

Aus der Predigt von Bischof Tomás Balduino
über den Särgen von Pater Rudolf Lunkenbein
und des Indianers Simão Bororó,
die am 15. Juli 1976
von Großgrundbesitzern in Merure (Kreis Barra do Garças, Brasilien)
erschossen wurden

Am 19. Juli 1979 siegte in Nikaragua die Revolution über die Somoza-Diktatur

Jesus Christus war der Impuls für mein Engagement

Kleiner nikaraguanischer Kommentar zu Apg 9,1-19

Für mich ist Jesus Christus ein persönliches Wesen, das direkt Fühlung mit mir hat und für das ich mich engagiere oder - besser gesagt - für das ich mich mehr und mehr engagiere. Ich kenne Jesus Christus seit langem, aber ganz kenne ich ihn noch immer nicht. Jeden Tag entdecke ich an ihm etwas Neues, jeden Tag lehrt er mich etwas Neues. Alles das hat dazu beigetragen, daß sich mein Leben allmählich verändert hat, daß ich ein anderer, ein neuer Mensch geworden bin.
Ich würde sagen, daß Jesus Christus für mich der Impuls gewesen ist, bei dieser Revolution mitzumachen. Denn er hat mir die Kraft gegeben, eine Reihe innerer Strukturen zu ändern, die ich hatte, die mir seit Kindesbeinen vermittelt worden waren und die aus mir einen in gewisser Weise auf mich selbst konzentrierten Menschen gemacht hatten. Bei Jesus Christus habe ich gelernt, mich auf andere zu konzentrieren.
Wenn mich Jesus Christus bei einer bestimmten Gelegenheit nicht gerufen hätte, dann stände ich jetzt nicht vor Ihnen und erzählte Ihnen nicht, was ich jetzt erzähle. Wenn ich ihn nicht kennengelernt hätte, dann wäre ich jetzt vielleicht nicht einmal mehr in Nikaragua. Aber ich bin da und will da bleiben. Und ich werde mich auch weiterhin in diesem revolutionären Prozeß engagieren, mit dem ich mich voll identifiziere, weil wir für die Randexistenzen, für die Ausgebeuteten kämpfen. Ich bin davon überzeugt, daß Christus das von mir will.

Miguel Ernesto Vigil

Die Revolution ist auch ein geistliches Problem

Kleiner nikaraguanischer Kommentar zu 1 Joh 5,20–21

Gott kommt uns entgegen im Armen und Ausgebeuteten. Gott beurteilt uns, Gott beurteilt uns definitiv danach, ob wir uns durch unser Verhalten gegenüber den Armen zu ihm bekennen. Gottes Urteil über uns geht durch die Armen, Unterdrückten und Ausgebeuteten. Damit sind die Armen und Ausgebeuteten das Sakrament der Gegenwart Gottes in der Geschichte.
Freilich geht es nicht um eine Entscheidung, die man treffen kann oder nicht, ja, nicht einmal nur um eine vorrangige Option. Vielmehr handelt es sich in unserer Situation um den einzigen Weg zur Gottesbegegnung, wobei dieser Weg hier und heute darin konkret wird, daß wir den Menschen zu essen, zu kleiden, anzuziehen usw. geben, und zwar nicht nur Einzelpersonen, sondern einem ganzen Volk durch einen revolutionären Prozeß.
In Nikaragua und in Lateinamerika insgesamt Millionen von ausgebeuteten Armen zu befreien, das heißt Revolution. Es geht darum, diesem hungernden Kollektiv zu essen zu geben, und zwar in umfassender und ganzheitlicher Form. Befreiung der Armen und Unterdrückten, das heißt heute in politischer Begrifflichkeit: die Revolution machen. Eine solche Revolution ist dann auch ein geistliches Problem, weil wir dort Christus begegnen. Wer sich dort nicht hineinbegeben und nicht dreckig machen will und wer sich dort von Mißverständnissen schrecken läßt, kurz: wer dort nicht mitmacht, der läuft Gefahr, sich die Begegnung mit Christus endgültig zu verbauen.

Juan Hernández Pico

Was ist der vorrangige Ort der Gottesbegegnung?

Kleiner nikaraguanischer Kommentar zu Genesis 4,9–11

Jahrhundertelang hat christlicher Individualismus auf diese Frage geantwortet, der vorrangige Ort der Begegnung mit Gott und mit Jesus Christus sei das Gewissen, das Innerste des Menschen. Ohne Zweifel belegen christliche Traditionen und christlicher Glaube auch an etlichen Stellen, daß es dem Menschen radikal unmöglich ist, sein Innerstes vor Gott zu verbergen, weil Gott ja bis in sein Herz eindringt.

Wer sich jedoch in einem umfassenden Sinn auf die Grundforderungen des christlichen Glaubens rückbesinnt, wird zugleich erkennen, daß, wenn Gott das Herz eines Menschen ergründet, er das immer mit einer Frage in bezug auf den Nächsten, auf den Bruder und auf die Schwester tut. Wem wirklich an der rechten Antwort gelegen ist, muß sich die Frage stellen, die bereits Kain zu Beginn der Geschichte der Menschheit zu beantworten hatte: „Wo ist dein Bruder?" Allein in der Begegnung mit dem Bruder läßt uns Gott wissen, ob unser Herz integer, ob es wahrhaftig oder ob es falsch ist. Indem der Gott Jesu Christi uns immer wieder mit dieser Frage konfrontiert, hilft er uns zu erkennen, daß wir unser Leben nur dann gewinnen können, wenn wir es verlieren. Allein dem, der die Erfahrung macht, daß er sein Leben für die anderen verliert, werden Freude, menschliche Liebe und Gottesbegegnung zuteil.

Juan Hernández Pico

Ich ergänze in meinem Leben, was an den Leiden Christi noch fehlt

Kleiner nikaraguanischer Kommentar zu Kol 1,24–26

Meine Frage ist: Was bedeutet es, daß Jesus wahrer Mensch geworden ist? Und meine Antwort lautet: Es bedeutet, daß er jemand ist, der in seinen Handlungsmöglichkeiten Grenzen unterliegt. Jesus ist eingeschränkt, weil er in einem konkreten Volk geboren wurde, in einer benennbaren geschichtlichen Konstellation, in einem genau ausmachbaren Abschnitt der Geschichte. Es bedeutet schlicht, daß Jesus – trotz seiner ganzen göttlichen Allmacht, die wir ja zu bekennen gewöhnt sind – zum Beispiel kein Astronaut werden konnte. Und er konnte bei all seiner göttlichen Omnipotenz deshalb kein Astronaut werden, weil er, um damals Astronaut zu werden, hätte aufhören müssen, Mensch zu sein. Das will der Apostel sagen, wenn er von den Leiden, sein Leben für die anderen zu geben, spricht und dabei sagt, daß er in seinem Leben das ergänzt, was noch am Leiden Jesu fehlt. Im Kolosserbrief heißt es: „Ich ergänze in meinem irdischen Leben das, was an den Leiden Christi noch fehlt." Und wie der Apostel ergänzen wir alle mit unserem Leben, was am Werk Christi noch fehlt. Vielleicht mutet der Satz überraschend an. In Wirklichkeit aber ist er ebenso traditionell wie der Ausspruch von Augustinus: „Der, der dich geschaffen hat, ohne dich um Erlaubnis zu bitten oder um Rat zu fragen, wird dich auch retten, ohne dich um Erlaubnis zu bitten oder um Rat zu fragen." In der Tat: Das historische Eintreten Jesu in diese Welt eröffnet eine bevorzugte Phase in der Geschichte.

Juan Hernández Pico

Das Blut unserer Christen ist die Saat neuer Christen

In diesem unerbittlichen Kampf, in dem die Weltmächte kräftig mitmischen, sieht sich die um das Heil des Menschen besorgte Kirche schutzlos, dezimiert, machtlos und ohne jegliche andere Zuflucht als die der Treue zu Christus und seinen Brüdern. Wir haben keine Waffen, und wir wollen auch keine. Die Quelle unserer Macht ist eine andere: „Die einen sind stark durch Wagen, die anderen durch Rosse, wir aber sind stark im Namen des Herrn, unseres Gottes" (Ps 20,8). Wir können uns nicht mit Mitteln der Gewalt Achtung erzwingen, um der Heilsbotschaft, deren Überbringer wir sind, Gehör und Respekt zu verschaffen. Aber gerade „weil die Wege Gottes nicht die der Menschen sind": Wenn alles Menschliche uns im Stich läßt und unsere Kräfte die äußerste Grenze der Erschöpfung erreichen, dann macht sich die Heilsgegenwart Gottes stärker bemerkbar, des Herrn der Geschichte, auf den wir unsere ganze Hoffnung gesetzt haben ... Das wird von denen, die keinen Glauben haben, nicht verstanden; wir aber wissen, daß das Gebet stärker ist als alle Mächte der Hölle und daß der Herr niemals die verläßt, die auf ihn vertrauen.

Der Glaube läßt uns erkennen, daß die Kirche in Guatemala gegenwärtig eine Zeit der Gnade und der Hoffnung durchlebt. Verfolgung ist immer ein klares Zeichen für Treue zu Christus und seinem Evangelium gewesen. Das Blut unserer Märtyrer wird zum Samenkorn für eine Vielzahl neuer Christen. Es tröstet uns, feststellen zu können, daß wir mit unserem Teil dazu beitragen, daß das ergänzt wird, „was an den Leiden Christi noch fehlt" (Kol 1,24). So ist also bei uns guatemaltekischen Christen kein Platz für Furcht oder Mutlosigkeit. Mit großer Freude vernehmen wir in diesem Augenblick der Bitterkeit und des Leidens die Worte Christi: „Fürchte dich nicht, du kleine Herde!" (Lk 12,32); „In der Welt seid ihr in Bedrängnis; aber habt Mut: Ich habe die Welt besiegt!" (Joh 16,33).

Aus einem Pastoralbrief der guatemaltekischen Bischofskonferenz

Den erlösenden Wert unseres Leidens entdecken ...

Gott zielt mit seinem Heilsplan auf die Schaffung einer brüderlichen Gesellschaft ab, an der wir alle als Glieder ein und desselben Leibes (1 Kor 12) brüderlich teilhaben. Wenn eines von seinen Gliedern verletzt wird, wird Christus selbst verletzt - wie auch jeder einzelne von uns, die wir ja einen Teil des besagten mystischen Leibes darstellen.
Da wir den Schmerz unserer leidenden Brüder und Schwestern als den unseren empfinden, fühlen wir uns machtlos und schwach, diesen Prozeß, den wir durchleben, anhalten und ihnen die Hilfe zukommen zu lassen, die notwendig wäre. Aber im Herrn fühlen wir uns stark.
Wir möchten unserem leidenden Gottesvolk sagen, daß wir immer bei ihm sind und daß wir es nicht im Stich lassen. In dieser Zeit gehen der auferstandene Christus und wir alle gemeinsam mit euch den Weg. Wir wollen die Hoffnung bewahren - jene Hoffnung, die das jüdische Volk vierzig Jahre lang in der Wüste aufrechthielt, ehe es das Gelobte Land erreichte. Wir wollen den erlösenden Wert unseres Leidens erkennen, das - wenn wir es mit dem Leiden Christi verbinden - die Herzen und die gegenwärtig noch herrschenden ungerechten Verhältnisse zu verändern vermag.
Im Gedenken an die Worte Jesu: „Was ihr für einen meiner geringsten Brüder getan habt, das habt ihr mir getan" (Mt 25,40), wollen wir denen helfen, die am meisten in ihren sowohl materiellen als auch geistigen Grundbedürfnissen zu leiden haben.
„Ich bin bei euch alle Tage bis zum Ende der Welt" (Mt 28,20).

Aus einem Brief der
guatemaltekischen Ordensleute an das Volk von Guatemala
Mai 1982

Indianer – freie Menschen

Mit dem vorliegenden Schreiben dekretieren und erklären Wir kraft Unserer apostolischen Autorität, daß die genannten Indianer und alle übrigen Völker, von denen die Christen in Zukunft Kenntnis gewinnen, auch wenn sich diese außerhalb des Glaubens an Christus befinden, mit Freiheit begabt sind und ihrer nicht beraubt werden dürfen und auch nicht der Verfügung über ihre Dinge; und mehr noch, daß sie diese Freiheit und dieses Nutzrecht frei gebrauchen, besitzen und genießen können und nicht in die Sklaverei reduziert werden dürfen; und daß alles, was zu jeder Zeit anders getan wird, wirkungslos, null und nichtig und wertlos ist.

Aus dem ersten Brief aus Rom
an die Christen im westindischen Amerika:
Bulle Papst Pauls III.,
Sublimis Deus (1537)

Am 4. August 1976 wurde Enrique Angelelli,
Bischof von La Rioja, Argentinien,
bei einem simulierten Autounfall ermordet

Für Enrique Angelelli, Bischof von La Rioja

Der Tod traf dich auf der Straße,
da liegst du nun ganz als Tieflandbewohner
und bildest ein Kreuz mit deinen offenen Armen.
(Im August hat uniformierter Haß gewütet,
während die Kirche mit weisen Riegeln manche Türen zugeschlagen hat,
sich Tod und Ostererweckung versagend.
Über die Pampas klang das Wiehern
von tausend gebändigten Pferden,
Kindern des unbändigen Windes,
und der „Gaucho" Martín Fierro
weinte
vor Scham . . .)

Der Tod traf dich auf der Straße,
da liegst du nun ganz und segnest die Bahn,
Enrique, guter Pastor, guter Hirt!

(Furchtlos müssen wir gehen
den Weg nach Emmaus
gegen Abend.
In diesem verbotenen „lebensträchtigen Land".
Mit dem Volk, das nächtens und schweigend
der Morgenröte entgegen sich sehnt . . .)

„Mit dem einen Ohr am Evangelium
und mit dem anderen am Volk", als Gläubiger unter Gläubigen
gehst als Tieflandbewohner du den Weg und bist ihnen lebendige Weisung.
Kahl wie ein Fels, klar wie ein Bach,
frei wie Jesus.
Aller Ornat verbrannt im Feuer des Dienstes.
Nackt wie das Volk deiner Armen.

Dem Kaktus gleich:
stachlig, schweigend, hörend,
Rebell der Hoffnung
bedingungslos
nur Wurzel
und nackte Arme:
Faser und Wächter der „Patria Grande".

Jedes Kind, das eine Mutter in Rioja gebiert,
wird im Wasser der Taufe
die helle Berührung deines apostolischen Blutes erfahren.
Dein Kreuz, Christi Kreuz, der geweihte Stein deines Volkes,
wird niemals den lästernden Angriffen des Hasses weichen.
Die Felsen, die deine todermüdeten Füße zerschnitten,
erhoben dich in die Lüfte, für immer,
über das Tiefland im Herzen Amerikas ...

Du lebst, du gehst uns voran, dein Blut ruft uns immerzu.
La Rioja, Argentinien, die ganze „Patria Grande"
müssen dich spüren auf ihren Wegen.
Zurückgewinnen wollen wir mit deinem Gedächtnis
die Erinnerung an das mit jüngsten Riten vertane Ostern.
Wir wollen eröffnen unter aller Augen, in sonntäglichem Licht
das Grab, versiegelt von Tempel und Gericht.
Wir wollen, daß die Kirche der Angst
wiedergewinne
Stimme und festen Schritt –
gekleidet mit der Stola deines Blutes,
gekleidet mit Strömen von Blut und Tränen
und vom Verlust
so vieler ihrer Söhne und Töchter ... –
um auszugraben ihr Licht, das pflichtvergessen sie verschlossen hielt.

Die vom „Hafen" sollen nie mehr ertränken
die Stimme der „Bergschlucht", Wahrheit aus dem Innern des Landes.
Keiner soll je mehr sagen: „In Buenos Aires
hört man (fast) nur Lügen."
Die schwangerreifen Mütter von der „Plaza de Mayo" –
Geburtswehen Amerikas unter Schmerzen und Hoffen –
sollen gebären
den Neuen Menschen,
das neue Freie Volk,
die „Patria Grande" von Indianern, Negern und Kreolen!

Adolfo[1] wird dann den Frieden aus Gerechtigkeit meißeln
mit dem Meißel seines breiten Lächelns,
mit allen Meißeln des Volkes ohne Namen.
So werden wir feiern an jenem Tag ein großes Fest,
und ganz Amerika wird erschallen von Liedern.
Mutter Erde wird sich verbinden mit Gott und den Menschen
    in dem Kind, das gekleidet mit dem Fleisch des Volkes:
    Es allein ist des Bürgermeisteramtes wert!

Dieweil muß Enrique, Hirt aus dem Innern des Landes,
    beseitigter Zeuge,
furchtlos weitergehen den Weg nach Emmaus
    gegen Abend.
Mit dem Volk, das nächtens und unbeirrt
    dem neuen Licht entgegen sich sehnt;
unsre Augen gewahren ihn, den Verschwundnen (sie, die Verschwundnen);
die Stätte der Begegnung steht offen, vielleicht noch in der Dämm'rung;
der Wein des Blutes singt uns im Mund;
und es nährt uns das Brot der Verheißung.

Pedro Casaldáliga

[1] *Adolfo Perez Esquivel,* Argentinier, Friedensnobelpreisträger 1980.

Nationalfeiertag in Bolivien

Individuelle und soziale Rechte

Das christliche Menschenbild verändert auch die zwischenmenschlichen Beziehungen. Einmal zu Kindern Gottes und zu Brüdern und Schwestern Jesu Christi geworden, müssen die Menschen auch untereinander wie Brüder und Schwestern leben . . .
Deshalb empfinden wir es als unsere Pflicht, die folgenden individuellen und sozialen Rechte zu verkünden:

Wir verkünden das Recht auf Leben.
Wir verkünden das Recht auf physische Unversehrtheit.
Wir verkünden das Recht auf Unbescholtenheit.
Wir verkünden das Recht auf Freiheit und Sicherheit der Person, der Familie und der Wohnung.
Wir verkünden das Recht auf Bewegungsfreiheit und freie Wohnungsnahme.
Wir verkünden das Recht auf rechtlichen Schutz.
Wir verkünden das Recht auf Religionsfreiheit, auf Freiheit des Denkens und des Gewissens.

Wir verkünden das Recht auf Freiheit in Erziehung und Bildung.
Wir verkünden das Recht auf Versammlungsfreiheit und freie Gruppenbildung.
Wir verkünden das Recht auf Arbeit, auf Sicherheit des Arbeitsplatzes und auf freie Gewerkschaften.
Wir verkünden das Recht auf ein normales Familienleben.
Wir verkünden das Recht auf Meinungsäußerung und objektive Information.
Wir verkünden das Recht auf politische Mitbestimmung und auf freie Wahl des politischen Systems . . .

Wir glauben, daß unsere Zeit eine Zeit der Hoffnung ist: Hoffnung auf Anerkennung für jene, die ohne Scheu vor Mühe und Gefahr für das Wohl der Menschen arbeiten, Hoffnung auf Trost und Hilfe für die Leidenden, Hoffnung auf ein Bolivien, das seine Treue zu Christus erneuert.

Aus einem Pastoralschreiben der bolivianischen Bischöfe vom 8. September 1980

Fest des in Lateinamerika vielfach verehrten heiligen Dominikus

Gerechtigkeit und Erbarmen Gottes leidenschaftlich nachleben

Im Licht des Evangeliums betrachtet, erkennt die Kirche in der Ausbeutung Lateinamerikas eine Situation institutioneller Ungerechtigkeit und sozialer Sünde *(Medellín, Puebla).* Außerdem sieht sie sich einem technisch perfekt geplanten ideologischen Angriff ausgesetzt durch religiöse Sekten, die vom Kapital organisiert und benutzt werden. Viele pastorale Mitarbeiter der Kirche, die sich um den Aufbau einer neuen Gestalt der Kirche bemühen, werden bis zum Tod verfolgt - und mit ihnen weite Bereiche der Bevölkerung.

Wenn unser Ordensleben als Dominikaner eine radikale Nachfolge Jesu Christi sein soll, was bedeutet, daß wir heute die gleiche Handlungsweise wie Jesus von Nazaret befolgen, dann müssen wir uns wirklich für die Armen des Volkes entscheiden und allen die Frohe Botschaft von der ganzheitlichen Befreiung der einzelnen Person wie auch der Gesellschaft *(Evangelii nuntiandi)* verkünden. Das bedeutet, daß wir uns von den Armen evangelisieren lassen, ihre Bedürfnisse und Wünsche uns zu eigen machen und uns dafür einsetzen, daß sie selbst über ihr Leben bestimmen können.

Als Erben des Charismas des heiligen Dominikus von Guzmán, der die Gerechtigkeit und das Erbarmen Gottes leidenschaftlich nachgelebt hat und der durch seine der Wahrheit verpflichtete Wander- und Bettelgemeinschaft auf prophetische Weise die Verkündigung des Evangeliums in einer neu entstehenden Welt verkörpert hat, fühlt sich die Familie der Dominikaner aktiv mit all denen verbunden, die in Lateinamerika mit allen Konsequenzen für den Frieden als Frucht der Gerechtigkeit kämpfen ...

In Anbetracht der Schlußfolgerungen, die die Kirche Lateinamerikas in Medellín und Puebla gezogen hat, wie auch der Bemühungen, die auf diesem Zweiten Internationalen Kongreß der Dominikaner in der Dritten Welt zum Ausdruck gekommen sind, ergeben sich für unser Leben als Dominikaner in Lateinamerika folgende Prioritäten:

1. Es geht uns um die vorrangige Option für die Armen – für Eingeborene, Landarbeiter und Kleinbauern, Arbeiter, Angestellte, Auswanderer, Flüchtlinge usw. – wie auch für die Jugend und die Familie.
2. Wir wollen die Beteiligung der Frau am Aufbau einer Zukunft in Gerechtigkeit und Freiheit auf unserem Erdteil fördern und unterstützen.
3. Wir wollen in allen Formen unseres Apostolats den Übergang von unterstützenden und therapeutischen Sozialmaßnahmen zu einem prophetischen Engagement beschleunigen, das die ungerechten Strukturen anprangert und verändert.
4. Bewegt durch den Glauben, wollen wir rückhaltlos in unserer historischen und kulturellen Wirklichkeit leben und so das Entstehen einer bodenständigen Kirche fördern und unterstützen, in der die Laienämter voll und ganz anerkannt und gewürdigt werden, so daß auf diese Weise das neue Modell der Kirche, die durch den Heiligen Geist unter uns selbst entsteht, immer mehr an Gestalt gewinnt.
5. Wir werden uns in all unseren Handlungsweisen bemühen um die persönliche und gemeinsame Einheit von Kontemplation und Aktion, von persönlicher Bekehrung und gesellschaftlicher Veränderung, von Glauben und Politik, von Zeugnis und Wort, von theologischer Reflexion und Anwendung wissenschaftlicher Instrumente zur Analyse der Wirklichkeit sowie der Befähigung, als Fachleute Menschen zu helfen, und apostolischer Arbeit . . .

Aus dem Schlußdokument des Zweiten Internationalen Kongresses der Dominikaner in der Dritten Welt vom 22. bis 26. September 1982 in Madrid

Unsere gewaltfreie Aktion entspringt dem Evangelium

Frage: Worin unterscheiden sich nach Ihrer Sicht Gewalt und Gewaltfreiheit?

Perez Esquivel: Lateinamerika hat eine lange Erfahrung im gewaltfreien Kampf, der, wenn er auch nicht gewaltfrei genannt wird, doch tief in den Gefühlen des Volkes verwurzelt ist. Das Volk greift nur dann zur Gewalt, wenn es verzweifelt ist, wenn es keine Antworten, keine Alternativen, keine Auswege aus Situationen der Ungerechtigkeit finden kann, die es seit Generationen erdulden muß. Gewalttätigkeit beruht auf Waffengewalt, sie nimmt dem Menschen das Subjektsein, macht ihn zum Objekt und stellt Ideologien wie auch wirtschaftliche und politische Interessen über die menschliche Existenz. Wer aber den Menschen vergißt, vergißt auch Gott und verliert den Sinn des Lebens aus den Augen. Wer versucht, um jeden Preis sein Ziel zu erreichen, bringt eine unkontrollierbare Spirale der Gewalt in Gang, wobei der „Friede" dann nur noch auf dem Terror der Waffen beruht.
Die gewaltfreie Aktion in Lateinamerika dagegen entspringt aus der Kraft des Evangeliums. Die Waffe der Armen ist die Kraft der aktiven Gewaltfreiheit; diese widersteht dem Unrecht, in dem die Kleinen leben, und verändert die Strukturen. Die Geschichte der Völker geht dahin, daß die menschliche Persönlichkeit erlöst wird. Das ist freilich ein Prozeß voller Pein, Kampf und Leiden, Gefängnis, Tod und Folter, aber auch voller Hoffnung und Kraft der Wahrheit - welche darum kämpft, neue Alternativen zu finden um die Gesellschaft durch den Glauben gerechter und brüderlicher zu machen.

Frage: Sie waren 18 Monate im Gefängnis, von April 1977 bis Oktober 1978. Diese Gefängniserfahrung scheint doch ein Schlüsselerlebnis für Sie gewesen zu sein. Was würden Sie als Resümee dieser 18 Monate Gefängnis ziehen?

Perez Esquivel: Ich möchte sagen, daß es eine bittere Erfahrung war. Das Wichtigste für mich war die Erkenntnis, daß es etwas gibt, was man nicht einsperren kann, und das ist die Kraft des Geistes. Die größte Kraft, aus der ich während meiner Haftzeit schöpfte, war das Gebet. Ich hatte auch Gelegenheit, über vieles nachzudenken, über die Bedeutung, über die Konsequenz eines gewaltfreien Kampfes und, im Gegensatz dazu, über dic zwangsläufigen Folgen von Gewalt und welches unser Weg sein müßte. Ich war nach dieser Zeit noch viel sicherer als zuvor, daß es für uns nur den einen Weg ohne Gewalt geben könnte, wenn wir nicht alles zerstören wollten. Denn wenn der Mensch den Menschen vergißt, und das tut er, das muß er bei Gewaltanwendung tun, dann verliert sein Leben, sein Dasein jede Basis, denn er wendet sich damit nicht nur vom Bruder und von der Schwester, sondern auch von Gott ab. Wenn man Politik, Wirtschaft, Ideologie über den Menschen stellt, dann degradiert man ihn zum Objekt gesellschaftlichen Handelns, und hier ist das Ende jedes kreativen Miteinanders. Ich frage mich immer wieder, welche Art Welt wir eigentlich bauen wollen, für unser Kinder und Kindeskinder. Wozu nützen Philosophie, Wissenschaft, Kultur, Kunst, wenn wir dabei den Menschen vergessen – dieses Vergessen des Menschen, das betrachte ich als die Wurzel allen Übels. Ich bin aus dem Gefängnis gestärkt hervorgegangen und noch überzeugter davon, welche Kraft wir aus der Tatsache gewinnen können, daß wir auf Gewaltanwendung verzichten, und wieviel Kraft dann für den Aufbau einer gerechteren Welt freigesetzt würde. Ich glaube mit Martin Luther King einer Meinung zu sein, der einmal gesagt hat: „Es geht nicht mehr um den Gegensatz von Gewalt und Gewaltlosigkeit, es geht um die Alternative Gewaltfreiheit oder Untergang."

Aus einem Interview mit Adolfo Perez Esquivel

Wenn der Himmel die Erde ist . . .

Wenn meine Seele tot ist, wer wird sie dann erwecken –
aus dunklen Nächten,
aus erloschenen Lichtern?
Mein Geist stöhnt in Schmerzen.
Mein Herz schlägt wie das Ticken einer Uhr
und sucht nach dem Sein,
wo doch dieses Sein das Nichts ist.
Mein Leben ist ein ewiges Dilemma: Sein und Nichtsein.
Leben heißt sehen,
Sterne sehen,
die grenzenlose Schönheit eines Schöpfers sehen.
Nicht den Himmel will ich, aber vielleicht die Erde,
ein verlorenes Paradies.
Wenn der Himmel die Erde ist,
denn beweg' ich mich in ihm wie
ein Sterbender: Erfahrung, Erfahrung meines Lebens.
In Lichtern und Schatten zerfließt das Blut meiner Existenz.
Wer sagt mir, was Existieren ist,
Erfahrung von sichtbaren oder unsichtbaren Dingen?
Wenn das Unsichtbare sichtbar ist, warum dann sehen?
Mein Sehen ist Leiden, in der verborgenen Welt
meiner Tiefe, meiner Einmaligkeit.
Vielleicht meiner komplizierten Einfachheit.
Gründe gibt es für das Nichtsein,
denn im Nichts, in der Leere
finde ich eine Flamme, die ein Absolutes erfaßt.
Aber wo?
Auf welcher Erde?

Täglich betracht' ich die Sterne, mit einfachem Blick
nach einer Unendlichkeit,
die so weit ist wie die Entfernung ihres Glanzes.
Vielleicht sind sie die Augen eines Gottes,
des Schöpfergottes.

Tito de Alencar Lima

Fest der Aufnahme Mariens in den Himmel

Unsere Liebe Frau von Asunción

Maria Königin
verspottet heute
von den Generälen aus Asunción
in den Aufmärschen der Kasernen
in den uniformierten Prozessionen
zum verkauften Tempel.

Zuverlässiger Stern
der frohen Botschaft
verkündet den armen
Völkern der Erde.

Prophetin
Hoffnung, daß die Throne
gestürzt
und die Köpfe der Schlange
für immer zertreten werden.

Schmerzensreiche Mutter
der Mütter, die beweinen
auf der Plaza de Mayo
ihre verschwundenen Söhne.

Maria aufgefahren
in das Reich des Vaters
wo Völker ohne Klassen
singen werden das Lob
in Zungen aus Feuer –
bitte für uns.

Paulo Suess
Asunción, 15. August 1981

Dein Reich komme – trotz so vieler Konflikte ...

Ein Vaterunser aus Nikaragua

Unser Vater
Du wohnst auch in diesem unserem Land, Nikaragua.
Hier wollen wir dich suchen und dir begegnen –
bei unserem täglichen Bemühen,
unser Vaterland zum Wohle aller wieder aufzubauen.

Geheiligt werde dein Name
durch unsere Einheit –
geheiligt werde dein Name
durch unsere Solidarität mit den Bedürftigsten,
durch unseren unermüdlichen Einsatz für Gerechtigkeit und Frieden.

Dein Reich komme
Bald möge es kommen
zu den Hungrigen,
zu den Weinenden,
zu denen, die sich nach deiner Gerechtigkeit sehnen,
zu denen, die schon seit Jahrhunderten auf ein menschenwürdiges Leben warten.
Gib uns Geduld, den Weg zu ebnen,
auf dem dein Reich zu uns kommt.
Gib uns Hoffnung, damit wir nicht müde werden, es zu verkünden und uns einzusetzen,
trotz so vieler Konflikte,
Bedrohungen und Unzulänglichkeiten.
Gib uns einen klaren Blick,
damit wir in dieser Stunde unserer Geschichte den Horizont wahrnehmen
und erkennen, auf welchem Weg dein Reich zu uns kommt.

Dein Wille geschehe, wie im Himmel so auf Erden
Dein Wille,
daß wir nur dich Vater nennen
und untereinander wie Brüder und Schwestern leben,
möge sich auch in Nikaragua erfüllen.
Dein Wille möge auch in der Kirche von Nikaragua geschehen,
die ihre Einheit hat in Jesus, deinem Sohn und unserem Herrn,
dem guten Hirten, der die Herde zusammenführt,
in einer Kirche der Armen,
die Jesus seliggepriesen und denen er das Evangelium anvertraut hat,
in einer Kirche,
in der wir unter der Führung des Geistes Jesu
ein Herz und eine Seele sein
und alles miteinander gemeinsam haben wollen.

Unser tägliches Brot gib uns heute
Gib uns die Kraft, daß wir in unserem Vaterland
eine Gesellschaft aufbauen können, in der alle Menschen ausreichend
Maistorten und Bohnen,
ein Dach über dem Kopf und Schulen für ihre Kinder,
Feste und Frieden haben:
eine Gesellschaft, in der wir möglichst bald die Schwerter
zu Pflugscharen
und die Panzer zu Werkzeugen vernünftiger Arbeit
umschmieden können,
eine neue Gesellschaft mit neuen Frauen und neuen Männern,
die sich mehr darüber freuen, etwas zu geben als etwas
zu bekommen.

Vergib uns unsere Schuld
unsere fehlende Einheit, unsere Ungeduld.
Vergib uns, daß wir den Splitter im Auge des Bruders sehen,
ohne zuvor den Balken aus unserem Auge zu entfernen.
Vergib uns unsere Angst vor dem Risiko,
unsere Angst zu verlieren,
unsere Angst zu teilen,
unsere Angst vor dem Tod.
Und wie wir unseren Schuldigern
und denen, die uns beleidigt haben, vergeben,
ebenso vergib auch du uns.

Führe uns nicht in Versuchung
in die Versuchung,
uns schon für gerecht,
für gute Christen und
bereits auf dem rechten Weg zu halten.
Laß uns nicht versucht werden
von dem Stolz über das, was wir schon geschafft haben, und
von der Hoffnungslosigkeit über alles, was noch fehlt.
Führe uns nicht in die Versuchung
der Traurigkeit, der Routine oder des Hasses.

Erlöse uns von dem Bösen
Bewahre uns vor dem Krieg, mit dem man uns von außerhalb des Landes droht,
bewahre uns davor zu vergessen,
daß unser Leben,
das Leben unserer Kinder und
das Leben unseres Vaterlandes
in deinen Vaterhänden liegen.
In sicheren und wachsamen Händen,
die sich sogar um die Vögel des Himmels kümmern,
in liebevollen Händen,
die das Unkraut ebenso wie die Lilien auf dem Felde
meisterhaft kleiden.
In Vaterhänden,
in die auch wir heute unser dankbares Vertrauen legen.

Amen.

Da sind Leute bei den Schweinen gelandet ...

Begegnung mit Heiligen heute

Padre Eduardo ist in Recife aus seinem Kloster ausgezogen. Jetzt wohnt, lebt und haust er unter den Menschen, die kein anderes Zuhause haben als die Straße, oft schon auf der Straße geboren, in irgendeinem Winkel, unterernährt, von Krankheit gezeichnet, Durchfall, Wurmkrankheiten, Bronchitis, aber trotz allem noch am Leben, wenn man das noch Leben nennen will. Alkoholismus, Schnüffeln von Lederklebstoff, Prostitution, um überhaupt überleben zu können, physisch und psychisch kaputt ohne Aussicht auf Änderung: das unterste Elend.

Wir trafen Eduardo in einem vom Kloster abgetrennten Raum, wie er gerade Suppe ausschenkte. Von einem Markt dürfen ab 16 Uhr nicht mehr verkaufbare Waren und Abfälle gesammelt werden. Sie werden gesäubert, und daraus wird dann die Suppe bereitet.

Eduardo erzählt von diesen Menschen, von den Mädchen, die sich selbst Schnitte und Wunden beibringen, um beim Betteln mehr Aufmersamkeit zu erregen, von der Mutter, die ihr sterbendes Kind nicht abgeben will, von der Fünfzehnjährigen, die zum drittenmal schwanger ist. Menschlich gesehen: keine Aussicht auf Änderung. Wenn es einem gelingt, sich da herauszuretten, sind zehn andere schon da. Gesellschaftlich gesehen: diese Menschen sind abgeschrieben wie verrottete Maschinen. Dafür tut keiner mehr was.

Eduardo macht sich keine Illusionen. Er weiß, daß er auch nicht viel ändern kann. „Aber eines kann ich tun: ich kann jeden empfangen, der kommt; ich kann ihn als Menschen empfangen. Die Tür ist immer offen."

Ein neunzehnjähriger Junge hat sich ihm angeschlossen. Äußerlich sind die beiden nicht von dem Milieu zu unterscheiden, in dem sie leben. Sie schlafen auch in einer Ecke desselben Raumes. Sie haben alles hinter sich gelassen: das Kloster oder die Familie, gesicherten Lebensunterhalt, Hygiene. Sie sind arm geworden und den Menschen gleich, um ihnen ganz

nahe zu sein. Sie wollen nicht betreuen. Oft können sie nur das Leid mit aushalten. Da sind Leute bei den Schweinen gelandet, nicht weil sie aus einem geordneten Leben weggelaufen wären, sondern weil sie schon da geboren wurden.
Einer von uns sagte am Abend: „Wenn es heute noch Heilige gibt, dann sind wir ihnen begegnet."

Ferdinand Kerstiens

Ein Land im Zustand sozialer Sünde

Das Evangelium, das wir verkünden, ist die Frohe Botschaft vom Erscheinen Jesu Christi, des menschgewordenen Gottes, der in unsere menschliche Geschichte einbricht, um uns zu Erben seines Reiches zu machen ...
Dieses Reich ist kein aussichtsloser oder zeitloser Traum, sondern eine Realität, die hier unten, im Zeitlichen, ihren Anfang nimmt und sich zur Gänze im Jenseits, im Ewigen, vollendet ...
Dann und wann kommt es vor, daß die Menschen es ablehnen, in Gemeinschaft mit Gott und in Gemeinschaft untereinander zu treten. Diese Ablehnung erzeugt Spaltung und als ihre Folge Haß, der die Menschen gegeneinander aufbringt. Dann herrschen der Egoismus, das Böse, die Sünde.
Die Sünde, in ihrer doppelten, individuellen und sozialen Dimension, ist ein Hemmnis für die Gemeinschaft, ist eine Ursache großer Leiden ...
Die Anhäufung von Fehlern und Irrtümern, deren Nachwirkung das Volk von Haiti voll erfährt, äußert sich in einer Reihe von Herausforderungen, die das Bewußtsein der christlichen Gemeinschaft verletzen. Wir heben hervor:
die massive Abwanderung unserer Landsleute aus unwirtlichen Landregionen in die Stadt wie aus dem eigenen Land ins Ausland, wo sie ihrem entmenschlichenden Elend entgehen und nach besseren Lebensbedingungen suchen wollen;
die Anwerbung von haitianischen Landarbeitern für die Zuckerrohrernte, die sich angesichts von Gleichgültigkeit eines großen Teils der Öffentlichkeit vollzieht, einer Öffentlichkeit, die vorgibt, die diesen Wanderarbeitern aufgezwungenen menschenunwürdigen Lebensbedingungen nicht zu kennen;
das Zurückdrängen von Tausenden von Landsleuten nach Haiti, die vor einiger Zeit illegal in ein fremdes Land eingedrungen sind und dort ansäs-

sig geworden sind, mit allen Folgeerscheinungen, die eine solche massive Rückkehr Entwurzelter darstellt;
die Atmosphäre von Angst und Unsicherheit für Einzelpersonen und ganze Familien, hervorgerufen durch Drohungen und Einschüchterungsmaßnahmen;
die Übertretung von Gesetzen und von gerechten gesetzlichen Regeln, die einen Prozeß der Ausbeutung und schnelleren Verelendung auslöst.
Auch wenn uns dies alles schockiert und erzürnt, müssen wir zugeben, daß diese Herausforderungen einen Zustand der Sünde schaffen, der unsere christlichen Empfindungen verletzt.

Aus einem Hirtenbrief der haitianischen Bischöfe, Dezember 1980

Leben statt Tod!

Brief eines lateinamerikanischen Bischofs an „Kirche von unten" hierzulande

Schwestern und Brüder!
Ich habe erfahren, daß es in Deutschland eine Bewegung gibt, die aus der Wurzel, aus der Tiefe, „von unten" hervorbricht und die - als ein Teil der Kirche aus dem Glauben inspiriert - auf der Suche ist.
Für mich ist dies eine frohe Botschaft, eine großartige Nachricht. Denn Ihr sucht dasselbe wie wir: die Rückkehr zum Wesentlichen des Evangeliums, zur Bergpredigt Christi.
Der Ausgangspunkt jedoch, denke ich, ist anders. Bei Euch herrscht eine Situation des materiellen Überflusses. Wir dagegen müssen vom Nullpunkt ausgehen: In einer Situation unzumutbaren Elends, ja im Hunger mangelt es uns fast völlig an den Gütern, die Gott für alle geschaffen hat.
Ihr wie viele Bürger der entwickelten Länder, übersatt an Gütern des Lebens, seid damit auf der Suche nach dem Tod. Wir dagegen sind, ausgehend von unserem Glauben, auf der Suche nach dem Leben, wir, die nichts haben als Not und Elend. Wir wollen das Leben verteidigen gegen den Krieg, gegen die Ungerechtigkeit, den Egoismus, die Aufrüstung. Wie Eure Bewegung fordern wir Brot statt Waffen, Freiheit statt Terror, Frieden statt Gewalt, Leben statt Tod.
Als kleine Leute wollen wir in der Kirche Christi keine Therapeuten sein, die sich damit beschäftigen, oberflächlich ein paar Wunden zu kurieren, sondern Arbeiter wollen wir sein, die Fundamente legen, sowie Propheten, die die Ursachen der Katastrophen aufdecken und mit der Radikalität des Evangeliums gegen sie angehen. Von den Armen aus brach das Reich des Herrn in unserer Geschichte an; und von den Armen, „von unten" aus wächst es, dehnt es sich aus und vermehrt sich ständig. Wir sitzen alle im selben Boot. Von dieser geographischen Höhe von 4000 m aus . . . von dieser Kirche Punos aus, „gebaut auf dem Berge", wünscht Euch ein Bischof von gut 445 500 armen, aber gläubigen Indio-Schwestern und

-Brüdern der Inka-Rasse Glück für Eure Arbeit und für Euren heiligen Wagemut, Mauern einzureißen, Dämme gegen die Sturzfluten des Todes zu errichten . . . und Wege des Friedens durch die Gerechtigkeit zu bahnen.

Jesús Calderón,
Bischof von Puno, Peru,
September 1983

Am 6. September 1968 wurde die Bischofskonferenz von Medellín abgeschlossen

Kirche: Zeichen des armen Jesus

Die Kirche läßt sich nicht vom geringsten irdischen Ehrgeiz treiben. Sie will nur allen Menschen in Bescheidenheit dienen.
Diese geistige Einstellung muß bei uns in Lateinamerika besonders herausgestellt werden.
Wir möchten,
- daß unsere lateinamerikanische Kirche frei wird von irdischen Fesseln, von stillschweigendem Kopfnicken und zweideutigem Prestige,
- daß sie - frei im Geist gegenüber den Fesseln des Reichtums - ihrem Dienstauftrag mit größerer Transparenz und Entschiedenheit nachkommt
- und daß sie sich in das Leben und in die zeitlichen Aufgaben einmischt.

So spiegelt sie das Licht Christi wider, der im Aufbau der Welt am Werk ist.
Wir möchten den Wert und die legitime Autonomie der zeitlichen Aufgaben voll anerkennen. Wenn wir uns dienstbereit auf sie einlassen, wollen wir sie weder entkräften noch von ihren eigentlichen Zielsetzungen abbringen. Aufrichtig möchten wir alle Menschen respektieren und ihnen gern Gehör schenken, um ihnen mit ihren Problemen und Ängsten zu dienen. So wird die Kirche in der Fortsetzung des Werkes Christi, „der - obschon er reich war - unseretwegen arm wurde, um uns durch seine Armut reich zu machen" (2 Kor 8,9), vor der Welt zu einem klaren und unzweideutigen Zeichen für die Armut ihres Herrn.

Medellín, Armut der Kirche, 18

Jesus läßt eine Messe unterbrechen . . .

Ein Brief an den brasilianischen Bundespräsidenten zum Unabhängigkeitstag des Landes am 7. September

Herr Bundespräsident!
Erinnern Sie sich daran, was Jesus in der Bergpredigt sagt? –:
„Wenn du deine Opfergabe zum Altar bringst und dir dabei einfällt, daß dein Bruder etwas gegen dich hat, so laß deine Gabe dort vor dem Altar liegen; geh und versöhne dich zuerst mit deinem Bruder, dann komm und opfere deine Gabe" (Mt 5,23–24).
Wenn ich das nicht tue, Herr Bundespräsident, kann ich am 7. September, dem Unabhängigkeitstag Brasiliens, nicht mehr die heilige Messe feiern.
Als Ordensmann, der ich das Gelübde der Armut abgelegt habe, habe ich persönlich nichts gegen Sie. Im Gegenteil: Mit all den „Paketen" an Sparmaßnahmen, die da geschnürt werden, helfen Sie mir, in Enthaltsamkeit und Fasten nach dem Gelübde zu leben. Aber als Priester, der ich mich vorrangig für die Armen und für die jungen Menschen entschieden habe, laß' ich meine Opfergabe vor dem Altar liegen und will versuchen, mich mit Ihnen zu versöhnen.
Ich habe die Messe bei der Gabenbereitung unterbrochen und steh' jetzt hier draußen vor Ihrem Büro und warte.
Persönlich hab' ich's nicht sehr eilig, weil uns Christus ja selbst den Auftrag erteilt hat, die Messe zu unterbrechen. Ich nehme daraus, daß er es seinerseits auch nicht eilig hat, mein Opfer zu bekommen. Und das Opfer selbst wird während der paar Tage auch nicht schlecht; denn es besteht aus Abstinenz und Fasten, aus meinem Hunger . . .
Was ich aber nicht weiß, ist, ob's das Volk noch weiter aushält: mit dem Stückchen Brot . . .! Obwohl die Armen – wie Sie – kein Armutsgelübde abgelegt haben, halten sie Abstinenz und fasten.

Herr Bundespräsident!
Für mich ist es leicht, für Sie, für den Vorsitzenden der brasilianischen Zentralbank, Langoni, und den Planungsminister Delfim Neto zu beten.

Dem Volk aber fällt das nicht so leicht. Als ich dieser Tage bei der Gabenbereitung den Leuten sagte, wenn jemand etwas gegen einen Bruder habe, solle er sein Opfer vor dem Altar liegen lassen und sich mit ihm versöhnen, verließen alle die Kirche und sind bis heute noch nicht zurückgekehrt. Später hörte ich, alle seien zu Ihnen gegangen. Wenn mein Volk noch nicht bei Ihnen angekommen sein sollte, stellen Sie sich darauf ein: Eines Tages werden die Armen vor Ihrer Tür stehen und *Unabhängigkeit* von Ihnen wollen; denn die ist Voraussetzung dafür, daß sie sich mit Ihnen versöhnen können.

Tun Sie etwas, Herr Bundespräsident! Dieweil beten das Volk und ich hier für Sie.

Hilário Cristofolini

Fest des heiligen Petrus Claver, Apostels der Negersklaven in Cartagena, Kolumbien

Accra, 1682: Ganz Europa handelt mit Menschenfleisch

In der Nähe des englischen und des holländischen Forts steht in Schußweite die nagelneue kurbrandenburgische Faktorei. Eine neue Fahne flattert damit an den hiesigen Küsten, über dem Blockdach des Sklavenlagers und den Masten der randvoll auslaufenden Schiffe. Dank ihrer Afrikanischen Handelsgesellschaft sind die Deutschen in das einträglichste Geschäft der damaligen Zeit eingestiegen.

Die Portugiesen betreiben die Sklavenjagd und den Sklavenhandel über ihre Companhia de Guinea. Die Royal African Company ist zum Nutzen der englischen Krone tätig. Das französische Banner weht auf den Schiffen der Compagnie du Sénégal. Die Nederlands West-Indische Compagnie blüht und gedeiht. Die auf den Sklavenhandel spezialisierte dänische Firma heißt ebenfalls Westindische Handelsgesellschaft, und Südseekompanie diejenige, an der die Schweden verdienen.

Spanien hat kein Sklavenhandelsunternehmen. Aber die Casa de Contratación in Sevilla, das Handelshaus für Amerika, hat dem König vor einem Jahrhundert einen mit Belegen untermauerten Bericht geschickt, in dem sie feststellt, daß die Sklaven von allen nach Amerika eingeführten Artikeln die lukrativsten sind; und das ist auch noch heute so. Für das Recht, in Spaniens Kolonien Sklaven verkaufen zu dürfen, zahlen die ausländischen Firmen Unsummen in die Königlichen Schatztruhen. Mit diesen Geldern wurden unter anderem die Schlösser von Madrid und Toledo gebaut. Und die Junta de Negros tagt im größten Saal des Indienrats.

Eduardo Galeano

Fest Mariä Namen

Gebet zu Mariama[1]

Mariama, Unsere Liebe Frau,
Mutter Christi und Mutter der Menschen!
Mariama, Mutter der Menschen alle Rassen,
aller Farben und aller vier Winde.
Bitte deinen Sohn, daß dieses Fest nicht hier zu Ende geht,
der Schlußmarsch wird eine Freude sein.
Wichtig ist vielmehr, Mariama, daß die Kirche deines Sohnes
es nicht bei Worten und Beifall bewenden läßt.
Es kommt darauf an, daß sich unsere Bischofskonferenz
jetzt auch voll die Sache der Schwarzen angelegen sein läßt,
wie sie sich auch voll die Pastoral von Grund- und Bodenfragen
und die Indianerpastoral zu eigen gemacht hat.
Es ist nicht damit getan, um Verzeihung für die Fehler von gestern zu bitten.
Es geht darum, daß wir unseren Weg gehen,
ohne Angst vor dem, was man über uns sagt.
Natürlich werden wir zu hören bekommen, Mariama,
das alles wäre Politik, Subversion und Kommunismus.
Aber alles ist nur das Evangelium Christi, Mariama.
Mariama, geliebte Mutter, das Problem der Schwarzen
hat mit allen großen menschlichen Problemen zu tun,
mit allen Absurditäten gegen die Menschheit,
mit allen Formen von Ungerechtigkeit und Unterdrückung.
Mariama, vor allem die verfluchte Fabrikation von Waffen muß ein Ende haben.
Die Welt muß Frieden fabrizieren.
Es reicht mit so viel Ungerechtigkeit:
daß die einen nicht wissen, was sie mit soviel Grund und Boden machen sollen,

während die anderen – Millionen von Menschen – keinen
Quadratmeter haben, auf dem sie leben könnten.
Es reicht, daß die einen sich übergeben müssen,
um noch essen zu können,
während 50 Millionen in einem einzigen Jahr verhungern.
Es reicht, daß sich die einen
mit ihren Unternehmen in der ganzen Welt ausbreiten,
während Millionen nicht das winzigste Eckchen haben,
um ihren Lebensunterhalt zu bestreiten.
Mariama, Unsere Liebe Frau, verehrte Mutter,
du brauchst nicht einmal so weit zu gehen wie in deinem Lied.
Es ist gar nicht nötig, daß die Reichen mit leeren Händen
und die Armen mit gefüllten Händen ausgehen.
Weder reich noch arm.
Auf keinen Fall sollen die Sklaven von heute
die Sklavenhalter von morgen werden.
Die Zeit der Sklaven ist vorbei.
Wir wünschen uns eine Welt ohne Herren und ohne Sklaven,
eine Welt von Brüdern und Schwestern wollen wir.
Aber nicht nur von Brüdern und Schwestern dem Namen nach,
sondern von Brüdern und Schwestern in Wirklichkeit,
Mariama.

Hélder Câmara

[1] Dieses Gebet wurde im Anschluß an die erstmalige Feier der „Fliehdorf-Messe" (S. 84–102) gesprochen.

Jesus: ein Baumstumpf, aus dem es blüht

Jesus ist wie . . .
- ein Schlüssel, der uns einen neuen Weg zu den Armen eröffnet
- eine Blume, die blühen möchte
- ein offenes Fenster, das uns frische Luft spendet
- ein Verteidiger
- ein Haus, das uns beschützt
- ein Dach, das uns alle eint
- ein Same, der uns das Leben spendet
- ein Blitz, der uns leuchtet und erschreckt
- ein guter Weg
- ein Hirte, der uns beschützt
- eine offene Tür; das bedeutet, daß er uns mit offenem Herzen aufnimmt
- ein Baumstumpf, aus dem es blüht
- Regen, der uns Leben gibt
- die Sonne, die uns leuchtet
- Wasser, das uns reinigt
- eine Faust, die sagt: Schluß mit der Ungerechtigkeit!
- ein Schatten, der uns beherbergt
- ein Sonnenhut, der uns beschützt
- ein Tanz, der uns Freude bringt und uns hilft zu leben
- Licht, das leuchtet
- der erste Schritt
- ein Buch, das uns alles lehrt
- eine starke Stimme, die spricht, wenn andere stumm sind
- Nahrung, die uns Kraft gibt zum Weitergehen.

Meditation zur Firmvorbereitung
bei Indio-Campesinos,
Santiago de Pupuja, Südperu

Gebet zu Jesus Christus

Ich bin ein Baum.
Du kommst mit Wind.
Herr Jesus Christus, reiß
durch deinen Heiligen Geist all
das Schlechte aus
meinem Herzen,
damit ich Frucht bringen kann.
Herr, ich will ein Baum sein,
hoffentlich ein guter,
trenne mich vom Bösen,
gib mir die Kraft deines Geistes,
daß ich zu einem reifen Samenkorn werde.
Herr, ich gebe dir mein Herz
bis zu dem Tag, an dem du kommst.
Laß mich, Herr, in deine Herrlichkeit eintreten
und nicht in Versuchung fallen.
Denn ich bin ja dein Kind,
das dir immer wieder dienen will. Amen.

Indio-Campesino
aus Santiago de Pupuja,
Südperu

Grabrede

für ein beim gemeinsamen Brunnenbau
verunglücktes Gemeindemitglied

Felipe, Säule der Gemeinde!
Du warst in der Tat engagiert in deiner Gemeinde
und setztest dich für das Leben aller ein.
Dank Dir!

Felipe, Samenkorn, begraben in dieser Erde!
Hoffentlich ergreift dein Beispiel
auch alle anderen.
Dank Dir!

Felipe, ein zweiter Christus!
Du setztest dich für das Leben aller ein
und verlorst dein eigenes dabei.
Wie *er* wirst du auferstehen.
Bete auch für unsere Auferstehung.

Felipe, Heiliger!
Denn du warst immer dem Leben nahe.
Dank Dir!

Felipe, Zeichen unseres Einsatzes!
Mach weiter in diesem Werk für das Leben.
Der 20. September soll dein Tag sein,
für immer.

Indio-Campesino
aus Santiago de Pupuja,
Südperu

Die Kirche der Armen ist ein Geheimnis des Glaubens . . .

Pinselstriche am Bild einer nordostbrasilianischen Ortskirche

Herr, die Kirche der Armen ist ein Geheimnis des Glaubens. Kein noch so weiser Mensch kann uns zu dem Glauben bewegen, daß uns die zugesagte Befreiung durch ein armes, hilfloses und auf Stroh liegendes Kind zuteil wird.
Herr, die Kraft der Armen ist ein Geheimnis des Glaubens. Kein noch so weiser Mensch kann uns zu dem Glauben bewegen, daß ein besiegter, zerfetzter und ans Kreuz genagelter Mensch den Weg in die neue, freie und versöhnte Welt zu eröffnen vermag.
Herr, die Befreiung der Armen ist ein Geheimnis des Glaubens. Kein noch so weiser Mensch kann uns zu dem Glauben bewegen, daß eine Leiche nach drei Tagen wieder aufersteht und zur Gewähr, Vorwegnahme und Gewißheit dafür wird, daß wir nicht grundlos glauben, Gott werde das Unmögliche möglich machen.
Gib unserer Ortskirche von Crateús, solange sie unterwegs ist, das Vermögen, an das Geheimnis deiner Armut wie auch an die Kraft zu glauben, die dem aus Liebe ertragenen Leiden entspringt, und vertrauensvoll auf die Befreiung aller Menschen zu hoffen, insbesondere aber der Mißhandelten, Getretenen und Gedemütigten dieser Erde.
Erfülle unser Herz mit feinfühlender Barmherzigkeit, damit wir in brüderlichem Dialog auf alle Menschen zugehen können – auf unsere Brüder und Schwestern, die dein Sohn mit seinem Blut freigekauft und reingewaschen hat, Jesus Christus, der durch die Kanäle der Armen die Welt noch immer mit Regen benetzt, damit sie doch noch befreit wird.
Amen.

Eliésio dos Santos

Ich bin ein Campesino

Ich bin ein Campesino.
Ich arbeite von Sonnenaufgang bis Sonnenuntergang.
Ich bin ein Mensch, aber ich arbeite wie ein Tier.
Die Erde gibt mir sehr wenig, und ich habe eine ziemlich große Familie.
Es gibt viele, die so leben wie ich.
Es ist schon wahr, daß nicht alle arbeiten, denn einige sind faul
und geben sich den Lastern hin, andere besitzen gar nichts,
weil der Boden unfruchtbar ist und es auch viele Krankheiten gibt.
Wir alle leiden große Not und sind verzweifelt . . .
Ich weiß, daß Jesus Christus ein Zimmermann war
und am Kreuz für uns alle gestorben ist.
Er muß deshalb die Leiden von uns Campesinos auch verstehen . . .
Ich weiß nicht, was wir noch tun können.
Gott wird es sagen.

Santos Pastor Campos,
Honduras

Die Unwissenden lehren

Werke der Barmherzigkeit in El Salvador

In El Salvador besteht im Augenblick das größte Werk der Barmherzigkeit darin, den Krieg zu beenden und Gerechtigkeit und Frieden zum Sieg zu verhelfen. Solange jedoch die Tragödie des Krieges weitergeht, haben die klassischen Werke der Barmherzigkeit aktuelle Gültigkeit: die Hungrigen speisen, die Durstigen tränken, die Nackten bekleiden, die Fremden beherbergen, die Gefangenen befreien und – so unglaublich es klingt – die Toten begraben. Zugleich aber wird an verschiedenen Stellen, in Flüchtlingslagern, Basisgemeinden und Kriegsgebieten, ein als solches bisher nicht bekanntes Werk der Barmherzigkeit eingeübt: die Unwissenden lehren.

„Auf dem Land bei uns in El Salvador ist unser Schulhaus der Schatten eines großen Baumes. Tafel und Kreide haben wir nicht. Stattdessen benutzen wir den Erdboden und Steine. Die Kinder machen sich ihre Bleistifthalter aus Stöcken und Zweigen und spitzen die Stifte mit Buschmessern an. Manchmal, wenn der Boden hart und trocken ist, besprengen sie ihn mit Wasser, und dann schreibt sich's besser. Den Kindern macht das großen Spaß, und mit ihren jüngeren Geschwistern spielen sie selbst Lehrer und Schüler ..."

Wenn man diese – ganz jungen! – Lehrer fragt, wie sie das alles machen und mit welchen Schwierigkeiten sie zu kämpfen haben, bekommt man Antworten wie diese:

– „Ich bin 15 Jahre alt. In meiner Schule bin ich bis zur dritten Klasse gekommen. Jetzt mache ich die vierte Klasse. Gleichzeitig unterrichte ich aber auch die zweite Klasse. Dort habe ich 18 Schüler zwischen 10 und 13 Jahren. Alle acht Tage, das heißt jeden Freitag, bereite ich mit einigen anderen Genossen den Unterricht vor. Wir haben einen Satz Bücher, und damit machen wir unsere Vorbereitung. Alles ist nicht einfach, weil die Kinder keine Lesebücher haben. Natürlich sind wir für unsere Aufgaben nicht ausreichend ausgebildet. Das Schulhaus ist schlecht, und die Tafel kann man kaum abwischen, so daß man fast nichts lesen kann. Außerdem kann man beinahe nichts sehen, weil der Raum zu dunkel ist."

- „Ich bin 13 Jahre alt und unterrichte Erwachsene in der zweiten Klasse. Meine Schüler sind zwischen 30 und fast 70 Jahren, wie Herr Chepito. Entscheidend ist, daß sie die Zahlen, die Rechenarten und das Lesen lernen. Viele lesen sehr schlecht, weil sie keine guten Augen haben. Die Zahlen muß ich ganz groß an die Tafel schreiben, dann können sie sie lesen."

- „Ich bin 14 Jahre alt und habe eine erste Klasse von Erwachsenen, mit 17 Genossen zwischen 20 und 80 Jahren. Vor allem wünsche ich mir, daß sie lesen und schreiben lernen - und daß sie sich mit unseren Realitäten auseinandersetzen, und daß sie die Addition und die anderen Rechenarten lernen. Den Unterricht bereite ich zusammen mit anderen Genossen vor."

Wenn man diese Kinder fragt, weshalb sie die Arbeit tun und ob es ihnen Spaß macht, bekommt man zu hören:

- „Der Grund ist der, daß ich das Wenige, das ich weiß, weitergeben will und daß ich möchte, daß meine Schüler dann auch wieder andere unterrichten. Die Arbeit macht mir große Freude und gefällt mir sehr. Kriegen tu' ich nichts dafür, nur ein Dankeschön" (Junge, 15 Jahre).

- „Warum ich meinen Brüdern und Schwestern Unterricht gebe, ist, weil ich eine große Liebe zu ihnen habe und weil mir sehr daran gelegen ist, daß sie das Wenige, das ich weiß, auch lernen. Natürlich bekomme ich nichts dafür. Nur die guten Worte der Eltern" (Mädchen, 13 Jahre).

- „Ich unterrichte meine Schüler, damit man sie nicht übers Ohr haut und weil sie noch nie in ihrem Leben in eine Schule gehen konnten. Das ist aber nicht ihre Schuld" (Mädchen, 12 Jahre).

- „Ich habe mich dazu entschlossen, diese Leute das Wenige zu unterrichten, das ich weiß, weil sie meine Brüder und Schwestern sind und weil sie nicht lernen konnten, als sie Kinder waren. Jetzt aber können sie bald lesen und schreiben" (Junge, 14 Jahre).

Friedenstaube

Warum bist du so scheu,
Friedenstaube?

Warum fällt es dir so schwer,
dich auf der Erde der Menschen niederzulassen?

Warum nistest du dich nicht ein
– einen Augenblick nur –
in meinen Händen,
wo ich mich doch so sehr
nach Frieden sehne? . . .

Kommst du erst dann,

. . . wenn wir wirklich
alle Kriege abgeschafft,
unsern Egoismus überwunden
und allen Ehrgeiz abgetan haben?

. . . wenn wir begreifen,
daß du kein Talisman bist,
der zwangsläufig den Frieden bringt,
sondern der Lohn des Friedens,
für den wir uns einzusetzen haben?! . . .

Hélder Câmara

Fest des in Lateinamerika hoch verehrten heiligen Franz von Assisi

Franziskus: Beispiel tätiger Armut

Unmöglich, über Franziskus zu meditieren und sein Beispiel tätiger und konkreter Liebe zur Armut zu vergessen. Franziskus war es nicht damit getan, schöne Texte über die Armut zu schreiben und heilige Hinweise auf Mäßigung oder gewichtige Warnungen vor den Gefahren des Reichtums in die Welt zu setzen. Als er sich seiner teuren Gewänder entledigte, setzte er damit ein Zeichen zum Aufbruch und gab ein Beispiel wirksamer Liebe zur Armut, die ihn Zeit seines irdischen Lebens nicht mehr verließ.

Eigentlich könnten wir es damit bewenden lassen. An herrlichen Texten über die Armut und großartigen diesbezüglichen Beschlüssen mangelt es uns ja wahrlich nicht. Weiterhin darf man wohl sagen, daß wir auch aufrichtig willens sind, all die Texte von Bischofskonferenzen und von Ordensleutetagungen in die Tat und in konkretes Leben umzusetzen.

Allesamt tasten wir uns im Halbdunkel voran. Aber den genauen Weg, wie wir auf der Höhe des Jahres 1981 den göttlichen Wahnsinn des Sohnes von Pietro Bernardone Wirklichkeit werden lassen können, hat noch keiner von uns gefunden. Beinahe müssen wir sagen, unsere Armutsgabe bestehe in der Armut, nicht zu wissen, wie wir von den schönen Texten zum realen Leben finden sollen.

Doch Franziskus erwartet von uns, was er mit Sicherheit zur Verteidigung der Herrin Armut heute selbst täte. Franziskus würde sicherlich heute deutlich machen, daß, wer die Armut im Sinne der Seligpreisungen der Bergpredigt liebt, diese nicht mit Elend verwechseln darf. Armut ja, Elend nein!

Das Elend ist ein Verbrechen gegen die Menschheit und eine Beleidigung des Schöpfers und Vaters.

Alle, die wir Franziskus als einen vollkommenen Nachfolger Jesu Christi erkennen und als solchen lieben, müssen uns herausgefordert fühlen, mit friedlichen, aber mutigen Mitteln dafür zu kämpfen, daß das Ärgernis des vergangenen Jahres ein Ende findet: 50 Millionen Kinder Gottes verhun-

gert – und das in einer Zeit, die wahrlich über die Mittel verfügt, das Elend von der Erde zu verbannen.
Alle, die wir Franziskus als einen vollkommenen Nachfolger Jesu Christi kennen und als solchen lieben, müssen uns herausgefordert fühlen, dafür zu kämpfen, daß das Ärgernis dieses Jahrhunderts ein Ende findet: Mehr als zwei Drittel der Menschheit vegetieren in untermenschlichen Bedingungen von Elend und Hunger dahin – und das, obwohl uns nur noch neunzehn Jahre vom zweitausendsten Geburtstag Christi trennen!

Hélder Câmara
am 4. Oktober 1981 in Ivrea, Italien

Mit deinem ganzen Herzen und mit all deinen Kräften

Ich habe einmal einen alten vernünftigen und guten, vollkommenen und heiligen Mitbruder sagen hören:
„Wenn du den Ruf des Geistes hörst, folge ihm, und mit deiner ganzen Seele, mit deinem ganzen Herzen und mit all deinen Kräften bemühe dich, heilig zu werden.
Wenn du es aber wegen der menschlichen Schwäche nicht schaffst, heilig zu werden, dann versuche mit deiner ganzen Seele, mit deinem ganzen Herzen und mit all deinen Kräften, vollkommen zu werden.
Wenn es dir aber wegen der Eitelkeit des Lebens nicht gelingt, vollkommen zu werden, dann bemühe dich mit deiner ganzen Seele, mit deinem ganzen Herzen und mit all deinen Kräften, gut zu werden.
Wenn du es aber wegen der Nachstellungen des Bösen auch nicht fertigbringst, gut zu werden, dann sieh mit deiner ganzen Seele, mit deinem ganzen Herzen und mit all deinen Kräften zu, vernünftig zu werden.
Wenn es jedoch wegen der Last deiner Sünden schließlich weder zu einem heiligen noch zu einem vollkommenen, noch zu einem vernünftigen, noch zu einem guten Menschen reicht, dann versuche, diese Last vor Gott zu bringen, und übergib dein Leben der göttlichen Barmherzigkeit.
Wenn du dies wegen der Zärtlichkeit Gottes, der ja auch die Undankbaren und Bösen liebt, ohne Bitterkeit, in aller Demut und mit heiterem Geist tust, dann wirst du zu spüren beginnen, was es heißt, vernünftig zu sein, wirst lernen, was gut sein ist, wirst langsam danach streben, vollkommen zu werden, und wirst schließlich dich danach sehnen, heilig zu werden.
Wenn du dies alles jeden Tag mit deiner ganzen Seele, mit deinem ganzen Herzen und mit all deinen Kräften tust, dann kann ich dir versichern, Bruder, daß du auf dem Weg des heiligen Franz und nicht mehr weit vom Reich Gottes bist!"

Leonardo Boff

Das Leben ist ein Geschenk Gottes – verteidigen wir es!

Am Dienstag, dem 5. Oktober 1982, wurde gegen 19.30 Uhr Wilfredo Guerrero Garcia – ein junger Mann von 24 Jahren mit Wohnsitz in Petare, La Bombilla, 3 – ermordet.
Das Ganze passierte in wenigen Minuten. Vier Polizisten in Zivil – mit ihren Pistolen in der Hand – halten eine Gruppe von jungen Leuten an. Einige müssen sich auf die Erde legen, andere an die Wand stellen. Wilfredo, der mit dem Gesicht zur Wand steht, spürt neben sich einen Schuß einschlagen und will sich der Stelle zuwenden. Da trifft ihn der Todesschuß unterhalb des linken Auges. Der Schuß geht durch den Kopf ganz hindurch. In Anwesenheit von Zeugen, Kindern und Erwachsenen, wird ein junger Mann kaltblütig ermordet. Nachträglich heißt es, Wilfredo sei gefährlich und bewaffnet gewesen . . . Zeugen erklären, gesehen zu haben, daß die Polizei dem leblosen Körper erst nachher die Waffe in die Hand gedrückt hat.
Brüder und Schwestern, die Kirche, die Christengemeinde, keiner von uns kann zu so etwas schweigen. Lauter als je zuvor hallen in uns die Worte des Herrn: „Du sollst nicht morden!" Jesus, der Herr des Lebens, sagt uns, niemand sei Richter seiner Brüder. Allein Gott vermag über unser Leben zu richten.
Deshalb:
- prangern wir vor der ganzen Gemeinde dieses Kapitalverbrechen an einem jungen Menschenleben an.
- Dieser Tod muß uns all die vielen anderen Gewalttaten und Angriffe bewußtmachen, die wir – insbesondere das arme Volk in den Vorstädten – zu erleiden haben. Wie oft wird die Menschenwürde verletzt! Jeder Mensch ist Kind Gottes. Keine Polizeieinheit hat das Recht, einen Menschen zu verfolgen, zu mißhandeln oder tätlich anzugreifen.
- Wir protestieren bei den für die Öffentliche Ordnung Verantwortlichen gegen die Vorgehensweise der Polizei. Wir wollen keine Polizei, die Angst

und Schrecken verbreitet. Dagegen wollen und brauchen wir Beamte, die dem Gemeinwesen dienen und das Wohl der Bürger verteidigen, schützen und pflegen. Sie müssen ausschließlich dem Volke dienen.

- Der Wahrheit ist die Ehre zu geben. Wir prangern alle Medien an, die - ohne sich zuvor über den Hergang zu unterrichten und zu informieren - den Ablauf falsch darstellen, um Verwirrung und Spaltung ins Volk zu tragen. Wer sich so verhält, dient anderen Interessen als der Sache des Volkes, das heißt der Wahrheit, und verkauft sich dem Meistbietenden.

- Als ein außergewöhnliches Zeichen der Hoffnung werten wir die Solidarität der Nachbarn in La Bombilla und in den übrigen nahegelegenen Armenvierteln. Nie ist die Familie allein. Die Menschen kämpfen dafür, daß die Wahrheit verteidigt wird, und tun alles nur Mögliche, damit ähnliche Mißhelligkeiten nicht noch einmal vorkommen.

- Als Priester, Ordensfrauen und Mitglieder der christlichen Gemeinde fordern wir Haftung. Dieser Mord darf nicht ungestraft bleiben. Die Sache des Menschen darf nicht übergangen werden. Die zuständigen Stellen müssen sich zu den Vorwürfen und Anklagen des ganzen Gemeinwesens äußern.

- Wir ermahnen alle, für das Leben einzutreten. Unser Glaube an Jesus veranlaßt uns, mit unserem Engagement, unserem Zusammenhalten und mit unserer Fähigkeit zum Kampf, Lebensbedingungen zu schaffen, in denen Achtung, Mitsprache, Freiheit und Gerechtigkeit mehr als bloße Worte sind.

Das Leben ist ein Geschenk Gottes. Verteidigen wir es!

Petare, Venezuela, 10. Oktober 1982
Priester, Ordensfrauen und Laien

In dieser Nacht beginnt mein Karfreitag ...

Mein geliebter Herr!
Ich schreibe dir nach langer Zeit. Heute brauche ich dich und deine Gegenwart ganz besonders, vielleicht weil ich den Tod nahe spüre oder weil unser Kampf doch im wesentlichen gescheitert ist. Du weißt, daß ich mich immer wieder, wie es mir nur möglich war, bemüht habe, dir treu und mit meinem eigenen Sein ganz in Einklang zu bleiben. Deshalb bin ich hier. Unter Liebe verstehe ich die Notwendigkeit, das Problem des „anderen" zu lösen, dort, wo du bist.
Ich habe alles, was ich hatte, drangegeben. Heute ist vielleicht mein Gründonnerstag, und in dieser Nacht beginnt mein Karfreitag. Alles, was ich bin, gebe ich mit grenzenlosem Vertrauen in deine Hand, weil ich dich liebe. Was mir weh tut, ist vielleicht, daß ich zurücklassen muß, was mir hier am liebsten ist: Cecy und meine Familie, und daß ich den Triumph des Volkes, seine Befreiung, nicht mehr erleben kann ...
Ich liebe dich und übergebe dir vorbehaltlos alles, was ich bin und was wir sind, weil du ja mein Vater bist.
Niemand stirbt umsonst, wenn sein Leben sinnvoll war; und das gilt von uns hier sicher.
Mach's gut, Herr, vielleicht bis in deinem Himmel, der neuen Erde, nach der wir uns so sehnen ...

Aus dem Tagebuch des bolivianischen Guerillakämpfers
Néstor Paz Zamora,
am 8. Oktober 1970 verhungert

1 Korinther 13 in Nordostbrasilien

Wenn ich englisch, französisch, spanisch, deutsch und chinesisch könnte
und noch ein Dutzend anderer Sprachen,
aber keinen Zugang zu anderen Menschen hätte,
wertlos wären all meine Worte.

Wenn ich studiert hätte und Doktor wäre
und mich fortwährend weiterbildete,
aber für die Probleme des Volkes kein Gespür hätte,
Firlefanz wäre all meine Bildung.

Wenn ich im geschundenen Nordostbrasilien lebte,
aber von den Leiden dieser Menschen keine Ahnung hätte
und meine Ferien im Süden oder gar in den USA oder Europa verbrächte
und nichts täte für die Förderung dieser Menschen,
nichts wäre dann mit meinem Christentum.

Wenn ich das schönste Haus in meiner Straße besäße
und mich kleidete nach Maßgabe der Mode,
aber meine Verantwortung vergäße für die Mitbürger meiner Stadt,
die kein Schuhwerk besitzen, stinken und in Lumpen gehen,
ein aufgetakeltes Mannequin wäre ich dann.

Wenn ich meine Wochenenden auf Festen und Empfängen verbrächte,
ohne den Hunger, die Arbeitslosigkeit, Unwissenheit und Krankheit zu sehen,
ohne den erdrosselten Schrei dieses leidenden,
an den Rand der Geschichte gedrängten Volkes zu hören,
zu nichts taugte ich dann.

Der Christ flieht nicht von den Herausforderungen seiner Zeit,
legt nicht die Arme in den Schoß,

hält nicht einfach den Mund,
läßt es nicht bei Überlegen bewenden,
verschließt nicht die Augen vor der Ungerechtigkeit
und vor den himmelschreienden Ungleichheiten dieser Welt.

Der Christ kämpft für Wahrheit und Gerechtigkeit –
mit den Waffen der Liebe.

Der Christ wirft nicht die Flinte ins Korn
und resigniert nicht trotz Schwierigkeiten und Rückschlägen.
Denn er weiß, daß das Einzige,
was von all dem Bestand hat,
die Liebe ist.

Wir glauben an Gott den Befreier

Ein Glaubensbekenntnis aus Kolumbien

Wir glauben an *Gott,* den Ursprung des Lebens, den Befreier aus aller Sklaverei und den Urheber der Selbstverwirklichung aller Völker. Aber wir glauben nicht an ein System, das uns das Leben versagt, das mehr als 100 Kinder aus dem Volk täglich sterben, 67 Prozent der Kinder an Unterernährung leiden und 50 Prozent der Bevölkerung ohne ärztliche Hilfe darben läßt.

Wir glauben an *Gott,* den Herrn der Geschichte, der durch sein Projekt der Befreiung und der Einheit mit den Armen solidarisch ist. Wir glauben, daß das Volk sein historisches Projekt verwirklichen muß. Aber wir glauben nicht an das Projekt der Reichen und unserer Regierungen, die Hungerlöhne zahlen und die Sicherheit der Nation mit der Sicherheit einiger weniger Familien verwechseln, die sich nur die Reichtümer des Volkes aneignen.

Wir glauben an *Jesus Christus,* unseren großen Bruder, der als Armer an die Seite seines Volkes trat. Wir glauben an seine befreiende Mission, die im Lukasevangelium klar ausgedrückt ist: „Der Herr hat mich gesandt, um den Armen die Gute Nachricht zu bringen und um die Unterdrückten zu befreien."

Wir glauben an *Jesus Christus,* der verfolgt und gekreuzigt wurde und starb, weil er aus dem Willen zur Gerechtigkeit und aus der Zuneigung des Vaters zu seinem Volk lebte. Wir glauben, daß Leiden und Tod Jesu in Verfolgung und Tod von Arbeitern, Gewerkschaftern, Landarbeitern, Bauern, Schülern, Studenten, Eingeborenen, Ordensleuten und Freiberuflichen und von all jenen, die die Rechte des Volkes fordern, gegenwärtig werden.

Wir glauben an *Jesus Christus,* auferstanden, gegenwärtig unter uns, Sohn des Vaters, der einen Anfang gemacht hat mit dem neuen Menschen und mit der neuen, gerechteren, freieren Gesellschaft, in der mehr Gleichheit verwirklicht ist.

Wir glauben an den *Heiligen Geist,* die Verheißung Christi, die unwiderrufliche Gegenwart der Befreiung, dort, wo Ungerechtigkeit und Sklaverei bestehen. Wir glauben, daß Gerechtigkeit geschaffen wird in den Kämpfen der Gewerkschaften, in den Nachbarschafts- und Dorfkomitees und in Streiks. Aber wir glauben nicht an eine Gesellschaft, in der 25 Prozent derer, die arbeiten können, keine Arbeit finden und 25 Prozent der Kinder keine Bildung bekommen.

Wir glauben an den *Heiligen Geist,* Anwalt der Armen und Verteidiger der ungerecht Verfolgten. Aber wir glauben nicht an all jene, die für militärische Strafgerichtsbarkeit plädieren, wie auch nicht an die Verteidiger von Justizreformen im Dienste der herrschenden Klassen.

Wir glauben an die *Kirche,* die aus der vorrangigen Entscheidung für die Armen erwächst und ein Zeichen der Gemeinschaft aller ist. Aber wir glauben nicht an eine Kirche, die gespalten ist in Reiche und Arme.

Wir glauben an die *Kirche,* von der es in der Apostelgeschichte heißt: „Die Gläubigen lebten alle gemeinsam und besaßen alles gemeinsam, sie verkauften Besitztümer und Güter, verteilten sie unter alle und achteten darauf, was jeder von ihnen brauchte."

Wir glauben an die *Christen Kolumbiens,* die sich dessen bewußt sind, daß ihr evangeliumsgemäßes Engagement so sein muß wie das Christi, ein Engagement nämlich für die Armen.

Inkagebet der Suche nach Gott

Erhöre mich
im oberen Meer, in dem du dich aufhältst,
und im unteren Meer, in dem du weilst.
Schöpfer der Welt,
Töpfer des Menschen,
Herr der Herren,
dich
wollen meine Augen verzweifelt sehen,
dich
gelüstet es sie zu erkennen,
denn wenn ich dich sehe,
dich erkenne,
dich betrachte,
dich verstehe,
siehst du mich und erkennst mich.
Die Sonne, der Mond,
der Tag,
die Nacht,
der Sommer
und der Winter
streben nicht umsonst
in schöner Ordnung
zum bestimmten Platz
und kommen glücklich an.
Du führst dein Königszepter
allüberall mit dir.
Erhöre mich,
leih mir dein Ohr.
Auf daß ich nicht ermüde,
auf daß ich nicht sterbe.

Geschichtliches Credo der Kirche in den Anden

Gott, unser Vater, wir glauben an dich!

Wir glauben, daß du unsere Mamá, die Erde, geschaffen hast und damit Gegner all derer bist, die sie uns nehmen und uns zu Waisen machen.
Wir glauben, daß du uns die Arbeit aufgetragen hast – nicht als Mittel, uns zu versklaven, sondern als Weg zu froher Gemeinschaft.
Wir glauben, daß du von Anfang an durch unsere Mythen, Glaubensvorstellungen und Riten zu uns sprichst.
Wir glauben, daß es kein schlimmer Schicksalsschlag war, als du dich uns in der Unterdrückung durch die Kolonialeroberung offenbartest.
Wir glauben vielmehr, daß dies eine Herausforderung für uns ist, einen befreienden Glauben zu artikulieren und so das alte System der Christenheit zu hinterfragen.

Herr Jesus Christus, wir glauben an dich!

Wir glauben, daß man uns seit Jahrhunderten zwingt, immer nur deine Geißelung, dein Leiden und deinen Tod zu bezeugen; dagegen protestieren wir und richten wo immer auch dein Kreuz auf.
Wir glauben, daß du uns verstehst, wenn wir denen, die uns verfolgen, nicht vergeben; denn leider wissen sie um das Leid, das sie uns zufügen.
Wir glauben, daß jeder Versuch unsererseits, uns zu erheben und zu befreien, Verkündigung des Glaubens daran ist, daß du aus dem Grab auferstanden bist.
Wir glauben, daß sowohl unser Schweigen wie auch unser passiver Widerstand lediglich unser Karsamstag sind; deshalb täuschen sich die, die da meinen, damit wäre alles zu Ende.

Gott, Heiliger Geist, wir glauben an dich!

Wir glauben, daß mit dem Sieg der Armen über die Ausbeuter bereits das Jüngste Gericht begonnen hat.

Wir glauben an eine Kirche, die in ihrem Einsatz für Gerechtigkeit um Läuterung für sich bittet.
Wir glauben, daß die Kämpfe, die die Unterdrückten mit ihren kleinen Organisationen führen, Feuerzungen sind, durch die du dich uns offenbarst.
Wir glauben, daß wir bereits dann das ewige Leben der Liebe vorbereiten, wenn wir die Unterdrücker zwingen, sich von ihrem Egoismus zu bekehren.
Amen.

Wir bitten dich ...

Gebet der christlichen Krankenbruderschaft in Peru

Herr,
wir bitten dich nicht,
uns unser Augenlicht zurückzugeben.
Wir bitten dich vielmehr:
öffne unserer Gesellschaft die Augen,
damit sie die wahren Werte
wie Gerechtigkeit, Liebe und Frieden erkennt.

Herr,
wir bitten dich nicht,
uns unsere Beine zurückzugeben.
Wir bitten dich vielmehr:
bring unsere Brüder und Schwestern auf den Weg.

Herr,
wir bitten dich nicht,
uns unsere Hände zurückzugeben.
Wir bitten dich vielmehr:
lehre uns alle,
daß im Geben die Freude größer ist
als im Empfangen
und daß Brüderlichkeit darin besteht,
mit anderen alles zu teilen,
wie du es mit uns getan hast.

Herr,
wir bitten dich nicht,
uns von unserer Tragbahre aufzuheben.
Wir bitten dich vielmehr um die Kraft,
jene Menschen wieder ermutigen zu können,
die ihre Arme hängen lassen
und an dein Licht nicht mehr glauben.

Mein dunkelhäutiger Gott!

Mein Gott ist dunkelhäutig
und hat Schwielen an den Händen
von so viel Landbestellen,
Hoffnungsäen,
Grollbegraben und Erderschaffen.
Mein Gott hat geschwollene Lippen,
einen grünen Mund und eine schlaffgewordene Zunge
von soviel Cocakauen
und Angsthinunterschlucken.

Mein Gott ist kein Adonis.
Sein Gesicht ist
weder tadellos schön
noch aristokratisch ebenmäßig.
Mein Gott hat ein Gesicht
mit groben Bauernzügen –
wie ein Gefäß aus Ton oder Lehm,
das die Kinder beim Spielen machen.

Mein Gott hat keine
glänzenden und seidenen Locken.
Seine Haare haben
die Farbe von frischen Feigen,
die Farbe der Nacht,
besprenkelt mit Lehm und Blut
und nicht mit Sternen und Monden.

Mein Gott sieht nicht aus wie weißes Brot,
das im Elektroofen
mit ausländischem Mehl gebacken wurde.

Mein Gott hat eine dunkle Kruste
wie das Brot, das meine Indiobrüder
in ihrem Lehmofen backen.

Mein Gott trägt weder dunkel-elegante Kleidung,
noch läßt er sich die Hand küssen,
weder zieht er glänzende Stiefel an,
noch legt er sich Orden oder Auszeichnungen an;
denn er ist weder Militär noch Diplomat.
Mein Gott ist Schweiß auf der Stirn des Arbeiters,
ist zerrissene Lunge
und Blutspeichel des Bergmanns.
Deshalb kleidet sich mein Gott
mit dem groben Tuch unserer Gegend,
seit Jahrhunderten mit dem einen Lumpen.

Mein Gott hat kein Haus
mit Marmortreppen,
Bleiglasfenstern
und vergoldeten Säulen.
Mein Gott hat eine Hütte aus Lehm und Stroh,
ohne Wasser und ohne Licht.
Mein Gott ist kein Grund zum Krieg,
mein dunkelhäutiger Gott ist Leben und Liebe,
dennoch töten und hassen sie ihn.
Mein dunkelhäutiger Gott sagt nichts,
bittet nur um Verzeihung und senkt den Kopf.
Mein dunkelhäutiger Gott!

Senón Castillo

Neue Menschen

Schenke uns ein Herz, weit für die Liebe!
Schenke uns ein Herz, stark für den Kampf!

Neue Menschen machen jetzt Geschichte,
eine neue Menschheit bauen sie.
Neue Menschen setzen jetzt ihr Leben ein,
wagen sich auf einen weiten Weg.
Neue Menschen kämpfen voller Hoffnung,
voller Durst nach Wahrheit wandern sie.
Neue Menschen lassen sich nicht fesseln,
fordern Freiheit, weil sie Freie sind.
Neue Menschen voll grenzenloser Liebe,
überwinden Klasse, Rasse, Rang.
Neue Menschen gehen mit den Armen,
sind bereit, zu teilen Dach und Brot.

Lied aus den
peruanischen Basisgemeinden

Deshalb rufen wir immer wieder zu dir ...

Ein Gebet aus dem Norden Perus

Herr,
als Männer und Frauen dieser Anden
rufen wir zu dir.
Wir leben in äußerster Armut,
denn wir sind nicht nur dem Auf und Ab der Natur ausgesetzt,
sondern vor allem auch der Unterdrückung durch andere Menschen.
Mit hingebungsvoller Geduld haben wir jahrhundertelang gelitten
und das bittere Leiden deines Sohnes betrachtet,
Bild unseres Leiden,
in dem sich unser Hunger und unsere Arbeitslosigkeit widerspiegelten,
zumal der großen Mehrheit unserer jungen Menschen.
Ihnen bleibt nur Elend und Straffälligkeit;
nirgends gibt es ein Stückchen Land für sie,
das ihnen Zukunft böte.
Das Land ist aufgrund jahrhunderttausendelanger Bearbeitung einfach erschöpft.
Außerdem geht der Ertrag unserer Arbeit
sowohl in der Landwirtschaft als auch im Bergbau
in fremde Hände,
die uns nur ein paar Krümel übriglassen.
Wir dagegen, Männer und Frauen dieser Anden,
arbeiten von Kindesbeinen an.
Die Not ist einfach zu groß und das Leben zu hart.
An Spiel und Freizeit ist gar nicht zu denken.
Trotzdem wissen wir, daß du ein Gott der Barmherzigkeit bist
und dich der Notleidenden erbarmst.
Deshalb rufen wir immer wieder aus der Tiefe unserer Herzen zu dir,
oft genug mit stummem Schrei wie Maria unter dem Kreuz.

Wir beten deine göttliche Vorsehung an
und bitten dich, uns in unserer Hoffnung
auf Brüderlichkeit unter den Menschen zu bestärken,
wie du sie uns lehrst
und wie wir sie in großzügiger Gastfreundschaft praktizieren.

José Dammert,
Bischof von Cajamarca

Befreiung von der Erde bis zum Himmel

- Vater,
  du bist nicht an erster Stelle unser Richter und Herr, sondern
- unser Vater,
  denn du hörst das Schreien deiner unterdrückten Kinder.
- Du bist im Himmel,
  wohin wir im Kampf unseren Blick richten.
- Geheiligt
  werde dein befreiendes Eingreifen gegen die, die in deinem Namen die Menschen unterdrücken.
- Es komme zu uns,
  angefangen mit den Verarmten, deine Gerechtigkeit.
- Es geschehe
  die Befreiung durch dich, angefangen auf der Erde bis hin zum Himmel.
- Das tägliche Brot,
  das wir gemeinsam bereiten, gib du es uns und laß es uns auch gemeinsam essen.
- Vergib uns
  unseren Egoismus – in dem Maße, in dem wir den kollektiven Egoismus bekämpfen.
- Und führe uns nicht in Versuchung,
  die Menschen auszubeuten, um Reichtum anzuhäufen.
- Sondern befreie uns
  von der Rache und vom Haß gegen den Bösen, der unterdrückt und erdrückt.
- Amen.

Leonardo Boff

Gebet der Solidarität

Vater unser, der du bist im Himmel,
du schenkst uns auf Erden das tägliche Brot.
Guter Vater, der du die Vögel des Himmels ernährst
und die Lilien auf den Feldern bekleidest;
heiliger Vater, der du uns deinen eigenen Sohn gabst,
damit er, Mensch geworden, das Brot unseres Lebens sei:

Dir empfehlen wir die Familien unserer Brüder,
die ohne Arbeit sind, Hunger und Krankheit leiden.
In ihren flehenden Blicken und in ihren ausgestreckten Händen
fordert uns das Wort Jesu heraus:
„Ich hatte Hunger, und ihr habt
mir zu essen gegeben."
Wir wollen mit ihnen die Güter teilen, welche du uns gabst;
wir wollen für sie den Familientisch decken;
wir wollen zu ihnen gehen, wie der gute Samariter;
wir wollen vor ihnen der Diener sein, der ihnen die Füße wäscht.

Sende uns bei dieser Anstrengung deinen Heiligen Geist,
gib ihn uns in Fülle, so wie du ihn Christus gegeben hast.
Möge die solidarische Liebe deiner Kinder,
die nicht in leeren Worten bestehen darf,
sondern in Taten und in Wahrheit,
für viele ein Zeichen sein zur Umkehr zu dir.

Heilige und reinste Jungfrau, Unsere Frau von Luján,
Mutter Christi, der Kirche und der Menschheit,
dich rufen wir an als die Schutzherrin unserer Solidaritätskampagne:

So wie du dicht bei Jesus bist, werden wir uns nicht entfernen
von unseren armen und betrübten Brüdern:

Wir wollen für sie beten, mit ihnen leiden
und mit ihnen teilen.

Hilf uns dabei.
Amen.

Jorge Novak,
Bischof von Quilmes, Argentinien

Für Euch alle

Für alle Kinder mit Träumen und Liedern.
Für alle wartenden Kinder.
Für alle, die Erinnerungen haben.
Für alle, die eines Morgens allein
in einer fremden Welt erwachten.
Für die zärtliche Hand,
die eine andere sucht
und sie nicht findet.
Für die Vereinsamten auf traurigen Straßen.
Für alle, die plötzlich verstummen
und zur Tür hinaussehen oder
zum Fenster nach draußen.
Für alle Kinder mit Träumen und Liedern.
Für alle Kinder, die am Himmel
Sterne suchen in der Nacht.
Für alle Kinder, die
auf die Stunde der Sonne warten:

Für euch alle
gehen wir weiter unseren Weg.

Aus einem Gedicht eines politischen Häftlings
im Gefängnis von Caseros, Buenos Aires

Am 30. Oktober 1979 wurde Santo Dias da Silva,
Arbeiter und Pastoralträger in São Paulo,
bei einem Streik von der Polizei erschossen,
als er sich schützend vor einen Kollegen stellte

Für Santo Dias da Silva

Arbeiter mit Kinderträumen,
Arbeiter der Fabrik und auf dem Land,
Arbeiter, der keine Veränderung
von oben mehr erwarten kann.
Arbeiter, der hofft und wacht,
Arbeiter, der schweigt und schwitzt,
Arbeiter, gefesselt in der Zelle,
Arbeiter, mit einer Kugel niedergestreckt.

Liebkosung weinen wir Waisen
mit rauhen Händen von Zärtlichkeit
über den Toten, der im Streike fiel,
noch segnend die Hand seines Mörders.
Allein die Züge des Freundes haben
Namen und Platz im künftigen Leben.
Den Feigen, Unterdrücker und Sklavenbeherrscher
verschlingen hingegen Geschichte und Erde.

Santo, unser Kampf geht weiter,
deine Träume werden auferstehn.
Arme einen sich zum Kampfe,
der für unsre Kinder weitergeht.

Verbrauchte Luft und Husten,
Qualm, Späne und Wunden,
Armut, Ermüdung und Hunger,
Krankheit und vertane Überstunden.
Da plötzlich stehn die Maschinen still:
Ausstand, Streikposten, Polizei.
Arme sprengen ihr verdammtes Leben
zwischen Hunger und gequältem Schmerz.

Santo blutet für Gerechtigkeit –
Tau für Früchte, Brot und Blumen.
Zärtlichkeit in Habgiers Klauen
rächt sich dann mit neuem Leben.
Denn der Tod vermag ihn nicht zu töten,
mögen Annas und Marias noch so weinen.
In den Waisen ohne Väter
werden seine Kräfte neugeboren.

An dem Morgen, welcher unaufhaltsam naht,
soll der Tag uns auf der Straße sehn:
Habenichtse bilden tanzbeschwingterweise
eine unbezwungene Mauer. Also ...

Santo, unser Kampf geht weiter,
deine Träume werden auferstehn.
Arme einen sich zum Kampfe,
der für unsre Kinder weitergeht.
Santo, Morgen wird es sicherlich!

Lied aus den
brasilianischen Basisgemeinden

Allerheiligen

Das befreiende Todeszeugnis unserer Brüder und Schwestern

Brüder und Schwestern! Jesus von Nazaret wird heute in Lateinamerika noch immer gekreuzigt, im Fleisch unserer Brüder und Schwestern. Unsere lateinamerikanischen Märtyrer! Das befreiende Martyrium Jesu wie auch das befreiende Todeszeugnis unserer Brüder und Schwestern führen uns heute hier zusammen. Im Namen des Vaters und des Sohnes und des Heiligen Geistes. Amen.

- Ich möchte Zeugnis geben von Arturo Bernal. Arturo, ein paraguayischer bitterarmer Kleinbauer, war Führer der Landarbeiterorganisation. Er besaß kein eigenes Land, dafür aber hatte er Tuberkulose. Die Ärzte hatten ihm jede Art von Arbeit untersagt. Aber er hat mir mal gesagt: „Lieber sterb' ich im Kampf für meine Brüder, für die Landarbeiter, als daß ich untätig das Bett hüte." Er starb in einer Folterkammer der Polizei von General Strössner.

- Ich möchte Zeugnis geben von dem kanadischen Oblatenpater Mauricio Lefebvre, der wegen seines Engagements an der Universität, aber auch für die Armen sehr bekannt war. Als General Hugo Banzer im August 1971 unter schweren Gefechten an die Macht kam, fand auch auf dem Miraflores-Platz in La Paz eine schwere Schießerei statt. Es gab viele Verwundete. Zusammen mit einem Arzt und ausgerüstet mit einer Rotkreuzfahne fuhren wir in verschiedenen Jeeps den Verletzten zu Hilfe. Da erhielt Pater Mauricio eine Nachricht, auch an einer anderen Stelle lägen Verwundete. Er fuhr hin. Das aber war eine Falle. Er bog in eine Sackgasse ein, wo ein - vermutlich vorgetäuschter - Verwundeter lag. Als er den Verletzten bergen wollte, haben sie ihn aus den Fenstern der umliegenden Häuser in einer wilden Schießerei ermordet.

- Ich möchte Lázaro Condos gedenken. Lázaro, ein indianischer Kleinbauer aus dem hiesigen Bistum Riobamba, gehörte zur Gemeinde Toctezinin, wo es böse Probleme um Grund und Boden gab. Während der Ernte kam es zu Auseinandersetzungen zwischen den Pastoralträgern und dem

Pfarrer einerseits und der Polizei andererseits. Dabei hat die Polizei Lázaro drei Schüsse in den Leib gejagt. Zusätzlich haben sie ihm mit Eisenstangen den Kopf gespalten.

– Und ich habe Mauricio López gekannt. Als evangelischer Christ hat er wirklich viel für die Ökumene in Lateinamerika getan. Mitten in der Nacht hat man ihn aus seinem Haus geholt. Seitdem hat niemand mehr etwas von ihm gehört. Hoffentlich hilft uns sein Vorbild, daß wir endlich etwas über unseren katholischen Kirchturm hinausblicken können.

– Cristóbal Pajuña war ein indianischer Kleinbauer, der mit seinen Leuten in erbärmlichsten Verhältnissen in den Bergen auf über 4000 Meter Höhe lebte. Obwohl dem Gesetz nach alle Gebiete über 3500 Meter öffentliches Eigentum sind, erhob dennoch ein Großgrundbesitzer Anspruch auf das Land. Cristóbal klärte die Dorfbewohner von Rumipata auf und organisierte sie. Eines Nachts, als die ganze Familie schlief, drang ein von dem Großgrundbesitzer gedungener Kerl in die Hütte von Cristóbal ein und schlug ihn in Anwesenheit seiner Familie mit einem Hackmesser in Stücke. Wenn in Rumipata die Rede auf Cristóbal kommt, ziehen die Leute den Hut und sagen: „Cristóbal ist unsere Kraft."

– Und ich möchte an Antônio Henrique Pereira Neto erinnern. Antônio Henrique, der Studentenpfarrer in Recife und Olinda war, wurde 1969 bestialisch ermordet. Nach dem Mord riefen die Täter seinen Bischof, Dom Hélder Câmara, an und sagten, Antônio Henrique sei nur der erste auf einer Liste von 35 Leuten, die noch umgebracht werden sollten . . .

Jetzt wollen wir aufstehen und alle genannten und ungenannten Glaubenszeugen in Lateinamerika um ihre Fürsprache bitten:

Antônio Henrique Pereira Neto
Juan Alsina
Märtyrer von Aztra
Alfredo König und Gefährten
Lázaro Condo
Emilio Barletti
Rodolfo Aguilar
Salvador Barbeito
Miguel Martínez
Gabriel Longueville
Rudolf Lunkenbein
João Bosco Burnier
Carlos de Dios
Alicia Domon
René de Bais

Mauricio López
Francisco Soares
Raimundo Herman
Mauricio Lefebvre
Carlos Mugica
José Tedeschi
Manuel Solorzano
Nelson Rutilio Lemos
Rutilio Grande García
Arthur Martinum
Märtyrer von Olancho
Héctor Gallego
Hermógenes López
Octavio Ortiz
Angel Morales
David Caballero
Roberto Orellana
Arturo Bernal
Itula Lenar
Jerónimo, Katechist in Tehuantepec
Amen.

Aus einer Messe zum 25jährigen Bischofsjubiläum
von Monsignore Leonidas Proaño,
Bischof von Riobamba, Ekuador,
am 27. März 1979

Allerseelen

Leben im Geist überwindet den Tod

Der Mensch wird jeden Tag älter, und er weiß, daß sein Leben wieder um einen Tag kürzer geworden ist. Die Angst, sein Leben zu verlieren, läßt ihn keinen Augenblick los. Die Angst vor dem Tod wird zum ersten Verhaltensprinzip. Der Mensch setzt die Sicherheit an die Spitze aller Werte. Zuerst überleben und dann alles andere.

Ein solches Verhalten verzerrt freilich das Leben und bringt es auf Abwege: Herrschsucht, Unterdrückung, Habgier, gegenseitiges Mißtrauen. Unter dem Etikett „Sicherheit" praktizieren Individuen und Gruppen totalen Egoismus und unterdrücken die Schwachen. Unter dem Titel „Sicherheit" schicken sich Besiegte und Ausgebeutete in die Unterdrückung, aus Angst vor dem sie unentwegt bedrohenden Tod.

Der Geist indes besiegt den Tod wie auch das Gefühl, vom Tod bedroht zu sein. Der Geist gibt dem Menschen die Freiheit zum Handeln und löst seine Lähmung durch die Angst. Wer den Tod annimmt, ist imstande, ganz zu leben, Gutes zu tun, an der Wahrheit zu arbeiten und das Leben wiederherzustellen. Der Geist führt Jesus über den Tod hinaus in das auferweckte Leben. Das ist der Weg des Geistes, der Weg des Kreuzes.

Das tiefste Ich ist das Ich Jesu Christi. Erneuerte Menschen, die das Volk Gottes bilden, leben im auferweckten Jesus. Ihr Leben ist das Leben Christi. Ihr Ich ist nicht isoliert, sondern verbindet sich mit allen anderen Jüngern zu einer Person.

Das Heil des Ichs besteht darin, sich zu verlieren, um sich in einer höheren Person wiederzufinden. Damit ist freilich nicht gemeint, es müsse in einer namenlosen Bewegung aufgehen, in einer geschichtlichen Bewegung, die alles Persönliche auslöscht. Es geht nicht darum, von einem unpersönlichen Etwas absorbiert zu werden, von einem namenlosen Kollektiv, das nur Kraft, Potenz und in der Regel irrationale Bewegung ist.

Zur Identifizierung kommt es nicht durch Absorbierung, sondern durch Liebe. Wie Mann und Frau ein lebendiges Fleisch, einen Willen und einen

Gedanken bilden, so ist der Mensch im Geist Christus. Es geht also um eine Assimilierung wie unter Freunden, unter Menschen, die in der Liebe eins werden.
So wird der Mensch nicht ausgelöscht, sondern erhöht. Die liebevolle Identifizierung mit dem anderen, führt ihn zur Vollkommenheit . . . Nur wer sich dem anderen schenkt, hat Vitalität. Diese aber erreicht ihre größte Weite in der Identifizierung mit Christus. Der Geist verbindet uns mit Jesus.

José Comblin

Dem Volk wird das Recht auf Leben verweigert

An einem Novembermorgen des Jahres 1781 – Tupac Amaru war gerade mit seinem Indianeraufstand unterlegen und hingerichtet worden – erschien in Cusco auf allen Plätzen folgende öffentliche Bekanntmachung:
„Wegen des Rebellen wird befohlen, daß die Eingeborenen sich auflösen, das heißt ihren Richtern alles übergeben, was sie an Kleidung wie auch Bildern und Abbildungen ihrer Inkas haben. Diese sollen unwiederbringlich ausgelöscht werden, weil sie nicht der Würde wert sind, an solchen Orten dargestellt zu werden.
Wegen der Rebellen müssen dieselben Richter darauf achten, daß in keinem Dorf ihrer Provinzen Komödien oder andere öffentliche Vorstellungen dargeboten werden, die die Indianer zur Erinnerung an ihre alten Taten aufzuführen pflegen.
Wegen der Rebellen werden alle Trompeten und Hörner verboten, welche die Indianer bei ihren Theatervorstellungen verwenden, welche sie *Pututos* nennen, welche Schneckenhäuser von Meeresschnecken sind und fremd und düster klingen.
Wegen der Rebellen wird den Eingeborenen befohlen, die gesetzlich vorgeschriebene Kleidung zu tragen. Sie müssen sich nach unseren spanischen Sitten kleiden und die kastilische Sprache sprechen, unter Androhung der härtesten und gerechtesten Strafen gegen die Übertreter dieser Verordnung."
Mit dieser Bekanntmachung wollten die spanischen Herren unserer Gemeinschaftserinnerung ein Ende setzen, unsere alte Sprache verbieten, unsere volkstümlichen Sitten untersagen und unsere nationale Persönlichkeit liquidieren.
Einige Jahrhunderte später bemächtigen sich Herrscher aus anderen Breiten vieler unserer natürlichen Reichtümer. Und da sie wissen, wie das zu machen ist, bemächtigen sie sich auch unserer Phantasie – mit all ihren Konsequenzen.

Was gegenwärtig am meisten schmerzt, ist, daß nicht nur sie am Werk sind, sondern daß auch Peruaner ihre eigenen Brüder und Schwestern unterdrücken, ihnen die Freiheit nehmen, Ungerechtigkeit gegen sie praktizieren und - mit einem Wort gesagt - den Armen und Ausgebeuteten unseres Vaterlandes das Recht auf Leben verweigern; denn das Recht auf Leben besteht nicht nur darin, geboren zu werden, sondern auch darin, ein menschenwürdiges Leben zu führen.

Ich möchte den Herrn Präsidenten der Republik, seine verehrte Gattin sowie die Herren Staatsminister einladen, im Geist, aber mit innerer Anteilnahme all die ländlichen Gegenden in unseren Anden zu besuchen, wo unsere Brüder und Schwestern in untermenschlichen Bedingungen leben.

Für viele - so hatte ich den Herrn Präsidenten bei meinem Besuch in Lima bereits unterrichtet - ist der Tag mit Sonnenuntergang beendet.

Zahlreichen Kindern, Männern und Frauen nagt die Unterernährung am Leib, stürzt sie in Krankheit und bringt sie ins Grab.

Hier im südlichen Andengebiet, auf dem Boden von Tupac Amaru, ist die Situation der Aggression, der ungerechten Vermarktung der indianischen Erzeugnisse und das Interesse daran, daß unsere indianischen Brüder und Schwestern weder fordern noch erhalten, was nach Gesetz und Recht und aufgrund der Arbeit ihnen gehört, besonders hart und schwerwiegend.

Gott sei Dank ist die Kirche der südlichen Andenregion trotz aller Gefahr der Verleumdung und Diffamierung Trägerin des Wortes und des Zeugnisses, der Gerechtigkeit und der Liebe des Evangeliums. Sie hat für alle offene Arme, will alle unterstützen und erhebt ihre Stimme für alle, die entweder keine Stimme haben oder sich kein Gehör verschaffen können.

Nach zwei Jahrhunderten erinnern wir nunmehr an den Freiheitsruf des Häuptlings von Tungasuca wie auch an die Gestalt von Tupac Amaru selbst. Deshalb fordern wir Rechtsgleichheit für die Seinen und rufen laut aus: Genug der Gewalttätigkeiten, der Ungerechtigkeiten und des Hungertodes! Und im Angesicht des Juacaypata-Platzes, des stummen Zeugen seines Martyriums, fordern wir Gerechtigkeit und Wohlstand für alle, die wie jedes menschliche Wesen ein Recht auf das eine und das andere haben.

Im Angesicht des Altares Gottes und des Vaterlandes erneuern wir unser feierliches Gelübde, den unterdrückten Völkern unserer Nation, die voller Angst und Schmerz nach einer neuen Freiheit schreien, alles, was dieser Freiheit im Wege steht, anzuprangern und sie selbst anzusagen:

Mit den *Pututos* von vor zweihundert Jahren, die noch immer ihren klagenden Klang von sich geben, fordern wir Freiheit, Frieden auf der Grundlage der Gerechtigkeit und Liebe unter allen Peruanern.

Luis Vallejos Santoni,
36. Erzbischof von Cusco, Peru
(am 8. Juni 1982 bei einem Verkehrsunfall zu Tode gekommen),
Predigt aus Anlaß der 200. Wiederkehr
des Aufstandes von Tupac Amaru

Verse aus der Nachfolge

1

mißtraue den steinen
und liebe die vögel

2

lehre deine seele
deine freundin
liebe zum wind
lebe tief und ungeschützt
die wissenschaft der hoffnung
sie ist treu
und die hellste all deiner schwestern
sie lebt das maß des ungemessenen
und wagt es das geheimnis der zeit zu betrachten

3

lehre deine schritte
den weg der träume
wenn die letzte stunde naht
wirst du näher herangekommen sein

4

fürchte nicht die nähe des todes
halte deine gefühle in zaum
als lob der größe des lebens

5

wenn du einen armen siehst
dann beurteilt er dich du beurteilst dich
GOTT beurteilt dich
dies ist die stunde der barmherzigkeit

6

die güte
diese reife unermeßliche existenz
in der das leben den tod umarmt
um ihn zu besiegen

7

verneigen sollst du dich nur vor GOTT
oder vor einem leidenden
alles andere ist gotteslästerung

8

wir sind auf der überfahrt
leide oder freue dich
an der unruhe des wassers
bewundere die schönheit des meeres
und sei nicht so unbesonnen
von wellen und gischten
die ruhe des hafens zu erwarten
du lebst die zeit des mutes
die musik des wagnisses
das blut in deinen adern weiß nichts von stillstand
und deshalb lebst du
und dies ist das getreueste abbild
des Unendlichen und Brennenden Kristalls

9

die zeit verfolgt den kampf
zwischen zuneigung und angst
die zeit fordert dich heraus
und ruft: umarme mich oder schlaf ein

10

lieben
das eine wort
heiter daß man sich bewegen kann
über die blendende gewißheit der ewigkeit

José Paulo

Psalm des leidenden Volkes

Vater, die Stunde ist da (Joh 17,1).
Die Zeit geht schmerzensschwanger.
Befreie deine Armen.
Und ein Volk von freien Menschen wird dich preisen.

Denn dein Lob können nicht singen
die Millionen von Kindern,
die täglich in die Grube gesenkt werden,
getroffen vom Hunger
in den Weiten unseres Erdteils und in den Favelas unserer Städte.

Nicht loben können dich
all die verlassenen Kranken,
deren Stöhnen im ganzen Land zu hören ist.

Gefallen findest du weder am Schreien derer,
die von ihrem Grund und Boden vertrieben werden,
noch am Heulen derer,
die man aus ihren Häusern jagt,
um Platz zu machen Rinderweiden und Nobelvillen.

Erfreuen kann dich nicht
das Seufzen unserer lateinamerikanischen Mütter,
die in den Klauen der Repression ihre Kinder verlieren.
Auch die Schmerzensschreie der Gefolterten, Herr,
machen dir keine Lust.

Wie soll dich grüßen das Hämmern der Maschinengewehre,
die unschuldige Gerechtigkeitsuchende niederstrecken?
Wie der Lärm der Flugzeuge,
die Bomben auf Menschen werfen,
die händeringend um Brot und Freiheit bitten?

Nein, gerechter Vater, Vergnügen bereiten dir nicht
Militärparaden, die Kinderherzen entsetzen und
einfache Leute mit Schrecken erfüllen,
und auch nicht Kommandos,
die Soldaten zur Wache von Diktatoren rufen.

Du hassest, Herr, das Getöse elektronischer Musik
und den Skandal der Tänze jener,
die Feste feiern auf Kosten der Armen
und sich gütlich tun am Schweiß von Arbeitern.

Du lehnst ab - ich weiß es - die Lehre der Nationalen Sicherheit,
die an den Hochschulen für Kriegswesen gelehrt wird,
wo man die Soldaten, Söhne desselben Blutes,
zu Feinden ihrer eigenen Brüder erzieht.
Sie ist ein Affront gegen deine ewige Lehre
der Liebe und des Friedens unter den Menschen.

Wie können deine Ohren all die Lügenreden ertragen
von demagogischen Politikern,
die auf dem Rücken des Volkes an die Macht kamen,
und all die moralisierenden Predigten
von falschen Propheten, die die Unterdrückten sich
der Sklaverei anpassen lassen wollen?

Ehren können dich ebenso wenig
das Sterben des Waldes und das Dahinsiechen der Natur.
Wie die Armen werden Wald und Natur
dem Fortschritt der Großen geopfert.

Deine Ehre, Heiliger Gott, ist ein freies und in Liebe geeintes Volk,
Herr seines Schicksals, seines Landes, Brotes und Reichtums,
Ertrag seiner Hände,
Baumeister seiner Geschichte und
für immer befreit von den Stiefeln der Imperialisten
von den Stacheldrahtzäunen der Großgrundbesitzer
von den Mauern der Kapitalisten und
von den Halftern korrupter Politiker.

Neues Volk, erhöht in deiner Hand,
mit Hoffnung und Gerechtigkeit gesättigt,
befreit aus aller Demütigung,

ohne Außenschuld – es sei denn die,
die dein Sohn Jesus Christus, unser Genosse und Erlöser,
mit seinem Blut festgehalten hat:

Daß alle eins sind und ewig dein Lob verkünden!
Amen.

Zé Vicente

Es hat keinen Zweck ...

Es hat keinen Zweck, des Landes mich zu verweisen.
Man nennt mich Tischbiter[1],
und ich weiß, wie man über den Jordan kommt.

Jedwedes Land ist Gefängnis.
Jedwedes Land ist Befreiung.
Jedwedes Land ist Vaterland.

Alle sind wir Fremde
im geteilten Land der Zeit,
inmitten des verbannten Volkes.

Alle sind wir Pilger
auf der Suche nach neuem Vaterland,
nach unsrer Heimat, die Freiheit heißt.

Es hat keinen Zweck, des Landes mich zu verweisen.
Nie werd' ich weg von zu Hause gehen.

Pedro Casaldáliga

[1] Anspielung auf den Propheten Elija aus Tischbe (vgl. 1 Kön 17,1ff).

Lasciate ogni speranza, voi ch'entrate!

Laßt alle Hoffnung, ihr, die ihr eintretet! (Dante)

Nächte des Schweigens.
Stimmen hallen in endlosem Raum.
Ein Schweigen des Menschen und ein Schweigen Gottes.
Vielleicht ist dies die menschliche Stimme unserer Zeit.
Wer versteht sie?
Wie macht sie sich verständlich?
Und wenn sie redet, was sagt sie dann?
Herr, du hast diese Stunde bei deinem geliebten Vater verbracht.
Warum hast du diese Art des Lebens gewollt?
Warum hast du gebetet? Bist du nicht etwa Gott?
Um was hast du gebetet? Warum hast du deinen Freunden
nicht von deinen Begegnungen in dunklen und finsteren Nächten erzählt?
Zurückgezogen auf einen schönen und wie alle Schönheit schlichten Berg,
hast du deinen Vater um Frieden und Sinngebung gebeten
für deinen Auftrag,
für dein Leiden,
für deine Einsamkeit.
Manchmal, wenn ich dir begegne, treffe ich dich allein an. Unverstanden.
Verlassen.
Mein Vater, mein Vater, warum hast du mich verlassen?
Herr, hat dein Vater dich wirklich verlassen?
Was mich angeht, bin ich allein.
In einer Welt, von der ich nicht weiß, was sie für eine Welt ist.
Vielleicht eine Welt der Ungewißheit, aber auch der Hoffnung,
dich eines Tages von Angesicht zu Angesicht zu sehen.
Wie gerne möchte ich dich sehen
und dich einfach fragen:
Was willst du von mir?
Hast du mich nicht ins Leben gerufen?

Aber warum läßt du mich dann im Stich?
Oder bin ich für deine Stimme schon taub geworden?
Stimmen des Schweigens,
Stimmen des Schmerzes,
Stimmen des Leides, in das sich deine Art,
mir voranzugehen, mischt.
Was ist das Wort deines Schweigens?
Meines – das weißt du genau –
versteh' ich selbst nicht einmal.
Nimm deinen Geist nicht von mir,
er darf sich von mir nicht entfernen.
Laß mich dich sehen!
Zeig mir dein Antlitz,
damit ich mich von deinen Armen getragen fühle
und dein Wiegenlied höre, wie ein Kind, das sich
ganz
deinen tröstenden und friedenstiftenden Armen anvertraut.

Tito de Alencar Lima

Unsere Haut brennt wie ein Ofen vom Glutwind des Hungers . . .

Die Gottesklagen der Basisgemeinde von Lins, Brasilien

Es seufzt unser ganzes Volk und verlangt nach Brot (Klgl 1,11). Männer und Frauen werden wie Tiere auf Lastkraftwagen transportiert. Des Säuglings Zunge klebt an seinem Gaumen vor Durst. Kinder schreien nach Brot, doch niemand bricht es ihnen (Klgl 4,4).
Kinder sterben vor Hunger in den Armen ihrer Mütter. Weinend fragen sie: „Mutter, wo ist das Brot?" (Klgl 2,11).
Wegen ständiger Unterernährung sterben in Brasilien jede Stunde 45 Kinder unter einem Jahr. Herr, wie dauert die Stunde der Befreiung lang!
Die Kinder, die überleben, leiden an Krankheiten.
45 Millionen Menschen sind tuberkulosekrank.
Es gibt in Brasilien 15 Millionen verwahrloste Jugendliche. Für sie steht nur das Gefängnis oder die Anstalt offen. Es fehlt an Land, das das Volk bestellen kann und dadurch Arbeit und Essen hat.
Wir erwirtschaften unser Brot nur unter Lebensgefahr, bedroht vom Schwert der Wüste (Klgl 5,9). Alte, Frauen und Kinder werden brutal ermordet. Sie stürzen von den Lastkraftwagen, während sie Arbeit auf den Feldern suchen und etwas zum Essen.
Sie geben ihre Schätze her allein fürs Essen, um wenigstens am Leben zu bleiben (Klgl 1,11).
Unsere Haut brennt wie ein Ofen vom Glutwind des Hungers (Klgl 5,10).
Die das Schwert durchbohrt, sind besser dran, als die, welche der Hunger tötet (Klgl 4,9).
Ich sah den Terror und die Angst auf dem Lande.
Ich sah Prostituierte, die ihren Körper für Brot verkauften. Es liegen im Staube der Gassen Knaben und Greise. Meine Jungfrauen und Jungmänner fielen durch das Schwert (Klgl 2,21). Mußten Frauen ihre Leibesfrucht verzehren, die Kindlein ihrer eigenen Pflege? (Klgl 2,20). Ich sah mit Trauern, wie die Stadt sich mit Armut ernährt. Geschöpfe, die aus Mülleimern

essen. Ich sah Frauen, nackt in den Slums, fluchend vor Scham. Die einst sie ehrten, verachten sie jetzt, sie sehen ja ihre Blöße (Klgl 1,8).
Ohne Wasser, Licht, Kanalisation, ohne Krankenversorgung, ohne Schulen; für die Kinder ohne Hoffnung.
Dahin ist unsere Herzensfreude, in Totenklage unser Reigentanz verwandelt (Klgl 5,15).
Das Volk ist voller Krankheit. Für die Armen gibt es keinen Arzt. Nur niedrige Gehälter, elende Hütten zum Wohnen, unmenschliche Verkehrsmittel, unsauberes Wasser, Arbeit ohne Sicherheit, Leben ohne Hoffnung.
Wir sind Sklaven aller nur möglichen Krankheiten. Wir verlieren den Glauben an das Leben, an den Menschen, an die gute Sache.

Arbeit, Gemeinschaft und Hoffnung

Schlagt in die Hände, schlagt in die Hände!
Dankt für Vögel, Blumen und das Leben!
Schlagt in die Hände, schlagt in die Hände!
Dankt für die Eintracht unter uns Bauern!

Wo zwei oder drei sich finden zum Beten,
hört Jesus gewiß die Stimme von uns Kleinen.
Wo Eintracht und Gemeinschaft es wirklich gibt,
lebt der Herr in unserer Mitte.

Die Arbeit, die hier uns belastet,
wird sicher zu Lob und auch Gebet.
Wenn jeder dem andern zur Hilfe stets eilt,
wird niemand die Arbeit eine Qual mehr finden.

Die Kraft, die wir Armen gemeinsam besitzen,
nennen die Großen spöttisch Subversion.
Dabei jedoch entgeht ihren Sinnen,
daß ein Volk nur lebt aus Einheit und Hoffnungsmut.

Lied aus den
brasilianischen Basisgemeinden

Die gute Messe – stehend zu feiern

Feiern wollen wir
die Messe der Liebe heute morgen.
Eine Hostie mengen wir
aus Maisteig, Hoffnung und Mehl.
Am Rande des Felsens,
auf dem Bauch eines Berges
konsekrieren wir die Hostie des Lebens
wie auch den Wein des Rechtes.

(Die, die nicht kommen,
die Feinde,
werden alleine bleiben,
böse, umhergetrieben.)

Auf Knien wird
keiner beten von uns.
Stehend werden wir beten, bereit zum Leben,
mit fliegenden Blicken.

(Knie beugen sich nur,
wenn Hände
im Scheitern
sinken.)

Nächtens werden wir zu unserm Altare kommen,
vereint in eindringender Umarmung.
Beten werden wir das Gebet der Freude,
mit dem Kuß der Freiheit auf den Lippen.

(Wenn wir uns umarmen
und Bruder zueinander sagen,
werden die, die sich der Umarmung verweigern,
ihre Arme verlieren.)

Alle werden Priester wir sein, alle,
große wie kleine.
Alle werden wir essen die Hostie der Liebe –
wie warme Tiere.

Alle wollen wir laden zur Messe
Kinder, Alte, Gefangene,
Piloten und Mechaniker
Erzbischöfe und Arbeitsgenossen ...

(Wenn man
stehend und singend betet,
sind die, welche knien,
die Heiden.)

Jorge Debravo (1938–1967),
Dichter aus Costa Rica

Hände haben wir und Hoffnungsmut

Wir sind ein Volk von Menschen,
wir sind das Volk des Herrn.
Wir wollen Land auf der Erde,
Land im Himmel haben wir schon.
Wir wollen den Acker bestellen
und Liebe nur säen.
Bauer, das Land ist unser –
aus unser aller Mühe und dem Segen des Herrn.
Verjagte und Vertriebene! Bald schon
werden wir sitzen auf eigener Scholle.
Im Glauben an Gott, aus der Kraft unseres Willens
und mit der Gemeinschaft Macht.
Hände haben wir und Hoffnungsmut,
Menschen sind wir heut' und hier.
Wenn Armut unser Erbe ist,
dann ist unser Morgen Gerechtigkeit.
Wir wissen um die Wahrheit
und um das Recht auf Menschenwürde.
Wir verlangen Freiheit
und ein besseres Leben.
Bauern, neues Leben und Nachbarschaftshilfe!
Einheit auf Biegen und Brechen,
Einheit im Glauben und im Bruderherz!
Dieser Urwald soll Ackerland werden,
klares Wasser und saubere Luft!
Hand an den Pflug und Fuß in die Furche.
Und der Himmel gibt uns sein Hoffnungsgut.

Lied aus den brasilianischen Basisgemeinden

Schon und Noch-nicht

Zwischen der Feier des Sakraments
und der glorreichen Wiederkunft des Herrn
fordern Hunger, Verzweiflung und Leid
unsere Liebe und unser Engagement.

So essen wir an diesem Tisch das Brot
im Bewußtsein unserer missionarischen Pflicht.
Mit vereinten Kräften werden wir
besiegen die Macht von Unterdrückung und Sünd'.

Wenn wir heute trinken den Wein,
tun wir mehr als bloßes Gedenken.
Wir wachsen in Hoffnung und Freude
und nehmen das endgültige Mahl vorweg.

Jaci Maraschin

Hoffnung auf die Wiederkunft Christi

Wir hoffen, daß du kommst
wie der Wind
in der Stunde der Angst
und daß du dann
bringst
das Zeichen der Neuheit.

Wir hoffen, daß du sagst
deutlich und klar
dieser armen Menschheit
die alten,
herrlichen
Worte der Wahrheit.

Wir hoffen, daß du siehst
in diesen Tagen
die Erfahrung der Freundschaft
und daß du uns dann Freude bist
in einer neuen Gesellschaft.

Wir hoffen, daß du kommst –
sehr bald –,
um alles Falsche zu vernichten,
und daß die Garantie
der Verheißung dann liegt
in den Händen der Freiheit.

Jaci Maraschin

Gott hat tausend Wunden . . .

Betrachtung über den Gott der Armen

1. Einleitung

Man kann nicht über Gott schreiben, ohne ihm Gewalt anzutun. Mit Recht steht nämlich zu fürchten, daß man damit an seinem Geheimnis deutelt und seine Gute Nachricht entstellt oder gar verdreht. Eilfertiges Reden über Gott verursacht in der Regel Mißbehagen: Ungerechtigkeiten werden abgesegnet, politische Strategien sakralisiert, nüchterne menschliche Realitäten ideologisiert. Das Feuer erlischt, das Schwert wird stumpf, die Liebe erkaltet . . .

Dennoch meine ich, zwei ernsthafte Gründe zu haben, über Gott zu sprechen. Der erste ist die Freude über die Frohe Botschaft wie auch die Verantwortung, die sie mit sich bringt. Zu unserer Überraschung und Hoffnung erwacht der Gott, der nicht kleinzukriegen ist, wieder in den Kämpfen und im Glauben der Unterdrückten. Wenn das Evangelium den Verdammten dieser Erde nahegebracht wird, wird auch der lebendige Gott der Bibel lebendig und nahe. Dies ist der erste und wichtigste Grund. Der zweite ist menschlicher, aber nicht minder ernsthaft: Manche Leute regen sich darüber auf, daß wir uns so intensiv um die Armen kümmern und Gott dabei angeblich aus dem Auge verlieren. Wir seien nur noch an der Welt interessiert und in einen glaubenslosen Horizontalismus zurückgefallen. Wem das Talent eines Propheten abgeht und wer vielleicht sogar in dieser Weise über sich selbst erschrickt, der wird schwerlich imstande sein, solche Ängste zu vertreiben. Wer jedoch die entsprechende Erfahrung und Gewißheit hat, der wird den Mut haben zu sagen: „Nur keine Angst, Brüder und Schwestern! Kümmert euch vielmehr darum, daß Gott ohne die Armen nicht zu einem Götzen wird!" Da ist mir der Atheismus der Engagierten schon lieber als der Götzendienst der Satten. Und auf jeden Fall ist die Frohe Botschaft nur möglich – und beinahe angemessen – im Leiden, Kämpfen und Hoffen der Armen.

2. *Es gibt nur den Gott der Armen*

Zunächst rasch eine Klärung. Wenn wir vom Gott der Armen sprechen, reden wir von dem *einen* Gott der jüdisch-christlichen Bibel. Es gibt keinen neutralen, transzendenten und in seinem metaphysischen Wesen wie in seiner metahistorischen Unerreichbarkeit reinen Gott, der mit seinen Geschöpfen und insbesondere mit den Armen nichts zu tun hätte. Ein solcher Gott ist eine Abstraktion; und metaphysische Ekstase überwindet nicht, sondern vergrößert nur noch das Vakuum, das sich bald füllen und alle menschlichen Wünsche und Ängste erfüllen kann. Transzendenz ist nur in Gabe und Aufgabe des einen Gottes Israels und Jesu möglich. Allein der Gott des Exodus und des Exils, der Seligpreisungen und des Kreuzes schenkt sie uns.

Ebenso irreal ist ein Gott der Kirche, der katholischer oder universaler als der Gott der Armen sein sollte. Der Gott, der allein die Kirche zusammenführt und Herr über sie ist, ist der Gott der Unterdrückten. Was wir hier sagen, ist weder religiöse Soziologie noch die Beschreibung eines Gottes nur für einen Teil der Bevölkerung, der dann noch mit dem Gott anderer Bevölkerungskreise zu vergleichen wäre. So eine Theologie hätte mit der Frohen Botschaft Gottes nichts mehr zu tun. Wir dürfen nicht katholischer sein wollen als Gott selbst. Seine Universalität und sein Katholizismus gehen durch unsere Parteinahme für die Armen. Der Vater aller Menschen ist der Gott der Armen.

Der wahre Gott der Christen, auch wenn sie nicht zu den Armen gehören, ist der Gott der Armen. An alle Gläubigen - aus welchen gesellschaftlichen Kreisen sie auch stammen mögen - ergeht die Forderung und das Angebot, sich für die Armen zu entscheiden.

Umgekehrt finden noch lange nicht alle, die empirisch zu den Armen zählen, von unten den Weg zu ihrem wahren Gott. Auch sie können, was es ja durchaus gegeben hat, Götzendiener sein. Allerdings sind sie dann in der Regel Opfer jener Götzen, die ihnen ihre Unterdrücker aufzwangen und die sie tunlichst verinnerlicht haben. Hier wird die Macht der Sünde sichtbar, die die Grenzen der Gesellschaftsklassen überschreitet, in diesen Klassen aber zum Ausdruck kommt.

Was wir hier vortragen, ist kein neues Gottesbild, obgleich Gott immer auch für etwas Neues gut ist. Vielmehr - so scheint uns - will die Tiefenströmung der Bibel und der christlichen Überlieferung, die lange Zeit ein unterirdisches Gewässer war, jetzt wieder als mächtiger Fluß an die Oberfläche kommen. Gott selbst weiß, wann seine Stunde ist. Und wer könnte ihm Ratgeber sein? Aber immer erscheint er mit den Merkmalen, die

er selbst gewollt und die er uns in Jesus gezeigt hat: Er ist der Gott der Armen.
Wenn ich den Eindruck erwecke zu dogmatisieren, dann deshalb, weil wir die elementarsten und offenkundigsten Aussagen der Bibel verdunkelt und in unsere oberflächliche Geschichtstyrannei eingesperrt haben. Dagegen sage ich: Wir sind dermaßen ideologisiert, daß, wer vom Gott der Armen spricht, des Ideologisierens verdächtigt wird! „Ich preise dich, Vater, Herr des Himmels und der Erde, weil du all das den Weisen und Klugen verborgen, den Unmündigen aber offenbart hast" (Mt 11,25–27).

3. *Gott ist Freude*

In seiner Novelle „Todas las Sangres" läßt der peruanische Dichter José Maria Arguedas den Indio-Sakristan aus dem Ketschua-Volk Widerspruch erheben gegen den ideologisierten Gott, so wie der Pfarrer ihm ihn als den Allgegenwärtigen erklären will. „Kann Gott denn in der Brust derer sein, die den Körper des unschuldigen Lehrers Bellido zerrissen? Kann Gott wirklich im Leib der Ingenieure wohnen, die ‚La Esmeralda' umbringen? Im Leib des Herrn von der Obrigkeit, der den Eigentümern ihr Maisfeld nahm, wo bei jeder Ernte die Jungfrau mit ihrem Kindlein spielte? Bringen Sie mich nicht zum Weinen, lieber Padre!" Stattdessen trägt er dem Priester intuitiv seine Auffassung von Gott vor: „Gott ist Hoffnung. Freude. Zutrauen . . ." „Gekommen war der Sakristan blaß, zerlumpt, elend, geduckt. Jetzt aber geht er aufrecht, strahlend, überzeugt. Der Kleidung nach ist er noch derselbe, in seinen Augen aber leuchtet Gott."
Merkwürdig, könnte jemand sagen, eine Rede über den Gott der Armen mit einem Hinweis auf die Freude zu beginnen. Da böte es sich doch schon eher an, über Schmerz, Zorn und Empörung zu sprechen. Aber wir stehen hier vor dem Paradox der Seligpreisungen. Hier geht es um die messianische Freude, die in allen Evangelien, vor allem aber im Lukas-Evangelium steckt, von der die Herzen der Armen voll sind und von der der Mund Marias überströmt. Diese Freude hat mit der Hoffnung auf Befreiung und mit dem Mut zum Kampf zu tun. Ihre Wurzeln liegen freilich tiefer: in der freudigen Entdeckung, sich von Gott in seiner Würde anerkannt zu wissen. „Meine Seele preist die Größe des Herrn, und mein Geist jubelt über Gott, meinen Retter. Denn auf die Niedrigkeit seiner Magd hat er geschaut" (Lk 1,46–48). Dies ist die Erfahrung, die den „elend und geduckt" Ankommenden „strahlend und aufrecht" gehen läßt.
Diese Freude ist subversiv, und keine revolutionäre Strategie kann sie produzieren oder auch nur ausdrücken. Gegen solche Freude muß alle kapita-

listische Ideologie, die den Armen als schlapp und schmutzig, stinkend und gefährlich verachtet, zu Felde ziehen. Oft genug ist ihr auch von der Volksreligiosität und von einer falschen Evangelisierung, die den Armen nur einen moralistischen und strafenden Gott beigebracht haben, der Garaus gemacht worden.

Auf seinem langen Weg durch die gesellschaftlichen Veränderungen braucht das arme Volk aber diese Freude, die ihm im übrigen bereits von den Propheten zugesagt wurde. Man müßte sich wieder einmal den ganzen Deuterojesaja vornehmen und sich all seine Jubel-, Freuden- und Genugtuungsrufe vergegenwärtigen: Jahwe denkt an sein Volk, nimmt ihm Ängste und Komplexe, erinnert es an die ursprüngliche Liebe (Jahwe, dein Befreier, der dich im Mutterschoß gebildet hat), beschützt es und schließt die Kleinen in seine Arme.

Doch diese Freude ging durch die „Evangelisierung" verschüttet, weil die, die es mit dem Volk zu tun hatten, eher moralisierend und aus Mitleid als kraft der Frohen Botschaft handelten, obschon das Evangelium in den Armen doch eine aktive Würde und einen großen Lebenswillen weckt und sie überrascht entdecken läßt, daß sie freie Kinder Gottes sind. Eine paternalistische Kirche dagegen ist außerstande, in den Armen diese Freude aufkommen zu lassen. Nur die Kirche der Armen, die – gegen alle „weisen und klugen" Wertungen – die Armen als grundlegendes Subjekt der Kirche anerkennt, ist dazu imstande. Ich kann der Versuchung nicht widerstehen, in diesem Zusammenhang Marx zu zitieren – mit einer Kritik an dem, was er für die sozialen Prinzipien des Christentums hielt: „Die sozialen Prinzipien des Christentums predigen die Feigheit, die Selbstverachtung, die Erniedrigung, die Unterwürfigkeit, die Demut, kurz alle Eigenschaften der Kanaille, und das Proletariat, das sich nicht als Kanaille behandeln lassen will, hat seinen Mut, sein Selbstgefühl, seinen Stolz und seinen Unabhängigkeitssinn noch viel nötiger als sein Brot" (*K. Marx,* Der Kommunismus des „Rheinischen Beobachters", in: Deutsche Brüsseler-Zeitung vom 12. 9. 1847). Wie konnte es in offensichtlichem Widerspruch zu allen Taten und Worten Jesu überhaupt zu solch einer Einschätzung kommen?

Niemand braucht davor zurückzuschrecken, dieser aktiven Würde der Armen, die für die Revolution absolut unerläßlich ist, ihre letzte Begründung durch den christlichen Glauben zu geben. Denn diese liegt weder nur im prometheischen Charakter des Menschen noch allein in seiner Berufung, sich die Erde untertan zu machen und politisch frei zu sein, sondern in den Seligpreisungen: in der freien Freiheit Gottes, der der Gott der Armen sein will, in der Rechtfertigung nicht durch Werke, sondern durch den Glauben, der jedoch vor allem darin sichtbar wird, daß er sich für die Würde der Verachteten einsetzt, wie auch in der überraschenden Freude, sich von Gott dem Vater als Armer, und zwar sowohl als einzelner als auch als Volk, anerkannt zu wissen. Keine Revolutionspredigt kann bis in diese Tiefe vorstoßen, wie auch eine dermaßen tiefe Freude nur dann echt ist, wenn sie zur Revolution führt.

Selten ist mir die Traurigkeit dieses unterdrückten Volkes so zu Herzen gegangen wie beim Lesen des autobiographischen Textes des Indianers Gregorio Cóndori, der ohne Vater und Mutter aufgewachsen war: „Immer schon wollte ich nach Acopía zurück. Sicher: Vater und Mutter hatte ich nicht, wohl aber ein paar Onkel und Tanten, die ich begrüßen wollte. Mit diesem Gedanken, der über Jahre hin in mir gereift war, fuhr ich nach Acopía. Da ich schon als kleines Kind das Dorf verlassen hatte, kannte mich keiner aus meiner Verwandtschaft. Ich kannte ja selbst auch keinen und wußte nicht einmal, wie viele Onkel und Tanten es waren. Aber wiedererkennen sollten sie mich! Deshalb setzte ich mich schon am frühen Morgen zu Füßen des Kreuzes auf den Dorfplatz. Dort verbrachte ich den ganzen Tag, in der Hoffnung, daß mich jemand erkennen würde. Die Leute kamen und gingen. Einige sagten: ‚Da am Kreuz sitzt ein Fremder.' Ich rührte mich nicht, regungslos saß ich da den ganzen Tag. Es wurde Abend, das Vieh kam von der Weide zurück, und ich saß noch immer da."

Wie groß wird die Freude der Armen sein, wenn ihnen die Seligpreisungen nicht mehr als vertröstende Lehre, sondern als überraschende und Ärgernis erregende Tat des Vaters, des Gottes Jesu, vermittelt werden! Subversion liegt in dieser Freude. Sie löst geschichtliche Revolutionen aus und verweist schon heute auf das Jenseits.

Voll dieser Freude evangelisieren die echten Armen uns, die wir – ohne arm zu sein – Seite an Seite mit ihnen kämpfen. Denn sie machen uns frei für die „wahre Freude", die schon Franz von Assisi kannte. Diese Freude, die nichts von der Aufforderung zum Kampf zurücknimmt, sondern sie nur noch fester begründet, befreit uns von jener nervösen und pelagianischen Verbissenheit, mit der viele von uns Christen aus dem Bürgertum sie oft genug zerstören.

Um keinen Zweifel aufkommen zu lassen: Uns geht es nicht um schöne und harmlose Poesie. Nur der kann diese Freude verkünden, der Jesus mit seinen Taten nachfolgt. Dann aber kommen die Ernüchterung und der Zorn des älteren Bruders aus dem Gleichnis, der Unmut der ewigen Heuchler, der traurigen Satten, der Reichen und Mächtigen: „Er wiegelt unser Volk auf und hält es davon ab, dem Kaiser Steuern zu zahlen" (Lk 23,2).

4. *Gott ist Mut zum Kampf*

Die Liebe des Vaters, die dem Armen seine Würde gibt und ihn in messianische Freude ausbrechen läßt, ist eine schöpferische Liebe. Sie steht in einem unaufgebbaren Bezug zum Reich Gottes: „Selig, ihr Armen, denn euch gehört das Reich Gottes" (Lk 6,20). Mit Vertröstung und nur individueller Zuwendung hat das nichts zu tun, sondern dies ist eine schöpferische Liebe, die Veränderung und Gerechtigkeit mit sich bringt.
So sehr sind wir daran gewöhnt, den Armen als passives Ziel der Liebe Gottes zu betrachten, daß es uns schwerfällt, ihm seine aktive Würde zuzuerkennen. Die Religiosität des Mitleids, das Hingegebensein und der Fatalismus hindern die Armen daran, sich an der Befreiungspraxis Gottes zu beteiligen. Man hatte den Eindruck, nur hingebungsvolle und leidende Arme gefielen Gott. Die Wahrheit ist jedoch genau das Gegenteil: Nur in der Anerkennung der aktiven Würde der Armen leuchtet das Reich Gottes auf. Die Hinwendung Gottes zum anderen wird nur dann erkennbar, wenn die Armen für eine Welt nach ihrem Maß kämpfen: für das Reich Gottes. Andernfalls kommen wir aus dem geschlossenen Kreis der alten Welt nicht heraus.
Die Freude Marias besteht nicht allein darin, daß Gott auf die Niedrigkeit seiner Magd gesehen, sondern auch darin, daß er die Mächtigen von ihrem Thron gestürzt und die Niedrigen erhöht hat. Deshalb heißt es im Evangelium, wir sollten uns aufrichten und unsere Häupter erheben, denn unsere Befreiung sei nahe (Lk 21,28).
Zwar hat es Jahrhunderte gedauert und es bedurfte komplexer Reifungsprozesse, bis wir in dieser klaren Weise die entscheidende Wichtigkeit der Armen für die geschichtliche Befreiung erkannt haben. Aber gerade in dieser Erkenntnis liegt als Chance und Heilsnotwendigkeit die Aktualität des zweitausend Jahre alten Evangeliums. Der Gott der Bibel ist kein toter Erinnerungsgegenstand, sondern derjenige, der den Armen heute Mut schenkt, damit sie verantwortlich ihre historische Kraft einsetzen. „Seht, es werden Tage kommen, . . . an denen man sagen wird: So wahr der Herr lebt, er hat die Söhne Israels aus dem Nordland befreit" (Jer 16,14–15). „Fürchte dich nicht, Israel, denn ich bin mit dir; hab keine Angst, denn ich bin dein Gott. Ich helfe dir, ja, ich mache dich stark, ja, ich halte dich mit meiner hilfreichen Rechten . . . Berge wirst du dreschen und sie zermalmen und Hügel machst du zu Spreu" (Jes 41,10–15). „Die Jungen werden müde und matt, junge Männer stolpern und stürzen. Die aber, die dem Herrn vertrauen, schöpfen neue Kraft, sie bekommen Flügel wie Adler. Sie laufen und werden nicht müde, sie gehen und werden nicht matt" (Jes 40,30–31).

Oft genug wird die aktive Würde der Armen eingeschläfert, zertreten, vergewaltigt und in Extremfällen auch getötet. Aber kraft der Frohen Botschaft steht sie mächtig und kämpferisch wieder auf. Ein Text aus Venezuela über die Kirche, die unter dem armen Volk im Entstehen ist, bringt das großartig zum Ausdruck: „Auch und gerade haben wir ein Evangelium, eine gute Nachricht zu verkünden: Jetzt können wir in Opposition leben und sind nicht mehr vom Willen unserer Unterdrücker abhängig. Wir können uns von ihren Organisationen abkoppeln, ihre Parolen überhören, ihre Mode ignorieren und ihre Führer übersehen. Sie beschließen für uns den politischen Tod, aber wir leben. Wir arbeiten in ihren Fabriken, auf ihren Feldern, in ihren Büros und Krankenhäusern, in ihren Schulen und Universitäten, aber nicht mehr als Sklaven, sondern als Menschen, die es gelernt haben, mit dem umzugehen, was einmal allen gehören wird. Bisher erfuhren wir das System als einen Gott, der Leben, aber auch Tod bringen kann. Anerkennung und Unterwerfung war seine Forderung. Heute sind wir Atheisten gegenüber solch einem Gott, aber wir leben. Das ist unsere gute Nachricht. Wir haben die Grenzen des Systems entdeckt: Allmächtig ist es wirklich nicht. Mehr noch: Für die Macht, die es morgen zerstören wird, ist der Same schon gesät. Diese neue Macht haben wir als Kraft erfahren, die uns von der Angst vor dem Tod befreit. Bisher hielt uns diese Angst in einem Sklavenleben gefangen. Jetzt wissen wir, daß unsere Armut andere bereichern kann und daß sich in unserer Schwäche die Kraft Gottes zeigt, als Heil für alle, die den Mut haben, sich von den Mächten des Todes loszusagen, um aus unserer Hoffnung zu leben."
Der Gott, der Mut ist, läßt das Volk als eigenverantwortliches Subjekt auferstehen. Dabei handelt es sich nicht um einen politisch-religiösen Messianismus, der die Armen aus blinder, gefühlsmäßiger und entfremdender Hoffnung vor ihrer Verantwortung kapitulieren ließe. In einer solchen Versuchung befinden sich die Armen dann, wenn sie statt eines Gottes des Mutes, der ihnen Verantwortung und Freiheit gibt, jenem paternalistischen und billigen Messias nachlaufen, den bereits die Massen in Galiläa wollten. Jesus erhöht die Armen, ohne an ihre Stelle zu treten und sie mit magischen Kräften zu verwandeln; vielmehr lädt er sie zur Verantwortung der Nachfolge und des Kampfes ein.
„Das ist unsere gute Nachricht. Wir sagen nicht: Wenn wir alle der einen Meinung wären, daß es darauf ankommt, ein gerechtes und dynamisches Gesellschaftssystem zu entwickeln, dann gäbe ich gern meine Bequemlichkeiten auf und begänne ein engagiertes Leben. So eine Vorstellung ist irreal. Statt dessen sagen wir: Innerhalb dieser diskriminierenden Gesellschaft ist der Ort, für ein neues Zusammenleben zu kämpfen. Aber das

geht nicht ohne sozialen Preis. Nur dienstbereite Liebe, die die Sünde aus der Welt verbannt, kann die Sünde der Welt überwinden . . . . Unsere gute Nachricht lautet, daß man auch unter widerwärtigen Umständen leben kann und daß man nur zu Solidarität im Sinne einer fruchtbringenden Gemeinschaft unter freien Menschen kommt, wenn man dieses Risiko auch auf sich nimmt" (Text aus Venezuela).

Diese Armen, in denen Mut und historische Kraft steckt, sind nicht mehr die domestizierten armen Schlucker, an denen sich falsche Liebestätigkeit ausläßt, sondern solidarische und freie Brüder und Schwestern, die sich ihrer Würde bewußt sind. Der Gott der Vertröstung und der Angst ist für sie zu einem Gott des Mutes und der Hoffnung geworden. Nachdem wir sie bisher mit einer guten Dosis an Paternalismus behandelt haben, spüren wir jetzt – ratlos zuweilen –, daß Gott größer wird und daß seine Forderungen wachsen. Er macht uns wieder zu Brüdern und Schwestern, läßt uns aus der Nähe unsere Risiken, Schwächen und solidarischen Verantwortungen teilen. Das Evangelium, das er uns anvertraut, ist eine Kraft, aber nicht heroischer Selbstgefälligkeit, sondern des solidarischen Engagements.

5. *Gott ist Hoffnung wider alle Hoffnung*

Wenn sich die Armen die messianische Freude und den Mut zur Befreiung bewahrt haben, so liegt der Grund nicht darin, daß Unterdrückung und Schmerz ein Ende gefunden hätten, sondern darin, daß sie Gott als eine tragende und starke Hoffnung erfahren. Gott gibt nicht auf; denn er liebt. Gott ist ein Gott der Lebenden, und er will, daß seine Kinder Leben in Fülle haben. Das Geheimnis der Hoffnung besteht in der Bedingungslosigkeit der Liebe.

In der Volksreligiosität tut das arme Volk alles ihm nur Mögliche, um dem Leiden, vor dem es fassungslos steht, einen Sinn zu entlocken. In der Regel bekundet es ihn in passiver Resignation, mit einem Anflug von ohnmächtigem Protest. Der bereits erwähnte Gregorio Cóndori überlegt in seiner Autobiographie: „Ich weiß nicht, ist das unser Los, die wir in diese Welt geworfen worden sind, so zu leiden? Damit – heißt es – heilen wir Armen die Wunden Gottes. Gott hat tausend Wunden. Erst wenn seine Wunden alle geheilt sind, wird das Leiden auf dieser Welt ein Ende haben. Das hat uns beim Militär mal ein Gefreiter gesagt, und wir Soldaten haben geantwortet: ‚Verdammt noch mal! Wie groß müssen denn seine Wunden sein, daß sie trotz so vielen Leidens nicht besser werden! Wohl nichts übereilen, was?' Darauf der Gefreite: ‚Nun werdet bloß keine Häretiker! Antreten!' Wenn ich jetzt zurückblicke, kann ich nur sagen, daß das Leid noch größer geworden ist, als es vorher war. Dieses Leben ist nicht mehr zu ertragen.

Dieses Leben ist schwerer als die Last auf meinem Rücken, obwohl ich als Lastenträger an manches gewöhnt bin . . ."

Dieses tägliche, unbegreifliche Leiden ist die ständige Erfahrung der Armen. Oft genug wird es noch größer, wenn zur Unterdrückung die Repression als Antwort auf ihre rechtmäßigen Kämpfe und Zusammenschlüsse hinzukommt. So ist die Hoffnung gegen alle Hoffnung keine Frage privilegierter Augenblicke in spektakulären Krisen, sondern das tägliche Brot der Armen.

In dem Moment, in dem der Arme Gott als den Lebendigen entdeckt, wird er von Resignation und Fatalismus befreit. Seinen Protest weiß er unterstützt durch Gottes Protest, und seine Hoffnung nährt sich von kleinen Erfolgen, von Solidarität und Zusammenschluß. Dennoch: Die große Hoffnung, die Hoffnung auf Brüderlichkeit und Gerechtigkeit, die Hoffnung über den elementaren Lebensunterhalt hinaus wird letztlich nur von der Weggemeinschaft Jesu, von seinem Kampf, seinem Leiden und seiner Auferweckung gespeist.

6. *Gott bricht erst wie der Morgen an*

In ihren Befreiungskämpfen haben die Armen gerade erst angefangen, in der Kirche das Wort zu ergreifen. Allerdings ist das nicht mehr als das Aufleuchten der ersten Lichter, was jedoch nicht heißen soll, aus allem würde ausschließlich Licht und makellose Transparenz. Schon in der Bibel ist ausgiebig die Rede vom Schmutz, von den Versuchungen und Sünden der Armen. Trotzdem spürt man, daß die Freude, die Kraft und die geheimnisvolle Schwäche Gottes im Glauben, in der Liebe und in der Hoffnung der Armen Gestalt gewinnen. Auf jeden Fall, so viel ist klar: Gott ist nahe, und Gefahr droht nicht davon, daß einige ungläubig der Erde verhaftet sind, sondern davon, daß sie ihre Brüder und Schwestern vergessen.

Um es in den Bildern von Bischof Pedro Casaldáliga zu sagen: Ich habe vom Gott der Armen gesprochen, insofern er in der Freude, im Mut und in der Hoffnung der Unterdrückten singt. Freilich dürfen wir dabei nicht vergessen, daß sein Gesang - der bei den Armen als nachdrückliche Einladung zur Umkehr ankommt - in den Ohren von Unterdrückern, Satten und Gleichgültigen wie ein Schrei und wie eine unausweichliche Forderung klingen muß.

Deshalb möchte ich diese etwas ungereimten Überlegungen schließen mit einem Zitat aus dem Gedicht „Antwort bekommst du von unbarmherzigen Hähnen" von Pedro Casaldáliga:

> Du fragst mich nach meinem Glauben . . .
> Darf ich dir da mit einer Gegenfrage die Antwort geben? . . .

Der lebendige Gott der Armen,
ist das auch unser Gott, Teófilo?

Da, die Hähne, die wie mit Hörnerstößen
die ganze Nacht das Dunkel durchbohren, Sterne und
Wertpapierbörsen hinterfragen,
baumstarke Wachtposten gegen den Schlaf, wann immer
er einen überkommt –
für das eine Ziel wurden sie geboren, leben und dienen
ihm unentwegt: daß niemand, der nichts mit dem
Zeugnis zu tun hat, schlafe, es sei denn er habe
zuvor einen Bund geschlossen
mit der Nacht und mit der Morgenröte.
Diese Hähne (die wir krähen hören) sind die Hähne, die
Petrus an seine Schuld erinnern.
Diese Hähne (die wir rufen hören) sind die Hähne, die
Marias Hoffen begleiten.
Diese Hähne (die wir singen hören) sind die Hähne
am Grab, mane prima sabbati! . . .

Javier Jiménez Limón, Mexiko

Das Reich Christi und das Kreuz

Gedanken zu den Lesungen am Christkönigsfest:
2 Sam 5,1-3; Kol 1,1-20; Lk 23,35-43

1. Die Hingabe an die „Reiche dieser Welt"

Am Christkönigsfest fragt man sich unweigerlich, warum Christus der König nur eine relativ kleine Schar von überzeugten Anhängern hat, während sich Millionen von Männern und Frauen von Königen und Regimen faszinieren lassen, die offenbar nicht zu den Idealen von Frieden und Brüderlichkeit führen, um die es eigentlich allen gehen müßte. Wie ist das zu erklären?
Vielleicht wollen gar nicht alle Frieden und Brüderlichkeit. Aber damit wäre erst ein Teil unserer Beobachtung erklärt. Es muß noch andere Gründe geben.
Möglicherweise sind auch - trotz allen Klagens - Anpassung, Duckmäusertum und die Angst, das Errungene zu verlieren, im Spiel.
Oder das Bedürfnis, sich in die Abhängigkeit von einer Macht zu begeben, auch wenn es die ungeeignete ist (schon Samuel mußte die Israeliten warnen, als sie einen König wollten: 1 Sam 8,11-22). Immer wieder ist zu beobachten, daß - wenn man in Gruppen und Kreisen, in Verbänden, Abteilungen und Pfarrgemeinderäten nach einer heftigen Diskussion nicht zu einem einmütigen Ergebnis kommt - die Entscheidung einem „Fachmann" überlassen wird: dem Vorsitzenden oder vielleicht noch häufiger dem Geschäftsführer (denn dieser hat ja auch die Entscheidungen umzusetzen).
Aber auch die Illusion mag das Phänomen, von dem wir hier reden, in gewissem Maß erklären - die Illusion nämlich, daß menschliche Gerechtigkeit alles löst, obwohl doch die Erfahrung das Gegenteil lehren sollte.
Oder sollten manche Leute noch nicht erkannt haben, daß sich die Königsvorstellungen, die sie für ihr gesellschaftliches Leben akzeptieren, nicht vereinbaren lassen mit dem Reich, zu dem sie sich unter religiösen Gesichtspunkten bekennen? Gewisse Theorien, die „Zwei-Reiche-Lehre" im

Protestantismus und die „Trennung von Kirche und Staat" bei liberalen Katholiken, führen zum Dualismus, der von der Gefahr der Schizophrenie nicht frei ist.

2. Die Königsherrschaft Christi

Wer wissen will, ob zwischen der Königsherrschaft Christi und den Königreichen dieser Welt ein Konkurrenzverhältnis besteht, muß nach den Inhalten des Reiches Christi fragen. Die Begrifflichkeit stammt aus dem Messianismus, denn als „Messias", das heißt als „Gesalbten", erwartete Israel einen neuen König, besser als den besten, den es je gehabt, besser auch als König David, der die zwölf Stämme vereint hatte.

Die Jünger Jesu erkannten in ihrem Meister diesen neuen König. In seiner Taufe im Jordan sahen sie die Königssalbung nach Art der gesalbten Könige Israels, mit dem Unterschied allerdings, daß Jesus „mit dem Heiligen Geist gesalbt" war (Apg 10,38). Wie David zog Jesus triumphal in Jerusalem ein, mit dem Unterschied freilich, daß er auf einem Esel und nicht auf einem Kriegspferd saß (Mk 11,1-10; vgl. Sach 9,9). Und sie erwarteten, daß er das Volk neuerlich sammeln würde, wie David die zwölf Stämme vereint hatte, mit dem Unterschied jedoch, daß Jesus das ganze All versöhnen sollte (Kol 1,19-20).

Ein anderer König also. Aber nichts berechtigt zu der Annahme, seine Königsherrschaft hätte keinen Einfluß auf die Dinge dieser Welt, wie einige es gern möchten. Nur daß der Einfluß anders vor sich geht. Das deutlichste Beispiel dafür ist das heutige Evangelium: Lk 23,35-43. Das Königsein Christi eignet sich nicht dazu, seine Macht zu demonstrieren, sich vom Kreuz zu retten oder derlei Dinge. Es eignet sich ausschließlich dazu, Gottes Barmherzigkeit Wirklichkeit werden zu lassen. Der gute Verbrecher bittet Jesus um Erbarmen, wenn er in sein Reich komme (denn der Jesus, den er vor Augen hatte, sah nicht nach einem König aus). Jesus antwortet: „Heute" – „Noch heute wirst du bei mir im Paradies sein". Das Paradies ist keine Größe mehr dieser Welt, sondern wertvollstes Geschenk Gottes. Es wird Realität vom „Heute" des Kreuzes an. Darin besteht die Königsherrschaft Christi. Wie politische Könige über politische Macht verfügen, so verfügt Jesus im Blick auf das endgültige Schicksal des Menschen über die Macht des Erbarmen Gottes.

3. Die Königsherrschaft Christi und die Königreiche dieser Welt

Liegt also das Königreich Christi auf einer anderen Wellenlänge als die Königreiche dieser Welt? Gibt es etwa auch Störungen? Sind die Forderungen der Politik eine andere Kategorie als das Erbarmen Gottes? Was hat das eine mit dem anderen zu tun? „Mit der Bergpredigt kann man keinen Staat regieren", sagte gut protestantisch Fürst Bismarck, der Gründer des Deutschen Reiches von 1871. Hat etwa das Reich Christi nicht mit der „Heilsökonomie", mit der „Gnadenzuwendung an die Sünder" zu tun, während die Königreiche dieser Welt sich um die gute Ordnung und um die Stabilität der materiellen Wirtschaft zu kümmern haben?

Viele Menschen denken so, insbesondere die, denen es in dieser Welt gutgeht und denen an Zeichen der Barmherzigkeit Gottes und seines Reiches nicht so sehr gelegen ist. Anders aber die, die aufgrund von menschlichen Zeichen für das Reich Gottes an sein Erbarmen glauben, wie der gute Verbrecher, der von dem Ruf Jesu gehört hatte, er tue nur Gutes.

Obwohl das Reich Christi von einer anderen Art ist als alle politischen Reiche, muß es in dieser Welt manifest und konkret werden, damit man daran glauben kann. Das Manifestwerden des Reiches Christi – in Liebe, Brüderlichkeit, Gemeinschaft, Vergebung und in vielen anderen Dingen, die Christus uns gelehrt hat – geschieht aber auf dem von politischen Mächten besetzten Feld. Konflikte sind dann nicht zu vermeiden, wenn diese Mächte vom Geist des Reiches Christi nichts halten. Wenn sich ein Regime um Gerechtigkeit, Schutz und Förderung der Schwachen usf. wenig kümmert und die christliche Gemeinde zugleich zeigen will, daß es so etwas gibt, weil sie das Reich Christi bezeugen will, dann sind Konflikte vorprogrammiert.

Was dann? Sollen dann die guten Christen an die Macht in der Politik?

Nicht notwendigerweise. Ihr Zeugnis genügt. Es reicht, daß sie das Reich der Gerechtigkeit und des Friedens in der Welt sichtbar werden lassen, damit sich die Welt dieser Notwendigkeiten bewußt wird und ihre Option trifft. Das Zeugnis kann den Preis des Blutes fordern, dann spricht man von Martyrium. Das war das Zeugnis Jesu am Kreuz.

Ein brasilianisches Homiletikerteam

Hast du mich erkannt?

Er lebt unter uns – doch wir kennen ihn nicht.

Sein Name ist Jesus Christus:
Seine Züge sind die von Indianern und Afroamerikanern.
Er lebt in unmenschlichen Verhältnissen,
in Armut und am Rande unserer Gesellschaft.

Er lebt unter uns, doch wir kennen ihn nicht.
Er lebt unter uns, und wir verachten ihn.

Sein Name ist Jesus Christus:
Landarbeiter und Kleinbauer,
ohne Grund und Boden, ohne Rücklagen, ohne Zukunft,
in allem abhängig und unterlegen,
ausgebeutet und ungerechten Marktverhältnissen ausgeliefert.

Sein Name ist Jesus Christus:
Arbeiter, ohne Stimme, ohne Chance, ohne gerechten Lohn.
Er kann sich kaum organisieren,
seine Rechte kaum bei einem gerechten Gericht einklagen.

Sein Name ist Jesus Christus:
Er lebt in den Randzonen unserer riesigen Städte,
leidet Hunger und Durst und jede Art von Elend,
im Angesicht von Reichtum und Verschwendung.

Sein Name ist Jesus Christus,
verurteilt zu Unterbeschäftigung und Arbeitslosigkeit,
Opfer von technischer Entwicklung und Wirtschaftskalkül,
zertreten.

Sein Name ist Jesus Christus:
Jugendlicher,
ohne Bildung, Orientierung und Sinnrichtung,
ohne Beruf und Arbeit,
frustriert, der Droge verfallen, von Lastern zerfressen.

Sein Name ist Jesus Christus:
Ein Kind ist er,
von Hunger ausgemergelt, erbarmungslos,
unterernährt, entstellt, verlassen,
ohne Zuhause, ohne Familie, ohne Heimatstadt.

Sein Name ist Jesus Christus:
ein altersgebeugter Mensch,
krank, nutzlos, traurig, geringgeschätzt,
für die Produktion überflüssig,
und von der Gesellschaft verachtet.

Ich hatte Hunger und Durst und mußte betteln gehen.
Ich war krank, hatte kein Zuhause, war eine Vogelscheuche,
vor die Tür gesetzt, verfolgt und eingesperrt –
in meinem lateinamerikanischen Bruder.

Hast du mich erkannt?
Seligpreisen kannst du dich!
Selig, wer mir hilft!
Komm, Seliger, und nimm in Besitz das Reich,
das dir bereitet ist.

Meditationstext auf dem Vierten Interekklesialen Treffen brasilianischer Basisgemeinden vom 20. bis 24. April 1981 in Itaicí – São Paulo

Der Gott meines Glaubens

Ich glaube weder an den Gott von Magistratsbeamten
noch an den Gott von Generälen
oder patriotischen Gebeten.
Ich glaube weder an den Gott von Staatsbegräbnissen
noch an den Gott von Audienzsälen,
von Präambeln in den Verfassungen
oder von Epilogen in wortreichen Reden.
Ich glaube weder an den Gott erfolgsgesegneter Reicher
noch an den Gott der Angst der Betuchten
oder der Freude derer, die das Volk nur bestehlen.
Ich glaube weder an den Gott eines verlogenen Friedens
noch an den Gott einer volksverachtenden Justiz
oder ehrwürdiger nationaler Traditionen.
Ich glaube weder an den Gott leerer Predigten
noch an den Gott protokollarischer Begrüßungen
oder liebloser Ehen.
Ich glaube weder an den Gott, den sich die Mächtigen
nach ihrem Bild und Gleichnis zurechtgezimmert haben,
noch an den Beruhigungsmittel-Gott
für das Leid und die Misere der Armen.
Ich glaube weder an den Gott, der in Kirchengemäuern schläft,
noch an den Gott, der in den Geldschränken der Kirchenbehörden
eingesperrt.
Ich glaube weder an den Gott des Weihnachtsrummels
noch an den Gott der eingängigen Werbung.
Ich glaube weder an den Gott all dieser Lügen,
die wie Tongefäße zerbrechen,
noch an den Gott der bestehenden Ordnung,
die nichts weiter als etablierte Unordnung ist.

Der Gott meines Glaubens wurde in einer Höhle geboren,
war Jude,
wurde von einem ausländischen König verfolgt
und zog landauf, landab durch Palästina.
Leute aus dem einfachen Volk begleiteten ihn.
Hungernden gab er Brot,
Licht denen, die im Dunklen lebten,
Freiheit denen, die in Ketten lagen,
Frieden denen, die sich nach Gerechtigkeit sehnten.
Der Gott meines Glaubens stellte den Menschen über das Gesetz
und die Liebe an die Stelle der altehrwürdigen Traditionen.
Er hatte keinen Stein, auf den er sein Haupt hätte legen können,
und mischte sich ohne Berührungsängste unter die Armen.
Mit Doktoren hatte er es nur zu tun,
wenn diese an seinen Worten zweifelten,
und Richter wollten ihn verurteilen.
Die Polizei stellte ihm nach
und verhaftete ihn.
In den Palast des Gouverneurs kam er,
um ausgepeitscht zu werden.
Der Gott meines Glaubens trug eine Krone
aus Dornen
und ein Gewand, das ganz
aus Blut gewebt.
Treiber hatte er, die ihm den Weg
zur Schädelstätte öffneten,
wo er zwischen Räubern
den Tod am Kreuz fand.

Der Gott meines Glaubens
ist kein anderer als
der Sohn Marias,
Jesus von Nazaret.

Jeden Tag stirbt er aufs neue
am Kreuz unseres Egoismus.
Jeden Tag steht er wieder auf von den Toten
aus der Kraft unserer Liebe.

Frei Betto

Anhang

Länder

Stichworte

Personen und Autoren

Abkürzungen

Medellín: Die Kirche in der gegenwärtigen Umwandlung Lateinamerikas im Lichte des Konzils. Beschlüsse der II. Generalversammlung des lateinamerikanischen Episkopats in Medellín 1968

Puebla: Die Evangelisierung Lateinamerikas in Gegenwart und Zukunft. Dokument der III. Generalkonferenz des lateinamerikanischen Episkopats in Puebla vom 13. Februar 1979

Dei Verbum: Zweites Vatikanisches Konzil, Dogmatische Konstitution über die göttliche Offenbarung *Dei Verbum,* 1965

Populorum progressio: Paul VI., Rundschreiben über die Entwicklung der Völker vom 26. März 1967

Evangelii nuntiandi: Paul VI., Apostolisches Schreiben über die Evangelisierung in der Welt von heute vom 8. Dezember 1975

Übernommene Übersetzungen

S. 39f: Adveniat - Zeugnisse, Berichte, Kommentare 7.
S. 46: Evangelische Zeitung, Hannover, 18. 8. 1983.
S. 49: Adveniat-Rechenschaftsbericht 1982/83, Essen 1983.
S. 56f: Adveniat - Elemente für Gruppen- und Jugendgottesdienste, Essen 1982.
S. 58: Ebd.
S. 62ff: Bethlehem Jahrbuch 1984, Missionshaus Immensee.
S. 78f: Berichte aus dem Internationalen Versöhnungsbund, Wien, Oktober 1981.
S. 118f: Adveniat - Elemente für Gruppen- und Jugendgottesdienste, Essen 1982.
S. 120: Weltkirche, München, 4/1983.
S. 124: Materialien 1983, hrsg. von der Geschäftsstelle des Weltgebetstags der Frauen, Stein 1983.
S. 146: Leonardo Boff/Nelson Porto, Kreuzweg der Auferstehung, Patmos Verlag Düsseldorf 1984.
S. 194: Missionarische Equipe Santiago, Brief aus Peru, Missionshaus Immensee.
S. 209: Adveniat-Schallplatte 1978.
S. 219: Adveniat-Rechenschaftsbericht 1982/83.
S. 229: Weltkirche, München, 7/1982.
S. 234f: Missio-Informationen, München, 8-9/1980.
S. 246f: Kirche und Leben, Münster, 11. 9. 1983.
S. 248f: Weltkirche, München, 1/1981.
S. 255: Eduardo Galeano, Geburten, 1, Peter Hammer Verlag/Jugenddienst-Verlag Wuppertal 1983, 323.
S. 258, 259, 260: Missionarische Equipe Santiago, Briefe aus Peru, Missionshaus Immensee.
S. 262: Adveniat - Elemente für Gruppen- und Jugendgottesdienste, Essen 1982.
S. 276: Eduardo Galeano, Geburten, 1, 178f.
S. 279: Bethlehem Jahrbuch 1984, Missionshaus Immensee.
S. 286f: Adveniat-Rechenschaftsbericht 1982/83, Essen 1983.
S. 288: Publik-Forum, Frankfurt, 24. 6. 1983.
S. 307: Gottfried Deelen, Kirche auf dem Weg zum Volk, Brasilienkunde Verlag Mettingen [2]1982, 85f.